『枫桥经验』

基层社会治理的实践

（第2版）

汪世荣 主编

法律出版社
LAW PRESS · CHINA

西北政法大学和诸暨市人民政府合作课题成果
陕西省『三秦学者』创新团队支持计划『西北政法大学基层社会法律治理研究创新团队』成果

写作分工

汪世荣：第一章第三节、第四章第三节、第五章第一节。

陈善平：第一章第一节。

范忠信：第一章第四节。

韩　松：第五章第三节。

冯卫国：第三章第二节。

谌洪果：第六章第三节、第四节。

杨宗科、杨建军：第一章第二节、第六章第二节。

陈京春：第二章第三节、第三章第三节、第四节。

王周户、安子明：第二章第一节。

王周户、李大勇：第六章第一节。

余钊飞：第四章第一节、第五章第二节。

张兰兰：第四章第二节。

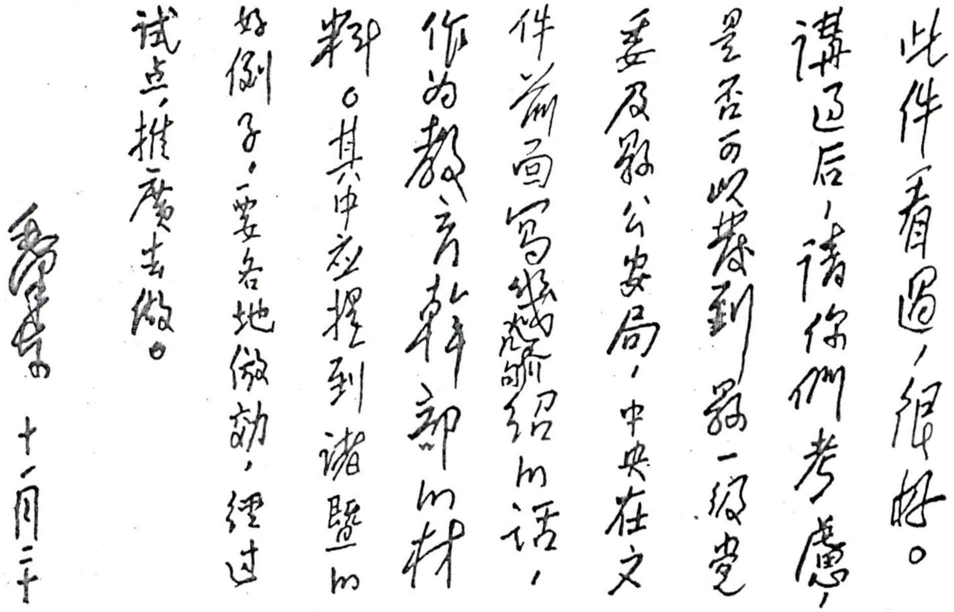
此件看过，很好。讲过后，请你们考虑，是否可以发到县一级党委及县公安局，中央在文件前面写几句介绍的话，作为教育干部的材料。其中应提到诸暨的好例子，要各地仿效，经过试点，推广去做。

毛泽东 十一月二十

^ 浙江省诸暨市公安局举办的纪念“枫桥经验”35周年史料陈列展览上，
展出的毛泽东1963年11月20日在谢富治给汪东兴信上的批示手迹。

∧ 2003年11月25日，中央社会治安综合治理委员会、浙江省委联合在诸暨市召开纪念“枫桥经验”40周年大会，罗干同志出席会议并作重要讲话。

∧ “‘枫桥经验’与法治建设”研究项目成果鉴定会在北京召开。

< 1978年，枫桥治保、调解干部受到绍兴地委的表彰。

1978 年 6 月，公安部部长赵苍璧视察枫桥，对枫桥区率先给“四类分子”摘帽表示肯定和支持。 >

人民日报

摘掉一顶帽，调动几代人

——记浙江省诸暨县枫桥区落实党对四类分子的政策

< 1979 年 2 月 5 日，《人民日报》报道：《摘掉一顶帽，调动几代人》。

中央记者团枫桥采访合影。 >

< 国际犯罪学研究会主席汉斯·尤尔根·卡尔纳在浙江省诸暨市枫桥镇考察“枫桥经验”。

2006年8月，“‘枫桥经验’与法治建设”课题签约仪式，时任西北政法大学校长(现任浙江省人民检察院检察长)贾宇、时任中共诸暨市委书记（现任中共杭州市委副书记、政法委书记）张仲灿为课题组授牌。

时任西北政法大学校长（现任浙江省人民检察院检察长）贾宇、时任西北政法大学教务处处长（现任西北政法大学校长）杨宗科、时任西北政法大学科研处处长（现任西北政法大学校长助理）汪世荣带领课题组调研枫桥镇。

课题组组长汪世荣教授调研枫桥镇陈家村。

课题组成员韩松教授、余钊飞博士调研枫桥镇岫山村。

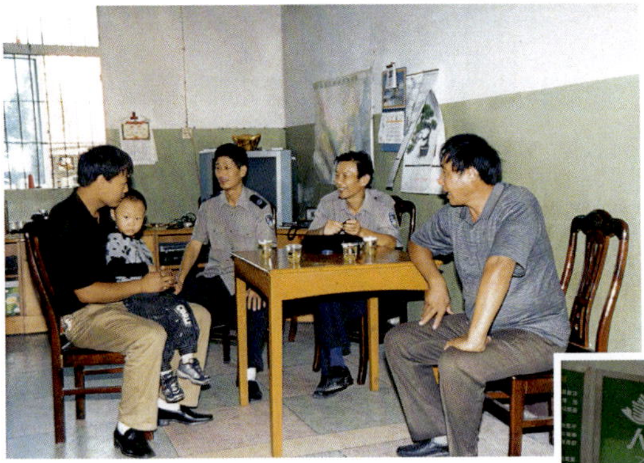

< 枫桥镇司法所工作人员上门走访帮教对象。

诸暨市人民法院法官参与调解纠纷。 >

< 枫桥镇平安志愿者在行动。

2006年10月，全国部分省、市公安机关“外警协管外口”工作座谈会在诸暨市召开。 >

再版序

《“枫桥经验”:基层社会治理的实践》是西北政法大学和诸暨市人民政府合作完成的横向课题《“枫桥经验”与法治建设》项目成果。从2005年双方签订合作协议,到项目成果鉴定、定稿、出版发行,前后经过了3年的时间。2008年11月24日,中央综治委和浙江省委在绍兴召开“纪念毛泽东同志批示‘枫桥经验’45周年大会”,该书被作为大会交流材料。当时印数10000册,一度断货,也算学术著作中的畅销书。再版之际,由衷感到高兴!13年前,作为西北政法大学校长,我和汪世荣等同事们一道,赴诸暨市签订合作研究课题的协议,并深入乡镇、农村调研,无论党政部门领导,还是普通市民,对“枫桥经验”民主法治建设的内涵,均有清晰的认识,对“枫桥经验”在诸暨经济社会发展中所起的重要作用,高度认同。在诸暨期间,我受邀在“暨阳论坛”作了法治建设的报告,诸暨市科级以上领导冒着酷暑听课,认真严谨,给我留下了深刻的影响。现在虽然到了新的岗位,我一如既往支持双方继续开展合作,把“枫桥经验”总结好,提炼好。

十年来,“传承创新‘枫桥经验’”,不断受到社会各界的重视。2018年是毛泽东同志批示学习“枫桥经验”55周年,2013年习近平总书记批示把“枫桥经验”“坚持好、发展好”,把党的群众路线“坚持好,贯彻好”。十年期间,中国基层社会发生了巨大、深刻的变化,本书所关注、讨论的“基层社会治理”问题,也受到党和国家的高度重视。2013年11月,党的十八届三中全会首次提出了“社会治理”的概念,要求“创新社会治理体制”,“改进社会治理方式”,“激发社会组织活力”,“创新有效预防和化解社会矛盾体制”,“健全公共安全体系”,标志着中国告别了“社会管理”进入了“社会治理”的新阶段。党的十九大报告进一步提出，打造共建共治共享的社会治理格局，提高社会治理社会化、法治化、智能化、专业化水平。作为基层社会治理实践的“枫桥经验”，迎来了新的历史机遇。“枫桥经验”发源地的诸暨市党委和行政机关，将打造“枫桥经验”升级版列为地方党政部门的中心任务，紧贴时代脉搏，不断开拓创新，使“枫桥经验”从理念、机制到具体举措，都不断丰富发展，继续在新时代基层社会治理中发挥着引领和示范作用。

2017 年 5 月，西北政法大学与诸暨市政法委又一次签订合作协议，再度联合开展“枫桥经验”课题研究。双方完成的合作成果《“枫桥经验”：基层社会治理体系和能力现代化实证研究》，被纳入中国法学会重大招标课题《“枫桥经验”理论提升和经验总结》专项委托课题。诸暨市委、市政府不仅重视“枫桥经验”传承、创新的实践探索，还重视“枫桥经验”的理论总结、研讨、宣传、推广，双方的合作十年如一日，难能可贵。

本书在研究与写作过程中，始终秉持着问题导向、重实证考察、多学科乃至跨学科研究等基本路径，立足于诸暨市和枫桥镇丰富多彩的基层社会治理实践，通过梳理、总结，客观呈现基层社会治理个案的样态，并通过理论发掘与提升，更好地发挥地方经验的普适意义与镜鉴作用。本次再版，对近十年刑事司法领域主要的变化，诸如“刑事和解”“社区矫正”等内容进行了修订；对矛盾纠纷多元化解领域国家政策的发展变化，也进行了说明。附录收入余钊飞副教授的书评《基层社会治理的法治探索——评汪世荣教授主编的〈“枫桥经验”：基层社会治理的实践〉》，当年他还是西北政法大学的在读硕士研究生，如今已经是这个研究领域小有名气的专家了。第二版坚持修改的“必要”原则，基本保持原著风格。作为一本学术著作，原著所提出的问题和解决的方法、措施及意见和建议，原汁原味得到了保留。

学术的生命在于创新，而创新的源泉来源于实践。改革开放四十年来，中国政府和人民所进行的伟大的改革实践，为学术研究提供了极其生动的实践样本与创新源泉。而发端于 20 世纪 60 年代、体现着基层群众创新智慧的“枫桥经验”，在改革开放的时代背景下焕发出了无限的生机和活力。新时代“枫桥经验”是具有标杆意义的基层社会治理的“中国方案”，也是一座有助于彰显中国话语、催生中国学派的理论富矿。在本书修订再版之际，我向汪世荣教授带领的研究团队表达敬意，他们十几年来持之以恒地努力，展示了法学理论工作者应有的使命意识和担当精神。同时，也期待更多学者投身于“枫桥经验”与基层社会治理问题的研究，为新时代“枫桥经验”的传承、创新与推广提供理论支持，为平安中国、法治中国、和谐中国建设贡献学术智慧！

浙江省人民检察院党组书记、检察长　贾　宇

2018 年 8 月 26 日

序

"'枫桥经验'与法治建设"研究项目,系西北政法大学与诸暨市人民政府合作完成的科研课题,《"枫桥经验":基层社会治理的实践》是项目的最终研究成果。经过一年半的调研、总结和写作,在完成了三十余万字的项目成果初稿后,2007 年 11 月 17 日,在北京召开了项目成果鉴定会。对于西北政法大学和诸暨市人民政府的这项研究成果,与会的中央政法委、最高人民法院、最高人民检察院、公安部、司法部等中央政法部门的领导和一些著名的学者给予了高度的评价,国内主要新闻媒体进行了宣传报道。其后,项目组又认真进行了修改定稿,现在呈现的是最终项目成果。

西北政法大学是全国法学教育和研究的重要基地,为国家的社会主义民主法治建设做出了重要的贡献。学校的前身为中共中央在延安创办的陕北公学。学校长期以来有着务实的校风,关注现实,注重实践。近年来,学校大力提倡回归大学本位、理论联系实际,研究基层的实际问题并服务基层社会,开放办学。在项目负责人西北政法大学科研处处长汪世荣教授的带领下,来自西北政法大学、中南财经政法大学、诸暨市政法委等单位的十余位专家学者,通过蹲点调查、实地走访、座谈、查阅档案资料等工作,收集到数百万字的相关资料。项目组通过定期和不定期的研讨会,交流研究心得,总结阶段性研究成果,按项目计划书的要求完成了各个阶段的任务。将"枫桥经验"作为一项重要的合作研究项目,体现了我校新时期的办学理念。

"枫桥经验"的提法源于毛泽东同志 1963 年 11 月 20 日批示的"诸暨县枫桥区社教运动中开展对敌斗争的经验"。产生之初的"枫桥经验",主要指在

“四类分子”改造中，进行思想斗争，提倡“一个不杀，少捕人，矛盾不上交，发动和依靠群众，重点开展说理斗争，就地将‘四类分子’改造成为新人”。对枫桥的做法，毛泽东同志批示：“各地要仿效，经过试点，推广去做。”1964年1月14日，中共中央发出了《关于依靠群众力量，加强人民民主专政，把绝大多数“四类分子”改造成新人的指示》，把“枫桥经验”推向全国。其后，枫桥经过二十余年的坚持和发展，在就地改造流窜犯、对违法犯罪青少年进行帮教等方面，进行了积极的探索，在预防和处理违法犯罪的工作中强调帮助教育，通过深入细致的思想工作和生活上的关心照顾来改造人，并致力于提高人民群众法制意识，实现了“捕人少、治安好、产量高”，取得了良好的效果。十一届三中全会后，枫桥在全国率先对经过长期有效改造、表现好的“四类分子”摘帽，并总结了摘帽工作经验。1979年2月5日，《人民日报》发表了《摘掉一顶帽，调动几代人》的长篇通讯，报道了枫桥区如何落实党对“四类分子”政策及进行评审摘帽的具体做法和经验。1983年，中共中央在转发公安部党组《关于给现有“四类分子”摘掉帽子的请示报告》时指出：“给‘四类分子’一律摘掉帽子，是我们党和政府依靠人民，把他们由坏人改造成为好人的结果。”

20世纪80年代和90年代，枫桥提出了社会治安综合治理的口号，并在实践中，依靠群众，就地调解了大量矛盾纠纷，“小事不出村，大事不出镇，矛盾不上交”，将矛盾纠纷化解在基层。随着改革开放的深化，枫桥在大力推动经济、社会、文化、教育发展的同时，重视社会治安和社会稳定，形成了“党政动手，依靠群众，立足预防，化解矛盾，维护稳定，促进发展”的基层社会治理模式，收到了“矛盾少、治安好、发展快、社会文明进步”的良好效果。

21世纪以来，随着国家民主法治建设的发展，“枫桥经验”受到中央和浙江省地方各级领导的重视。为了适应时代的要求，“枫桥经验”贯穿“以人为本”“和谐社会建设”理念，提出了一系列与时俱进的口号。例如，在流动人口管理中，强调“服务管理”，促进外来人口尽快融入本地，成为枫桥的“外来建设者”。又如，在企业管理中，提出：“要戴致富帽，先戴安全帽”；“要有好的产品，必须要有好的人品”；“八小时内是企业文明守法的职工，八小时外是社会文明守法的公民”。在加强基层民主,完善基层法治,推动村民自治,保证基层群众自我管理、自我约束、自我教育,建立健全各级基层群众自治组织,建立和完善民主监督和民主管理的各项制度等方面,都为我国的基层社会治理和社会主义新农村建设积累了大量的经验。更为可贵的是,新时期的枫桥人不仅重视发展经济、文化,而且重视“民主法治村”建设,推动基层民主法治不断完善。

综上,中华人民共和国成立以来,在中国共产党领导下,基层群众在实践中创造了许多充满智慧的社会管理、基层政权建设、村民自治等经验。今年是毛泽东同志批示“枫桥经验”45 周年。“‘枫桥经验’与法治建设”研究项目成果,对这一坚持了四十余年的经验,在理论上进行了总结和提升。项目成果的出版发行,对于“枫桥经验”的进一步创新和完善是一个新的契机。项目组试图通过对“枫桥经验”这一具体问题的深入研究,总结中国基层民主法治建设的经验,进而为我国基层民主法治建设探索道路,值得肯定。这一项目的顺利完成、项目成果的出版,也是大学服务社会的一次成功实践。

是为序。

西北政法大学校长、博士生导师　贾　宇

2008 年 9 月 6 日

目　录

第一章 “枫桥经验”概述

第一节 “枫桥经验”的形成与发展

一、形成过程

从20世纪50年代中后期到1976年,中国社会发生了前所未有的变化。社会变迁与发展呈现出的总体特征是“政治”对于“经济”的优先性。[1] 所以,有的学者把1960~1965年称为“以阶级斗争为纲”的年代,其方法是发动群众进行斗争,实际上是思想领域的群众运动,即“全能主义政治”。[2]

1963年2月,中共中央决定在全国农村普遍开展社会主义教育运动。5月,毛泽东在杭州主持召开了政治局扩大会议,讨论起草了社教运动的纲领性文件《关于目前农村工作中若干问题的决定(草案)》,提出要把绝大多数“四类分子”改造成新人。中共浙江省委选择诸暨、萧山、上虞等县作为“社教”试点,并遵照中央和毛泽东关于对“地富反坏分子”基本上采取“一个不杀,大部不捉”的指示,规定在农村社会主义教育运动和城市“五反”运动中,除了现行犯外一律不捕;运动后期,必须捕的,也要报请省委批准。

6月,浙江省委社教工作团在省委书记处书记林乎加率领下进驻诸暨。7月,省委枫桥工作队政法组在枫桥区的枫桥、新枫、视北、视南、栎江、檀溪、东溪7个公社开展社会主义教育运动对敌斗争阶段试点。开始时,有的基层干部和部分群众要求“逮捕一批,武斗一遍,矛盾上交”,想以此打开运动局面。这7个公社共有6.7万人口,地、富、反、坏分子911名,其中有比较严重破坏活动的163名,要求逮捕45名。工作组的同志,坚决执行省委的规定,充分发动和依靠群众,开展说理斗争,没有打人,更没有捕人,就把那些认为非捕不可的“四类分

---

〔1〕[法]谢和耐:《中国社会史》,耿昇译,江苏人民出版社1995年版,第577~578页。

〔2〕李洪林:《中国思想运动史》,天地图书有限公司1999年版,第150页。

子”制服了。

10月底，枫桥区社会主义教育运动对敌斗争阶段基本结束。公安部领导来浙江视察，发现了枫桥区没有捕人的经验，就立即向正在杭州视察的毛泽东作了汇报，毛泽东肯定地说“这叫矛盾不上交，就地解决”，并指示要好好进行总结。

根据毛泽东的指示，公安部副部长凌云带领调查组赶赴枫桥，在调查核实后，主持起草了《诸暨县枫桥区社会主义教育运动中开展对敌斗争的经验》，即“枫桥经验”。[1] 其主要精神是捕人少，矛盾不上交，依靠群众，以说理斗争的形式把绝大多数“四类分子”就地改造成新人。

11月17日至27日，第二届全国人民代表大会第四次会议召开，公安部作了题为《依靠广大群众，加强人民民主专政，把反动势力中的绝大多数改造成新人》的发言。11月20日，毛泽东在审阅该稿时做了重要批示：“此件看过，很好，讲过后，请你们考虑，是否可以发至县一级党委及县公安局，中央在文件前面讲几句介绍的话，作为教育干部的材料，其中应提到诸暨的好例子。要各地仿效，经过试点，推广去做。”22日，毛泽东在同公安部负责人谈话中，又强调：“从诸暨的经验看，群众起来以后，做的并不比你们差，并不比你们弱。你们不要忘记动员群众，群众工作做好了，可以减少反革命案件，减少刑事犯罪案件。”

1964年1月14日，中共中央发出了《关于依靠群众力量，加强人民民主专政，把绝大多数“四类分子”改造成新人的指示》，把“枫桥经验”推向全国。

二、发展沿革

“枫桥经验”经过了五十余年来的发展演变，其内涵也在不断发展变化，经过了三个阶段：“枫桥经验”最初是阶级斗争背景下的一种政治斗争和社会改造的经验，后来发展为社会治安综合治理的经验，最后发展成为村民自治，基层民主法治建设的经验：

第一阶段，政治斗争和社会改造的经验。

从发生学意义上来看，“枫桥经验”属于一种政治斗争和社会改造的经验。

〔1〕“枫桥经验”虽然源于毛泽东的批示，但是，经过近50余年的发展，已经具有了丰富的内涵，成为一项基层社会治理的经验。本书主要从社会治理角度，使用这一概念。

将"四类分子"放在群众中监督改造,通过说理和辩论的方式,进行思想改造和劳动改造,发挥群众、家庭、社会和政府等各种作用,改造剥削阶级的人生观和世界观,使之成为新人。

第一,"枫桥经验"对全国社会主义教育运动中正确进行对敌斗争起到了指导和示范作用。1964年1月至次年1月,中共中央连续两次指示推广"枫桥经验",全国各地掀起了学习"枫桥经验"的热潮。广东等十多个省、市、自治区和中央政法干校等,纷纷派员赴枫桥学习。这对当时正在深入开展的社会主义教育运动中如何正确地进行对敌斗争,起到了积极的指导和示范作用。1965年1月,公安部党组在给党中央、毛泽东的报告中说:"关于矛盾不上交,依靠群众监督,就地改造敌人的指示,在实际斗争中初见成效。1964年是中华人民共和国成立以来捕人、杀人最少的一年,治安情况比历年都好。"

第二,枫桥的干部群众,创造了就地改造流窜犯和对违法失足青少年进行帮教的经验。三年困难时期[1]农业生产遭到严重破坏,人口流动频繁,流窜犯罪突出,给城市管理造成巨大压力。1965年,枫桥的干部群众,着眼于大局,立足于就地改造,运用"枫桥经验"的基本精神,将外出人员寻找回来,有效地教育、改造了22名流窜犯和41名懒汉"二流子",创造了就地改造流窜犯的经验,涌现出了如《这样的流窜犯群众也能管教他》《"从破缸而逃"到参加集体劳动》等一批闻名全国的改造、教育流窜犯的典型。浙江省公安厅印发《下决心改造流窜犯,解决治安工作上的"老大难"问题》,指示学习"枫桥经验",用"釜底抽薪"的办法解决治安工作上的这个"老大难"问题,公安部《人民公安》杂志,连续多期刊登介绍了这些经验。

70年代中期,由于"文化大革命"的影响,青少年违法犯罪成为严重的社会问题。针对这种情况,枫桥的干部群众在就地改造、教育流窜犯的基础上,创造了帮教失足青少年和一般违法人员的经验。公安部、浙江省公安局及时派人总结了《对一般流窜犯就地改造比矛盾上交好》《正确执行党的政策,做好"可教子女"工作》《教育违法青少年的一些体会》等一批先进典型经验。1975年11

---

〔1〕 即1959年、1960年和1961年。这三年被称为"三年自然灾害",全国发生了大规模的旱灾、霜冻、洪涝、风雹、台风,以及蝗灾、鼠害。农业生产受到严重破坏,许多地方人民流离失所。相关的数据,参见国家统计局、民政部编:《1949~1995中国灾情报告》,中国统计出版社1995年版。

月24日，公安部副部长凌云到枫桥视察工作时，充分肯定了这一经验。枫桥帮教工作的开展，为以后全国广泛实施公安基层基础工作建设工程提供了范例。

1977年11月2日，中共浙江省委批转了省公安局党组关于推广落实“枫桥经验”的报告，提出了在全省普及“枫桥经验”的六条标准。[1] 到1978年9月，全省有8.3%的大队（村）达到了普及“枫桥经验”的六条标准，再次出现捕人少、治安好的局面。

第三，枫桥的干部群众在实践中创造了对“四类分子”实行评审和摘帽的制度。十一届三中全会后，枫桥在全国率先对经过长期有效改造、表现好的“四类分子”摘帽，并总结了摘帽工作经验。浙江省公安局党组向省委、公安部作了《关于诸暨县枫桥区按照新宪法，对表现好的“四类分子”摘帽的情况报告》，认为：“枫桥区在对‘四类分子’加强改造的同时，对改造表现好的‘四类分子’摘帽的经验是可行的，有利于社会主义事业。”1979年，中央下发了关于做好“四类分子”的评审摘帽问题的文件，即中央（79）5号文件。浙江省、地、县公安局组成联合工作组，在枫桥区开展摘帽工作试点。2月5日，《人民日报》发表了《摘掉一顶帽，调动几代人》的长篇通讯，报道了枫桥区落实党对“四类分子”政策，做好摘帽工作的经验。2月24日，省公安局《公安工作简报》刊登了《枫桥区落实中央决定，绝大多数“四类分子”已摘帽》的文章，向省内外宣告，在“枫桥经验”的诞生地，“四类分子”中的绝大多数已经改造成新人。《人民日报》《解放军报》《浙江日报》和新华社《内参》纷纷报道枫桥区给“四类分子”摘帽的经验，推动了全国落实“四类分子”政策的顺利进行。1983年，中共中央在转发公安部党组《关于给现有“四类分子”摘掉帽子的请示报告》时指出：“给‘四类分子’一律摘掉帽子，是我们党和政府依靠人民，把他们由坏人改造成为好人的结果。”

第二阶段，群众广泛参与社会治安综合治理的经验。

从20世纪70年代起，枫桥发动群众管理社会治安，率先实行群防群治，为从根本上加强社会治安工作创出了路子。1978年，枫桥人在开展群众讲座的基

---

〔1〕 普及“枫桥经验”的六条标准是：(1)党支部能坚持党的基本路线，加强对治保工作的领导；(2)治保组织健全，战斗力强，执行政策，遵守纪律好；(3)树立了贫下中农的阶级优势，对阶级敌人的破坏活动和资本主义势力敢斗敢批；(4)监督改造“四类分子”，做到经常化、制度化，对外逃的及时追回，对有破坏活动的就地制服，矛盾不上交；(5)教育改造有违法犯罪行为的人，成效显著；(6)发案少，治安好，巩固了集体经济，促进了生产。

础上,率先制定了《治安公约》。[1] 这是动员群众遵守社会主义法制,维护社会治安的一种群众喜闻乐见的好形式,也是后来新时期村规民约的先声。《治安公约》推出后,浙江省公安局充分肯定,并着力介绍给全省各地。随着党的工作重点的转移,枫桥的干部群众及时把坚持"枫桥经验"的着力点,放到了维护社会治安上。他们注重加强农村治保会建设,[2] 坚持经常培训,有效地提高了治保干部的政治业务素质,树立了一批《治保会自己动手破案、依靠群众搞好安全防范》等好典型。他们还在群众中普遍开展社会主义法治教育,致力于提高人民群众法治意识,实现了"捕人少、治安好、产量高"的要求。1978 年 2 月 20 日,《人民日报》做了综合报道。

1980 年以来,枫桥依靠群众,就地消化了大量纠纷矛盾和一般治安问题,基本上做到"小事不出村,大事不出乡,矛盾不上交"的要求。如 1986 年,由乡、村两级调处解决的各类纠纷和治安事件占 92.4%,就地教育挽救违法人员 643 人,其中 113 人成为各类专业户,从根本上减少了犯罪,稳定了社会治安。枫桥依靠群众,加强社会治安的动态管理和公共复杂场所的专业化、网络化管理,逐步形成了融"打、防、教、管、建"于一体的社会治安综合治理网络,探索出了一条适合当代实际的社会治安综合治理的最佳途径,有效地维护了全区的社会治安,保障了经济的繁荣发展,案件较少,治安稳定,经济发展。在过去的 30 年中,枫桥的刑事案件平均发案率和捕人率控制在总人口的 0.08% 和 0.03% 以下,大大低于诸暨市和浙江省的平均水平。从 1990 年到 1998 年年底,枫桥共接待来自上海、江西、湖北、广西、西藏等省内外参观学习人员两千多批共八万多人。1998 年中央政法委肯定了"枫桥经验"是新形势下维护农村稳定的经验。

"枫桥经验"在实践中不断丰富和发展,形成了鲜明的时代特色:党政动手,依靠群众,立足预防,化解矛盾,维护稳定,促进发展,预防化解了各类矛盾纠纷,出现了"矛盾少、治安好、发展快、社会文明进步"的良好局面,为农村稳定和发展创造了新路子。

---

〔1〕 参见本书第五章第三节。

〔2〕 治保会即治安保卫委员会,负责村庄的治安和保卫工作。治保会是我国宪法确定的群众性治安保卫自治组织。

第三阶段，村民自治，基层民主法治建设的经验。

近年来，诸暨市创建了“平安协管员”“治安信息员”制度，创新和完善社会治安综合治理机制的同时，充分发挥基层群众自治组织的作用，加强基层民主法治建设。强调“部门协同、村镇联动”，通过建立机制，预防矛盾；通过民间调解，化解矛盾。2003年以来，开展与落实“综治工作进民企”，促进经济发展，推进村民自治，实行基层民主法治，建设和谐社会。

这一时期，主要的做法有：(1)推进农村基层民主、村民自治。(2)注重提供农村公共产品（如实施道路硬化、绿化、亮化、净化工程，大力加强文化建设，设立大病医疗保险等）。(3)农村的民主管理与监督、财务制度改革。(4)贫困农民的慈善帮助。(5)加强村级社会治安、村级调解。(6)开展新农村建设、村庄建设、民主管理、群防群治。(7)为农民办企业提供担保。(8)对外来人口的服务管理。(9)对归正人员[1]的帮教。

21世纪以来，依托平安的社会秩序与良好的自然社会环境，枫桥镇注重新农村建设规划和有序发展，注重经济发展与自然环境的协调，注重本土人与“新枫桥人”的和谐共处。2008年8月，诸暨市委提出了建设“乡风文明、管理民主、邻里和睦、安定有序”的平安和谐新农村目标，发展创新“枫桥经验”，形成了“社会治安好，经济发展快，生活质量高”等时代特点。

三、总结推动

浙江省公安厅原副厅长陈明等多次到枫桥调查研究，宣传“枫桥经验”。从1986年开始到1989年，绍兴市公安局王汉章、宋金良、金伯中和陈善平四个人相约，每年到枫桥蹲点调查半个多月，总结出了《依靠群众管治安，保障社会安定，促进经济发展——枫桥在新形势下又有新经验》等多篇调查报告，省公安厅和公安部《治安简报》均作了转载。

1990年2月19日，中共绍兴市委常委、公安局长傅缨带领11个人的工作组，进驻枫桥达46天，重新总结新形势下的“枫桥经验”。调查组白天调查，开

---

〔1〕“归正人员”的称谓，源于2002年《浙江省归正人员安置帮教工作办法》。以“归正人员”取代“刑满释放人员”和当时的“解除劳教人员”等称谓，有一定的积极意义，有助于消除对他们的歧视，促其更好地融入社会。

座谈会,晚上讨论,统一思想,整理材料,做了大量的基础工作。3月12日,十三届六中全会作出了《中共中央关于加强党同人民群众联系的决定》,调查组同志欢欣鼓舞,连夜组织学习、讨论,认为重新宣传“枫桥经验”的时机已经成熟,重新调查总结“枫桥经验”没有错,依靠人民群众的宗旨不能变。此后,调查组同志更加深入群众,加班加点工作,成为促进和谐社会建设的重要推动力。绍兴市委领导沈雷、俞国行等也专程到枫桥看望调查组同志,支持总结“枫桥经验”。这段时间,调查组总结出了《依靠群众是维护社会治安的根本——枫桥区坚持和发展“枫桥经验”的做法》的调查报告及19个典型材料。绍兴市委转发了调查报告,浙江省委办公厅《信息通报》刊发了《绍兴市重新推广“枫桥经验”》的报道。5月24日,新华社《国内动态清样》第1319期刊登了《诸暨市枫桥区坚持依靠群众抓治安效果好》的长篇报道。6月13日新华社《内参选编》第23期也刊发了这篇文章,向中央和全国宣传枫桥新经验。浙江省公安厅蔡杨明副厅长带领调查组会同绍兴市、诸暨市进一步做了总结,6月29日,浙江省委转发了调查报告,号召全省学习。

1993年5月,中央记者团对枫桥进行了专题采访,做了大量报道。1993年11月22日,浙江省公安厅、绍兴市委、诸暨市委在诸暨联合举行纪念毛泽东同志批示“枫桥经验”30周年大会,把学习推广“枫桥经验”进一步推向高潮。

1998年4月3日,浙江省公安厅厅长俞国行到枫桥调查研究,提出要进一步掀起学习推广“枫桥经验”热潮。9月至10月,浙江省公安厅、绍兴市委、诸暨市委组成联合调查组,在枫桥蹲点调查四十多天,形成了《预防化解矛盾,维护农村稳定——“枫桥经验”新发展》的调查报告和7个典型材料。11月,中央政法委副秘书长陈冀平、公安部副部长田期玉、政治部主任祝春林先后到枫桥考察,肯定“枫桥经验”的新发展是新形势下维护农村稳定的好经验。11月16日,浙江省委书记张德江在省委批转“枫桥经验”的报告上批示:“维护农村稳定,促进农村发展,是一个重大课题,枫桥提供了好经验,应在全省大力宣传,全面推广。”11月22日,浙江省公安厅、绍兴市委、诸暨市委联合举行纪念“枫桥经验”35周年大会。

1999年4月17日,浙江省委书记张德江专程到枫桥考察“枫桥经验”,再一次号召全省学习。4月20日至22日,浙江省委、省政府在诸暨召开全省学习推广“枫桥经验”现场会。

2003年5月29日，中央政法委领导到枫桥考察。同时，诸暨市委副书记孟法明带领工作组到枫桥蹲点，会同省公安厅、绍兴市委调查组对“枫桥经验”再次进行总结，形成了《看枫桥如何实现矛盾少发展快》的调查报告。11月22日，中央综治委、浙江省委联合在诸暨隆重召开纪念毛泽东同志批示“枫桥经验”40周年大会，中央政治局常委、政法委书记罗干亲自参加会议，并作了重要讲话。

第二节 “枫桥经验”的概念与内涵

一、概念

诞生于1963年的“枫桥经验”，经过四十余载变迁和考验，早已经摆脱了阶级斗争的色彩，但其原初的精神内核得到了传承，并被不断丰富与发展。21世纪以来，枫桥镇依托稳定的社会环境，在新农村建设、村民自治和基层民主法治等方面取得了成就。

今天的“枫桥经验”，以预防和调解解决社会矛盾纠纷为切入点、以社会治安综合治理为主要治理技术、以平安创建打造稳定的社会环境为目标，强化镇党委、政府对于村民自治的领导和监督，树立政府权威，加强镇政府与村的联动，通过加强镇党委的领导，加强村级组织和制度建设，以规范的基层社会治理、村民自治为基础，为村镇经济发展提供稳定良好的平台与环境保障，引导新农村的建设与发展，从而初步实现建设和谐社会的目标。概言之，“枫桥经验”是一种中国农村基层社会治理的成功经验。[1]

---

〔1〕“枫桥经验”凝聚了浙江省广大干部群众在社会治安综合治理工作实践中的创造，其实质是在党的领导下，组织动员全社会力量，通过打击、防范、教育、管理、建设、改造等途径和手段，推进基层社会治安综合治理，解决影响社会和谐的各类问题。着眼于化解矛盾、解决问题、建立健全矛盾纠纷疏导化解机制；专群结合、群防群治，建立健全打、防、控一体化工作机制，立足基层，深入群众，建立健全基层管理服务机制。可以看出，官方对枫桥经验的核心解读是“社会治安综合治理”与“维护社会稳定”。参阅浙江省委2004年发《中共浙江省委关于建设“平安浙江”促进社会和谐稳定的决定》，载中共浙江省委建设“平安浙江”领导小组办公室主编：《建设平安浙江工作手册》（2007年版）内部刊物。

“枫桥经验”是一种经得起历史考验和时间检验的经验。在枫桥镇,党的领导坚强有力,政治稳定,社会治安良好,社会秩序安定,村民自治规范,新农村建设有序,经济持续增长,自然环境宜人,人与自然和谐发展。以人为本、仁爱的人本价值观,依靠群众、坚持党的领导的政治观,以及不断的制度创新、尊重群众智慧的社会发展观,构成了“枫桥经验”的基本内容。

二、内涵

(一)社会治安的综合治理

1.“综治”的组织与网络

在枫桥镇,“综治”不仅仅是一个名词,而是一个实实在在的系统工程。枫桥镇的综治系统工程主要体现在以下几个方面:第一,在镇政府,设有“枫桥镇综治工作中心”和“枫桥镇突发紧急事件处理中心”。第二,有一套完整的综合治理组织。第三,有一套系统的、可操作的制度。

(1)组织网络。成立了枫桥镇党委、政府领导下的社会治安综合治理委员会和平安创建工作领导小组。在这两个组织机构下面,设立了综治工作中心,由镇党委副书记任中心主任。综治工作中心是开展综治工作的平台,由综治办牵头,整合信访办、调委会、司法所、警务室、维权办、创建办等各部门力量,通过会议联席、工作联动、警务联勤,建立综合治理的各部门联动机制。中心设置工作窗口,包括综治、司法、信访、调解。各个机构一个窗口办公,各类案件一个口子受理,各项工作由一个目标统领。该中心还进一步向基层延伸,在片区设立分中心,内设警务室、司法工作室、综合调解室;在村一级设立村、企综治工作站。

(2)治安调解组织。截至2007年年底,枫桥镇全镇拥有村、企治保调解委员会55个,委员358人。

(3)群防群治组织。枫桥镇有治安中队1支,护镇队1支,护村(厂)队52支,归正人员帮教小组55个,社区矫正工作小组55个,流动人口、出租私房管理工作小组55个。

(4)工作制度。主要包括6类:工作例会制度、信息报告制度、首问责任制度、督查督办制度、基本台账制度、考核评价制度。

在枫桥,人们有着浓厚的"综治"意识。实际上,"综治"并不是什么神秘的高招,它更多强调的是部门之间的合作而非分工。"综治工作中心"在日常生活中并不是一个实体,而仅仅是一个"平台",一个交流的平台,一个信息交换与沟通的平台。借助这个平台,公安派出所、工商、法庭、财税、交警等部门经常联合召开会议,主要负责人必须参加。这个会议,是由综治中心主任牵头召开的。除了信息交流,综治中心会议具有两方面特别的作用:一方面,综治会议可以促进各部门的相互了解;另一方面,寻找解决问题的策略与措施。在会上,各部门可以把任何问题摆在桌面上,公开讨论解决问题的办法。在沟通协商的基础上,政府不同部门之间形成联动机制,产生了工作的合力。

2. 综治的技术与运作

在枫桥镇,"综治"是一项有特色的、能够凝聚政府治理力量的有效工作机制。具体体现在:

首先,在纠纷发生以后,不推诿,不"踢皮球"。大事一出,镇政府就介入,相关职能部门积极跟进。对辖区内发生的矛盾、纠纷或冲突,政府部门各负其责,不会简单地将冲突或者事件推给公安部门单独去处理。因为按照综合治理的思路,如果仅靠派出所一个部门,许多案件是解决不了的,并且民警的压力很大。而各部门共同出面,群策群力,联手解决,民警的压力就会小一些。[1] 一句话,枫桥善于利用镇政府、村镇之间的组织关联,善于利用部门之间的有机联系和组织协调的优势,善于利用"系统的力量"去解决社会纠纷。

其次,谈话。问题出现以后,相关职能部门就会介入。这些部门要进行多次调解,通过调解去化解纠纷。谈话是开展调解工作的主要方式。通过谈话,了解问题的真相、了解事件的来龙去脉、了解当事人的思想状况和利益诉求,进而寻找多种社会关系来做当事人的思想工作,使问题能够真正得到合情、合理与合法的解决。

再次,制定规章制度。枫桥镇围绕着"社会治安综合治理"工作,制定了47项规章制度。这些制度规定了综治的工作主体与内容。

---

〔1〕 正如2008年6月28日"瓮安事件"发生后,贵州省省委书记石宗源所说,"绝不能动不动就把公安政法机关推到第一线,更不能用人民民主专政的手段来对待人民群众"。参见丁补之:《瓮安溯源》,载《南方周末》2008年7月10日,第2版。

综合治理涉及的主体广泛,主要包括:(1)党、政机构。包括镇党委、镇政府、公安派出所、人民法庭等。(2)镇综治中心机构。(3)村级组织。(4)辖区内的企业。

综治工作的主要内容包括:(1)信访、调解、社区矫正、帮教安置。(2)平安创建、治安管理、流动人口服务管理、治安信息收集。(3)综治需要将调控、预防、执勤、治安维护和创建平安工作有机结合。

最后,开展五联机制,即在综治办的领导下开展工作的一种机制。"五联"机制即联合调解、联合预防、联合各部门值班备勤、联合维护社会治安、联合各部门进行"平安创建",简称为联调、联防、联勤、联治、联创机制。[1]

五联机制与责任是紧密相连的。例如,在钟瑛村,就制定有"三联保"帮教责任书,即派出所、治保主任、家长,本着"教育、帮助、挽救"的方针,对违法人员,在原有帮教措施的基础上,签订由派出所、治保主任、家长共同参加的"三联保"帮教责任书。该帮教书中明确规定了各自的职责,如派出所干警应当通过谈心、会同有关部门解决实际困难等,治保主任应当向派出所报告村组治保情况,家长应当向治保主任或者民警汇报子女情况,教育、帮助与监督子女。

3. 加强日常管理

(1)加强对辖区内吸毒人员的排查和管理。通过详细排查,枫桥派出所的干警发现,尽管在枫桥派出所的辖区内,没有查到吸毒人员,但是辖区内的人有到外面吸毒的情况,2006 年排查到的人数为 5 名。对这些吸毒人员,加强监管,重点监控。

(2)加强对炸约的管理。从 1997 年起,对炸药的使用,派出所对每个用户都编号管理。枫桥派出所与每一个使用人都签订了承诺书、保证书,要求使用人做到早领晚退。

(3)预防群体性事件的发生。在枫桥镇,群体性事件很少发生,但是镇政府能够居安思危,积极制定处置群体性事件的预案,防患于未然。

(4)预防赌博。尽管在枫桥镇,大多数人都忙于自己的生产经营,赌博很少发生,但是,枫桥派出所经常排查,并对偶发的赌博行为依法从严惩处。

---

〔1〕 "五联机制"的具体内容见本书第二章第一节。

(5)做好对新枫桥人的服务和管理。[1] 枫桥有很多外来务工人员，他们主要来自贵州、江西、安徽、湖南、广西。这些外来务工人员被称为“新枫桥人”。为了更好地服务与管理新枫桥人，枫桥按照500∶1的比例设立专职协管员。派出所做好每一名外来流动人员的登记工作，实行跟踪服务，以了解“新枫桥人”的生活状况、利益诉求等，并广泛开展法治宣传和教育，强化新枫桥人的自觉守法意识和维权意识。对于因单位没有按时发工资、生活有困难的人，派出所通常会协助劳动管理部门，督促企业履行相关义务。对一些劳资纠纷，派出所也会协助劳动管理等部门做一些调解、说服和化解矛盾的工作。

(6)加强干警的管理。由于管理严格，中华人民共和国成立后的59年里，枫桥派出所从没有因为工作原因处分过任何一名警察。对警察，派出所最主要的管理方式是开展“教育”。在各种会上，通过正面的、反面的例子，教育干警，以转变干警的思想观念。为适应时代要求，派出所要求所有的干警，必须由“管理”的思想转变为“服务”的思想。在工作中，派出所要求干警严格按照制度办事。派出所有一整套完整的工作制度，也要求干警严格按照制度出警、办案。有时候，群众会误解警察，这就要求派出所负责人多做一些解释。但是无论如何，矛盾不上交，自我化解。

(二)创建“平安乡镇”

枫桥镇综合治理的核心目标在于预防和减少矛盾纠纷、预防和减少刑事案件，创建“平安乡镇”。2006年，枫桥镇明确提出，经过2～3年的创建，全镇95%以上的村民委员会要达到“平安村”“平安社区”的标准，95%以上的校园要达到“平安校园”的标准，“以基层的稳定”确保全镇的稳定。“平安村”“平安社区”创建，由镇平安办、综治办牵头组织实施，派出所、司法所、法庭和医院、工商所、工贸办、社会事业办等站、办、所配合。

1.“平安枫桥”建设

枫桥镇的“平安创建”涵盖了8个领域，包括“平安村”“平安社区”“平安企业”“平安校园”“平安医院”“平安市场”“平安矿山”和“平安路段”的“八创建”活动。对每一领域，都有具体要求。例如，“平安医院”的重点是“四提高四有

---

[1] 浙江诸暨将外来人口、打工者等，统称为“新枫桥人”。

效”:一是提高内保水平,有效预防和减少盗窃案等刑事案件;二是提高消防水平,有效预防火灾事故的发生;三是提高医疗质量,有效预防和减少各类医疗事故;四是提高服务质量,有效预防和减少医患纠纷。“平安校园”建设,明确提出要做到:优化治安环境、优化法治环境、优化饮食卫生、优化文化环境、优化交通环境等具体内容。诸暨市委、市政府同时提出了“领导重视”、“齐抓共管”和“强化监督,务求实效”的工作要求。[1]

为了维护村落平安,党委领导、村镇联动、信息沟通就是必不可少的。其中,村干部是辖区的第一责任人,维护地方平安,村“两委会”发挥了巨大、积极、能动的作用。此外,镇政府还出资聘任“平安协管员”。

2.“平安村”建设

建设“平安村”是一个系统工程,需要制定具体的规章制度来配合。以新农村[2]为例,该村坐落于枫桥镇北面,全村 364 户 1031 人,水田 462 亩,旱地 71 亩,先后荣获浙江省卫生村,绍兴市文化特色村,诸暨市文明村、卫生村、计划生育“百佳”示范村,诸暨市文化特色示范村荣誉称号。新农村围绕着“平安村”创建,汇总和制定了相关制度计 35 项。这些制度主要包括以下内容:(1)“平安村”创建工作规划。(2)综治工作组职责和制度。(3)“民主法治村”创建规划。(4)村党支部、村民委员会工作职责和工作制度。(5)村两委会联席会议制度和村民代表会议制度。(6)人民调解委员会工作职责和制度。(7)治保会工作职责和制度。(8)村务公开和重大事项决策制度。(9)村干部离任(任期)审计制度。(10)矛盾纠纷排查调处工作制度、矛盾纠纷案件移送制度。(11)护村队职责。(12)外来人员管理制度。(13)归正人员安置帮教小组职责和帮教制度。(14)村民自治章程与村规民约。(15)妇代会和团支部工作制度,等等。[3]

上述制度基本涵盖了建设“平安村”的各个领域:村一级党政组织的职责、

---

〔1〕 中共枫桥镇委、枫桥镇人民政府《关于开展平安“八创建”活动的意见》,参见枫桥镇新农村两委会编:《枫桥镇新农村“平安村”创建工作资料汇编》,2005 年内部发行。

〔2〕 新农村是枫桥镇的行政村之一,该名称早在中央提出建设社会主义“新农村”之前就已经命名,其他的几个村村名分别为“化农村”“勤农村”。

〔3〕 参见枫桥镇新农村两委会编:《枫桥镇新农村“平安村”创建工作资料汇编》,2005 年内部发行。

村民委员会的自我约束机制、矛盾纠纷的化解路径，以及村内社会生活方方面面的管理等。平安创建通过全面的制度安排和科层制的网络体系，调动村一级党、政、团、妇和人民群众的力量，打造村镇平安的保障体系。

这种保障体系不仅包括抽象的制度，还具有可考核的评价体系。我们就曾见到了综治委制定的极其详细完备的“创建‘平安乡镇’的工作职责及任务分解”考评办法。每一大项都包括若干小项和考评分数。以下仅选取和列举纲领式的考评指标体系。

第一，社会政治稳定。(1)境内外各种政治势力，邪教组织的渗透破坏活动得到有效防范、控制和适时打击。(2)矛盾纠纷得到有效化解。赴京上访等群体性事件上升势头得到有效遏制。(3)干部廉政建设成效明显。(4)基层普法、依法治理达到省提出的标准。

第二，治安状况良好。(1)刑事案件总量上升势头得到遏制。(2)放火、爆炸、劫持、杀人、抢劫、伤害、强奸、绑架八类刑事犯罪案件得到有效打击和控制。(3)流动人口犯罪等案件得到控制。(4)治安重点地区和突出治安问题得到有效整治。(5)单位内部安全保卫工作和防范措施落实到位。

第三，经济秩序平稳。(1)辖区内市场秩序良好。(2)各类破坏市场经济秩序的犯罪得到有力打击。(3)政府为主投资的重点项目决策科学、建设顺利。(4)行政执法监督有力。

第四，安全生产状况稳定好转。(1)各类事故死亡人数不超过上级政府下达的控制指标。(2)火灾事故财产损失不超过上级政府下达的控制指标。(3)不发生重大责任事故。(4)政府安全生产监督管理工作符合上级要求。

第五，社会公共安全。(1)各类公共突发事件应急预案完善，处置迅速有效。(2)危险化学品安全管理到位，公共卫生基础设施健全。(3)自然灾害得到有效防范处置。(4)大型群众性活动安全有序。

第六，人民安居乐业。(1)人民群众安全感满意率达到85%以上。(2)完成省、市政府下达城镇新增就业岗位目标任务，城镇登记失业率控制在省、市政府确定的当年目标以内。(3)完成省、市政府下达养老保险、医疗保险、失业保险等社会保险基金征缴任务。(4)人民群众合法权益得到有效保障。(5)创建平安工作组织保障有力。

第七，基层基础建设。(1)领导管理。(2)职责分工。(3)流动人口服务管理。(4)重点单位、重点路段、重点部位“三防”落实情况。

(三)多元方式解决矛盾纠纷

在枫桥镇，解决社会纠纷的方式是多元的。多元的解决方式环环相扣，从而最大限度地预防、减少、就地化解矛盾纠纷。

第一，调解是解决矛盾纠纷的主导方式。在枫桥镇，形成了有效的调解工作链。在镇党委、镇政府的领导下，全镇倡导“小事不出村，大事不出镇，矛盾不上交”，就地解决纠纷。在解决这些纠纷时，注重调动矛盾各方的社会关系，必要时由这些关系出面做一些说理、说服工作。同时，还注重考察矛盾双方的历史关系，看双方是否存在历史矛盾或者其他原因，“跳出矛盾看矛盾”，倡导通过互谅互让的方式去解决纠纷，取得了良好的法律效果和社会效果。当然，对于一些村镇无法处理的纠纷，会告知当事人通过诉讼解决。

第二，司法裁判是解决矛盾纠纷的最终路径。枫桥法庭年均审理案件六百多件，主要审理的案件类型是刑事类的自诉案件和民事案件。刑事类的自诉案件主要包括故意伤害罪、侮辱罪、诽谤罪等。民事类案件主要是交通肇事、离婚和一般经济纠纷等。

枫桥法庭大量运用调解的方式来解决纠纷。立案时、开庭以前、庭审当中、庭后、判决书送达前，以及执行过程中，都可以通过调解的方式来解决纠纷。在制度设计上，陪审员担任的是调解员的角色，充分发挥陪审员在解决矛盾纠纷中的引导作用，调解贯穿诉讼的全过程。对当事人协议不成或者不履行调解协议的，法庭依法作出判决。

第三，倡导事先预防而非事后惩戒。枫桥将工作的着力点首先集中在预防违法犯罪方面。这种预防为主的社会治理体系，符合现代社会的秩序安排和效益追求。司法所是预防矛盾纠纷的枢纽，司法所的预防主要借助于人民调解、社区矫正、综治协调、法治教育、五五普法，以及对于归正人员的帮教。这种预防体系，建立在信息员制度的基础上，即通过在村组、村委设立信息员，建立起信息汇报和反馈制度。对于民众，政府的措施是宣传教育在前、解决纠纷在后。预防为主还体现在，防止纠纷扩大、力争降低或者减少上访。纠纷发生以后，多采用调解的方式来解决。[1] 惩戒是最后才使用的措施。

此外，各村制定了纠纷排查制度、矛盾纠纷案件移送制度、外来人员服务管理制度、归正人员安置帮教制度等。

第四，地方和区域矛盾的自我化解。矛盾纠纷解决中，没有"踢皮球"和推诿现象，不是留着矛盾让老百姓去"上访"，而是始终秉持并实践着"小事不出村，大事不出镇，矛盾不上交"的理念，维护基层社会的和谐与稳定。

同全国各地一样，枫桥镇政府也要面对群众的信访问题。但是枫桥镇同许多地方不一样之处在于，面对群众信访，能够依托农村社区，实行镇村部门联动。他们对上访人没有采取"围、追、堵、截"措施，而是主动开展工作，"变群众上访为干部下访，变坐等来访为主动走访，对疑难信访实行联动息访"的"三访"工作机制，最大限度地减少了"上访"，减轻、降低了上级政府的工作压力。

（四）基层民主法治建设

1. "民主法治村"建设

枫桥镇提出了"民主法治村"创建规划，通过"民主法治村"的实践探索，使民主选举、民主决策、民主管理、民主监督制度更加完善，村民参与管理公共事务和公益事业的权利得到切实尊重和保障，党组织领导下的村民自治得到完善和加强。为了完善村民自治，镇政府明确提出了"民主法治村"达标的基本要求：(1)组织建设。以村党支部为核心，村级各类组织依法组成，村两委会在镇党委、政府的领导下履行职责，廉洁奉公。(2)民主管理。所有重大事项须经村民代表大会讨论决定。党务、财务和政务公开。(3)综合治理。要求村民遵纪守法，无重大刑事案件、无群体性上访案件、无违反计划生育的行为、无越级上访、无其他严重违反法律规范的行为。治调组织体系完善，能充分发挥作用。安置帮教组织健全，工作到位。

枫桥镇落实民主法治村建设的具体措施主要包括：

(1)真正落实民主选举。民主选举村干部的措施，有助于提升民众的参政

---

[1] 调解制度在中国长盛不衰的原因是什么？季卫东教授认为，可能是民族性、传统的政治学说、审判制度的组织结构等因素决定的。同时他提出，也许是法治化的需求（中国官僚秩序和乡村的自治秩序之间的结合需求），或者是因为中国两千年来法治化尝试的失败及其挫折。参见季卫东：《调解制度的法律发展机制》，载强世功编：《调解、法制与现代性——中国调解制度研究》，中国法制出版社 2001 年版。

议政热情和积极性。(2)真正落实村民的知情权、参与权、监督权。为了实现该目标,枫桥镇全面落实“三公开两恳谈”制度,即党务、村务和财务公开,定期举行镇民主恳谈会、村民主恳谈会,及时听取各方面建议,使群众充分参与到重大事项的决策和监督中来。(3)对村两委会干部的权力进行约束。例如,村民委员会的公共建设事务,凡是建设项目资金(或者采购资金)超过1万元的项目,必须通过镇的采购程序完成。(4)完善各项制度。如前述的新农村,围绕着“平安村”建设,先后制定了35个制度、文件。

2. 村民自治

“民主法治村”建设,离不开镇党委、政府的领导。枫桥镇注重树立政府权威、树立政府的社会公信力和领导能力,加强镇与村之间的联络,加强对村民自治的引导、约束和监督。作为国家权力联结乡村社会的基层政权,枫桥镇党委、政府打造“强势政府”,加强政府对于村民自治的领导。

在民主选举之前,枫桥镇党委、政府通过大力宣传《村民委员会组织法》,倾听民众呼声,深入村组,主持召开民主座谈会、群众测评会、施政演讲会,“使竞选工作透明,让全体选民信任,将民情民意和依法选举高度结合起来,切实引导和保证群众选出自己信任、满意的村干部”。[1] 镇党委和政府不是“一选了事”,镇党委和政府不仅注重在选举前对村民进行事前“引导”,而且注重加强对于选举出来的“村官”的监督。镇党委、政府对在任的村民委员会、村党支部委员会加强监督,避免了村民自己监督失效的弊端。通过发动群众、依靠群众、组织群众,镇党委、政府发挥其对村一级组织的监督作用。当然,乡镇对于村民自治的监督和领导,需要做到合理与适度。

枫桥的村民自治是在政府的引导下进行的。但是,政府的引导又是恰当的、合理的、适度的,政府的介入并没有窒息人民群众的自由创造,没有妨碍老百姓自治权利的行使,没有扼杀人民群众的聪明智慧。相反,正是因为政府的合理引导和监管,村民自治才没有流于形式,村民自治才真正有效地运作,村民的权利才得到了有效的保障,村公共产品和公共服务才能够不断被创造出来,村民自治才真正得到了落实。

---

〔1〕 周长康、张锦敏主编:《枫桥经验的科学发展》,西泠印社出版社2004年版,第6页。

加强镇党委、政府对于基层民主建设的引导监督，有助于预防村级事务管理中的漏洞，减少或防止村一级经济腐败问题的发生；有助于在村民当中有效地树立村党支部、村民委员会的公众威信；有助于畅通社情民意，减少、预防村民与村组织之间的矛盾，有效化解村民委员会和村民之间的对立情绪；有助于及时发现问题，保护民众利益，疏导民众情绪，树立政府权威，确保社会长治久安。

3. 新农村建设

2005 年 9 月 22 日，党中央在讨论即将召开的十六届五中全会的议题时，突出强调“建设社会主义新农村是我国社会主义现代化进程中的重大历史任务”。新农村建设口号的提出，是对中国农村发展状况和经验的总结和提升。以枫桥镇为例，由于有较为发达的经济条件和较为超前的发展创新意识，较早地展开了新农村建设。枫桥镇新农村建设的实践主要包括：

(1)工业向集约化方向发展。枫桥镇早在 20 世纪 80 年代就兴办乡镇企业，90 年代又进入了个体和私营经济发展的高潮。这种发展模式存在的主要问题在于，经济缺乏整体效益，工业和农业矛盾、村企矛盾、生产与生活矛盾。针对这种现状，枫桥镇党委和政府积极推进产业升级，大力扶持和发展轻纺、衬衫等优势产业，引导企业向产业园区集中，这样既发展了经济，又提高了土地等资源要素的利用率。产业集聚、企业规模做大以后，企业与农民争地、争水、争电等矛盾也迎刃而解。[1]

(2)对村落发展进行规划。枫桥镇村容整齐，每家所盖楼房不超过 3 层。整齐有序的镇容源自枫桥镇对于 10 平方公里的城镇新区的规划。镇上投入了 3.5 亿元资金改造了镇内的跨境公路，在主要街道实施了绿化、亮化工程，实施了道路硬化，有线电视、电话入户，饮水净化工程。针对村民改善居住环境的要求，枫桥镇及时制定了农村住宅“拆旧建新”规划。[2]

新农村建设，也不仅仅是单纯的经济建设。建设社会主义新农村，同时还要强调新农村的文化、社会、管理等非经济内容的建设。新农村要建设，但又不能仅仅是“建”，比“建”本身更为关键的是政府的合理“规划”。建设必须是在

〔1〕 周长康、张锦敏主编：《枫桥经验的科学发展》，西泠印社出版社 2004 年版，第 4 页。

〔2〕 同上书，第 4～5 页。

科学合理规划前提下的“建”。反之,离开了政府的指导和规划,新农村建设容易造成对资源的浪费,环境的破坏。

三、法治意义

“枫桥经验”坚持党的领导,坚持以人为本的原则,提高人的素质,推进基层民主法治建设,通过村民自治,实现公平、公正,保障公民合法权益。社会安定,人民安居乐业。“枫桥经验”的发展历程,鲜明地体现了中国基层民主法治逐步健全的过程。

(一)“枫桥经验”的基本精神体现了社会主义法治理念

“枫桥经验”立足于就地教育改造,通过思想转变,帮教违法人员,达到少捕、矛盾不上交,这与法治建设,与严格依法办事是不矛盾的,而且符合中国国情,体现了教育人、挽救人、帮助人、发展人的社会主义法治理念。少捕并不是不捕,而是以严格依法办事为前提,坚持以预防为首要环节,教育转化为中心环节,打击为关键环节。违法犯罪,全民预防,犯罪减少了,结果自然是少捕。充分发动群众进行犯罪预防,参与改造,可以提高犯罪预防和改造效果,这为严格执法、有效执法提供了保障。

(二)“枫桥经验”是对法治建设的有效推动形式

当前,我国正处于经济转轨、体制转变、社会转型、政府职能转变的关键时期,社会利益关系复杂,新情况和新问题层出不穷,往往会引发各类矛盾纠纷。大量的矛盾和纠纷,需要用教育的、行政的、经济的、文化的手段来有效调处。而“枫桥经验”正是德法兼治的典范。“枫桥经验”一方面在党委领导下,充分依靠群众,把发扬民主与依法办事有机统一起来,运用各种有效手段,及时化解人民内部矛盾,做到矛盾不上交;另一方面又积极倡导健康向上的文明风尚,努力化消极因素为积极因素,从根本上减少矛盾,维护稳定,这使法治建设获得了道德和舆论的支持,获得了人民群众的广泛参与和认可。

(三)“枫桥经验”发挥了巩固法治建设基层基础的作用

扩大基层民主、完善基层政权和基层群众性自治组织,是发展社会主义民主政治的重要内容,也是法治建设的关键。随着社会的发展,基层群众的市场主体意识、民主法治意识和政治诉求意识明显增强。“枫桥经验”在法治建设中，注重把加强党的领导、人民当家做主和实行依法治理有机结合起来，最广泛地动员和组织群众参与社会事务管理，规范管理行为，共同构建维护社会稳定、推动基层民主法治建设的新秩序，巩固党在基层的执政地位。20世纪70年代末，枫桥群众制定了《治安公约》，成为乡规民约的雏形，对群众自治发挥了很好的作用。在新的形势下，枫桥重点完善村级民主政治制度、村务公开制度，逐步规范村级选举制度。严格做到“民主选举、民主决策、民主管理、民主监督”，保障村民的知情权、决策权、参与权和监督权，进一步规范村级重大事务民主议事决策的范围、程序和方法，促进村干部办事逐步走上规范化、程序化、法治化轨道。

（四）“枫桥经验”的内在本质与法治建设的要求是一致的

法治建设是政治文明建设的重要内容，法治进步是社会文明进步的重要标志，法治社会也是人们梦寐以求的政治理想。加强法治建设，归根结底是要以人为本，着力提高全民的整体素质，优先发展和健全基层法治。长期以来，枫桥的干部群众在抓好物质文明建设的同时，着力抓好精神文明建设，提高人民群众的素质。在农村，积极开展文明村、文明户创建活动，有效丰富农民文化生活。在企业，积极倡导学文化、学技术活动，创办职工学校，既出好的产品，更有好的人品。在全社会，通过各种有效方式，开展“一队、一线、一卡、一日”为主要内容的法律服务活动，即开设法律服务热线、组建法律服务小分队、发送法律服务便民卡、开辟法律服务咨询日等形式多样、生动活泼的法律宣传教育，努力增强全民特别是基层干部学法、知法、守法、用法、护法的自觉性，有力地提高了群众的法律意识。

第三节 “枫桥经验”的精神实质

一、党的领导与群众智慧的结合

建立组织网络，是实施“枫桥经验”的前提和保障。在组织网络的建立中，党的领导是核心环节。只有通过党的领导，才能提出明确的目标和宗旨；只有通过党的领导，才能建立“一把手负总责，各级领导各负其责”，“谁主管，谁负责”的领导责任制，通过工作部署、检查监督、责任追究等形式，将各项工作落到实处；只有通过党的领导，才能建立一个镇村为主、上下协调的组织实施网络，落实各项具体措施；只有通过党的领导，才能建立一支强有力的干部队伍，发挥组织领导作用；只有通过党的领导，才能建立一套化解矛盾和纠纷的工作机制；只有通过党的领导，才能不断总结经验教训，适应社会变化，不断创新发展。[1]

党的领导不仅是“枫桥经验”创立时期的重要特点，而且是“枫桥经验”不断成熟、发展和创新的主要推动力量。20 世纪 60 年代，枫桥区“充分发动和依靠群众，开展说理斗争，没有打人，更没有捕人，就地制服‘四类分子’”的好经验，得到毛泽东肯定，由此诞生了“枫桥经验”，标志着中国共产党领导人民进行社会改造，进行新社会建设的探索与创造。枫桥镇在社教工作的试点中，通过说理斗争方式，改造“四类分子”，它是党的群众路线在社会改造过程中具体运用的体现。“枫桥经验”受到毛泽东和中央领导的充分肯定，成为全国政法战线的一面旗帜，在社会主义教育中，创造性地探索出改造“四类分子”的途径与方式，在新中国的社会改造中，发挥了积极的作用，实现了将“四类分子”改造成为新人的目标。

“枫桥经验”的创新发展，与落实党在不同历史时期提出的方针和政策有密切的关系。1977 年年底，公安部派出工作组在枫桥蹲点 14 个月，总结出普及“枫桥经验”的六条标准。1990 年 2 月，浙江省绍兴市和诸暨市公安局对“枫桥经验”进行了第四次调查总结；9 月，中央政法委向全国转发了枫桥区“依靠群众管治安”的“枫桥经验”。1993 年 11 月，中央政法委、公安部、浙江省委在“枫桥经验”30 周年纪念大会上，提出“枫桥经验”是社会治安综合治理的典范。

改革开放以后，在新旧体制交替、社会矛盾增多的新形势下，枫桥的干部群众继承和运用“枫桥经验”的基本精神，探索出了“组织建设走在工作前，预测工作走在预防前，预防工作走在调解前，调解工作走在激化前”的“四前”工作法，预防化解了一大批可能影响社会稳定的各类矛盾，促进了枫桥地区经济发展和

---

〔1〕 枫桥建立了社会治安“三包责任制”，即党政领导、基层政法综治组织和其他部门领导“包片”，分管领导“包线”，机关干部“包村（厂）”，并制定了考核办法，把“三包”责任纳入对领导干部、机关干部的实绩考核，把考核与经济利益、政治荣誉挂钩。

社会稳定的良性互动，出现了“矛盾少、治安好、发展快、社会文明进步”的良好局面。1998 年 8 月，浙江省公安厅、绍兴市委、诸暨市委联合组成调查组，总结出“党政动手，依靠群众，立足预防，化解矛盾，维护稳定，促进发展”的“枫桥经验”，再次被浙江省、公安部、中央综治委肯定。1998 年 12 月 1 日，《人民日报》头版头条介绍了新时期的“枫桥经验”，并配发评论员文章《“枫桥经验”值得大力推广》。

近几年来，“枫桥经验”得到不断延伸和拓展，在坚持“以人为本，化解矛盾，促进发展”的“枫桥经验”的基础上，又创造了“靠富裕群众减少矛盾，靠组织群众预防矛盾，靠服务群众化解矛盾”的新经验，得到了中央领导的高度肯定。2003 年 11 月，中央综治委和浙江省委联合在诸暨市召开了“纪念毛泽东同志批示‘枫桥经验’四十周年暨创新‘枫桥经验’大会”，中共中央政治局常委、综治委主任罗干同志出席并作了重要讲话。在 2004 年 6 月 11 ~ 12 日召开的全国综治工作会议上，“枫桥经验”又作为基层典型进行了交流，在中央和省、市级新闻媒体上得到了广泛宣传。

“枫桥经验”注重充分发挥每个人的作用。首先，党政班子率先垂范。班子成员喊响“向我看齐”口号，提出“村子看院子，院子看班子，班子看班长，一层做给一层看，一级带着一级干”，全面推进基层组织建设。要求机关干部做到的，班子成员必须首先做到。严格做到每月住夜 12 天，并执行“五夜”制度（夜学、夜读、夜访、夜评、夜巡）；严格做到“八个一”，即联系一个管理处、一个行政村、一家企业、一个站所、一个技改项目、一户种养专业户、一户困难户、一个效益农业示范基地。其次，“包村”干部任务明确，职责为：抓村集体经济发展，抓党委、政府的中心工作完成，抓村级矛盾化解，抓进村入户知民情，抓两委会联席会议的落实五个方面，通过考核制度，使机关干部的工作由被动型、应付型、任务型向主动型、宣传型、创新型转变，进村入户，了解群众呼声，理顺群众情绪，化解矛盾纠纷，促进经济社会各项事业全面发展。最后，广大群众积极参与。“枫桥经验”从最初改造“四类分子”，到发展演变成为基层社会治理的一种模式，任何时候都注重广大群众的积极参与，发挥其积极性和创造性。“枫桥经验”是广大群众聪明与智慧的结晶。

如果说“四类分子”是 20 世纪六七十年代社会改革的主要对象，需要对其进行新的生活方式、新的思想观念教育的话,城镇流窜作案的人员、违法失足青少年,也成为需要改造的对象。"枫桥经验"在对这些人改造中的成功运用,为社会主义建设创造了和平、稳定的环境。改革开放后,社会治安成为影响中国社会发展、进步的主要因素。安定、团结的社会环境,是进行各项社会主义建设事业的前提和保障。将社会治安纳入综合的、全局性的视野中,通过不同部门的协作,通过不同手段和方式,通过人民群众的广泛参与,进而发展演变成为基层社会治理的经验,取得了积极的效果。化解、消除和预防各类矛盾纠纷,将经济与社会发展统筹兼顾,在物质文明、精神文明建设的同时,进行基层民主法治建设,推进政治文明。"枫桥经验"在数十年的发展中,始终坚持了党组织的领导,发挥了群众智慧。

二、以人为本与民主法治的结合

"枫桥经验"的创立,主要贯穿了以人为本的思想。坚持以人为本,就是"关心人的价值和尊严,一切从人民群众的需要出发,促进人的全面发展,实现人民群众的根本利益。具体地说,就是在经济发展的基础上,不断提高人民群众的物质文化生活和健康水平;就是尊重和保障人权,包括公民的政治、经济、文化权利;就是要不断提高人们的思想道德素质、科学文化素质和健康素质;就是要创造人们平等发展,充分发挥聪明才智的社会环境"。[1]

"四类分子"作为剥削阶级,采取什么方式和途径,才能对其进行有效的、彻底的改造?"枫桥经验"从一开始,面对的就是如何更好地教育人、改造人的问题。

"枫桥经验"将人的思想改造确定为决定性的因素。如果思想没有触动,"四类分子"的灵魂深处仍然是享乐主义,是不劳而获,是剥削阶级思想,就无以将其改造成为社会主义新人。在"四类分子"改造运动中,枫桥采取"文斗"的形式,通过公开的辩论,克服了简单的"武斗"和关押审判。"枫桥经验"将对人的世界观改造,作为社会主义教育的重要内容。通过教育,不仅改造了剥削阶级思想,而且树立了劳动光荣、乐于奉献等无产阶级世界观。

〔1〕 叶寒冰:《论"枫桥经验"蕴含的人本思想》,载《公安学刊》2004年第4期。

“枫桥经验”在初创时期，实际上是围绕人的思想观念改造展开的。它充分重视人的作用，充分尊重人的价值，不仅关注人的思想，而且关注人的价值观的形成过程与形成条件，关注人的思想观念的重新塑造。“枫桥经验”将具体的特定的人，放在其所生活环境中加以改造，充分考虑到家庭、子女的作用。通过对人的思想的改造，达到对人的改造目的，通过新型的人际关系的建立，推动新社会建设的伟大实践。

其后，在对流窜犯、违法失足青少年的改造中，“枫桥经验”更是通过“帮教”手段，强调教育、感化、挽救，发挥了人本思想。枫桥人不远千里，将在外地流窜的人员寻找回来，不仅为其正常生活创造了各种条件，而且通过帮助这些人员成家立业的方式，改变其生存的环境和条件，开创其新的生活。“枫桥经验”不仅尊重人的人格和尊严，改善人的生活条件和生存环境，而且维护和实现人与人之间的平等。在流动人口管理中，强调外来人员与本地村民的平等关系，维护外来人员的合法权益，采取积极有效措施，加强对外来人员的管理，体现了以人为本的思想。“‘枫桥经验’坚持以人为本，把立足点放在提高人民群众的整体素质和维护社会稳定的自觉性上，着力增强广大群众的主体意识。‘多一个球场，少一个赌场’，反映了枫桥干部、群众重视抓精神文明，活跃群众的文化生活；‘既出好产品，又出好人品’，反映了枫桥的企业家们在抓产品质量的同时重视抓职工素质的思想；‘酒香、衣香，更要书香’，反映了枫桥人注重营造良好的文化氛围。对违法人员，立足于教育改造，化消极因素为积极因素。教育人、改造人是‘枫桥经验’的传统，枫桥的干部群众在长期的实践中，总结了一套具有枫桥特色的帮教工作法，用他们的话说，即‘帮人要帮心’、‘帮人要帮富’、‘帮人要帮到底’。”[1]

“枫桥经验”在新的历史时期倡导调动人、发展人，“推动民主进程解放人”。[2] 在基层社会治理中，通过一系列制度和措施，推动基层民主法治，包括：充分宣传，调动群众参政议政的积极性；倾听民情，引导民意，选出群众信任、为群众办事的基层干部；全面推行党务、村务和财务公开，落实村民的知情权、参与权和监督权。

---

〔1〕 金伯中：《“枫桥经验”新发展的理性思考》，载《公安学刊》1999 年第 6 期。

〔2〕 叶寒冰：《论“枫桥经验”蕴含的人本思想》，载《公安学刊》2004 年第 4 期。

枫桥的做法之所以能够成为一项经验，在于其重视制度建设、制度规范和制度运作。将乡村的治理，上升为人民群众广泛参与的制度化过程。在发挥广大群众积极性、创造性基础上，进行总结，并上升为制度，避免因人而异的不公开、不公正。人民群众的主人翁意识、参与意识、奉献意识，成为基层社会治理的基础，也成为各项制度得以实施的前提和条件。正是在以人为本的基础上，在民主法治基础上，“枫桥经验”呈现了其顽强的生命力和不竭的创造力。

三、尊重传统与发展创新的结合

（一）“枫桥经验”继承了几千年的中国传统文化

“枫桥经验”中得到尊重和体现的，仍然是中国传统社会中“和为贵”的思想。中华民族传统美德中的许多人民性、民主性的内容，在枫桥被肯定，被发扬光大；中国传统法律中许多有益的经验性、进步性的内容，在枫桥得到了延续；中华民族长期以来追求的基层社会生活的理想，在枫桥得到了实现。在一定程度上讲，“枫桥经验”是中国基层社会治理由传统向现代转变的成功尝试。主要表现在：

首先，“枫桥经验”从中国的国情出发，继承了中华民族所创造的优良、先进的基层社会治理传统。在中国基层社会治理中，注重良好的人际关系的建立，注重和谐村落的建立，强调仁爱，强调群体，强调包容。所有这些思想，影响了枫桥解决自己所面对的社会问题时的价值选择和目标追求，追求高尚的社会治理目标。“枫桥经验”强调说服教育，避免强制与压迫；强调以理服人，克服简单化、粗疏化；强调思想斗争，通过说理和辩论，转变人的信仰、转变社会风气，达到改造社会和改造落后的目的。

其次，中国传统社会中注重个人对社会的责任，将每一个人都视为社会不可缺少的组成部分，本身包含了朴素的公民意识和平等思想。例如，“天下兴亡，匹夫有责”的爱国情操，“民为邦本”“民贵君轻”的民本思想，强调由群众自己参与，自己动手解决矛盾纠纷，而非依靠国家和社会，将矛盾上交。这种基层社会治理中的主人翁责任感，在“枫桥经验”中得到了充分的体现。

最后，中国传统社会中存在大量的修身、正己，为人处世，处理人际关系的丰富具体的规则。这些规则作为枫桥人数千年生活经验的组成部分，以风俗习惯的形式，规范着人们的行动，塑造着现实的社会，承载着人们生活的理想，张扬着枫桥人的智慧与经验。“己所不欲，勿施于人”的待人处世之道，强调公平与对等，强调朴素平等，强调社会关系中人与人的相互性，“帮别人就是帮自己”，将人在社会中定位，将人的价值放在社会中去认识。由此发展为枫桥以良好习惯为核心的乡规民约的治理模式。

如何充分发挥中国传统文化对于中国当代社会的借鉴、启迪和参考作用，如何实现中国传统社会治理模式与中国当代社会治理模式之间的有效对接，如何在基层社会治理中发挥习俗和发挥法律的作用，通过什么样的法律实现历史传统、社会条件、经济发展水平各异的中国基层社会治理，所有这些，已经引起了人们的认真思考。[1]

“枫桥经验”是中国传统文化在中国当代的延续、继承、弘扬和发展，是中国基层社会成功治理的实践。它说明中国传统文化中具有积极意义的思想、观念、规则，在当代社会仍然具有合理的成分，需要认真总结、认真反思、认真研究。“枫桥经验”为中国基层社会治理研究，提供了典型素材，为探索具有中国特色、符合中国实际的基层法治，为中国现代法治的建设，提供了经验。

“枫桥经验”来源于中国基层社会，体现了基层群众治理社会的经验与智慧，是基层群众实现社会治理的创举。“枫桥经验”展示给我们的，是中国人民自我解放、自我创造、自我管理、自我提升的伟大实践，是我国传统文化在当代社会的发展和升华。

中国传统的民本思想与当代社会的人民主权思想，具有许多相似的成分。在当代思想、文化、制度建设中，在认真吸收和借鉴西方发达国家的成功经验时，一定不能忽视西方法治特定的社会环境、生活条件和特殊的历史文化传统。只有从中国的需要出发，只有从解决中国社会的问题出发，从中国初级阶段的国情出发，尊重和继承中国的传统文化，进一步借鉴其他国家的经验，才能设计

〔1〕 温家宝总理在谈及中国传统文化对中国当代社会的作用时，指出：“从孔夫子到孙中山，中国传统文化有它的许多珍贵品质，许多人民性、民主性的好东西。比如，强调仁爱，强调群体，强调和而不同，强调天下为公。特别是‘天下兴亡，匹夫有责’的爱国情操，‘民为邦本’、‘民贵君轻’的民本思想，‘己所不欲，勿施于人’的待人之道，吃苦耐劳、勤俭持家、尊师重教的传统美德，世代相传。所有这些，对家庭、国家和社会起到了巨大的维系与调节作用。”《把目光投向中国——温家宝总理在哈佛大学的演讲》，载《人民日报》（海外版）2003 年 12 月 12 日。

出符合中国实际的社会治理蓝图。[1]

（二）“枫桥经验”的生命力在于创新

在“枫桥经验”创立之时，全国社会主义教育刚刚开始试点，没有任何现成的经验。枫桥人从实践中进行探索，大胆提出，通过改造人进而改造社会。“枫桥经验”在20世纪60年代提出后，经过十余年的实践，1978年开始为“四类分子”摘帽，标志着第一个创造性阶段的完成。在这一时期，通过劳动改造，通过群众监督，通过积极参加生产劳动，随着社会主义价值观念的确立，枫桥宣布对“四类分子”改造的完成，标志“枫桥经验”取得了历史性的成就。“枫桥经验”的创新，主要表现在：

首先，肯定了通过参加社会生产劳动，进行人的改造，改造剥削阶级思想，改造人的世界观，建立新型的人际关系，实现建立新社会的目标。由于改造的不仅是某一个人、一些人的思想，需要改造适应新社会要求的整个社会思想价值观念，通过说理斗争的方式，不仅教育了“四类分子”及其家庭成员，而且教育了所有的社会成员，团结了所有社会成员，形成了良好的人际关系。

其次，通过帮助教育，改造违法失足青少年，创造性地提出了改造人的生活环境和生活条件，提供人的正常生活保障，改善人的生存状况，改变人的生活态度，改变人的世界观和人生观。关心人、帮助人、教育人、尊重人、改造人，再次成为社会改革的组成部分。

最后，民间纠纷的调解解决，实际上强调了基层社会进行自我管理、自我约束和自我教育的必要性。调解中贯穿对人的关怀，对双方当事人的教育，对弱者的保护和同情，形成良好的人际关系。

“枫桥经验”在各个历史时期，其创新和发展都坚持了对人的理解、对人的关心和对人际关系的改善。发挥人的作用，调动人的作用，改造人的世界观，充分发挥人的主观能动作用，肯定人的价值，解放和发展生产力，是“枫桥经验”不断创新发展的动力和源泉。

[1] 2006年5月在诸暨调研时，诸暨市政协主席孟法明（时任中共诸暨市委副书记、政法委书记）对“枫桥经验与法治建设”项目的研究，提出了自己的看法，认为一定要坚持两点：一是中国特色，二是初级阶段。我们对此深表赞同。

四、政府管理与村民自治的结合

首先，“枫桥经验”阐释了基层社会治理中村民自治的主体地位和作用。中国社会的基层群众能否进行自我管理，中国老百姓是否具备与民主、法治相适应的基本素质？中国基层群众能否依据自己的力量解决矛盾纠纷，中国基层群众的自治，在现阶段是否具备条件？“枫桥经验”从实证的角度，对这些问题给予了肯定的回答。所以，中国基层民主法治的基本推动力量是广大人民群众。应当充分发动群众，充分运用人民群众的智慧和创造，推动中国基层社会的发育和成熟。

中国传统社会中注重发挥宗族的、乡约的、士绅的等民间权威的作用，通过民间调解，化解矛盾，解决民间纠纷。因为，高高在上的各级衙门官吏，在解决民间纠纷时，由于地域的限制，需要花费巨大的时间和精力成本，去查明事实。非土生土长的司法人员，难以保证通过司法程序得到准确的信息，做出确切的判断，保证裁判的效果。

我们应当重视民间社会的自我发展，鼓励其制定适合当时、当地需要的制度和规则，为人们的生产和生活提供明确的准则。在此过程中，政府通过政策引导和法律规制，体现当代的思想和价值观念，实现村民自治，推动社会进步。

其次，“枫桥经验”阐释了中国基层社会治理中习惯、村规民约的重要作用。中国的基层民主法治主要依靠的是风俗习惯等地方性的规则，还是国家制定的宪法和法律？这一问题长期以来没有受到应有的重视和关注。“枫桥经验”从实践的角度给出了明确的、肯定的答案。

法律的目的和功能，是为特定地域的群众，提供生活的准则，为他们提供解决纠纷的依据。[1] 由于国家的法律只能是高度概括、高度抽象的规则，不可能根据具体的、特定地域的社会发展、经济生活以及历史文化现状制定，无法为地

---

〔1〕 当然，国家的立法者希望为自己国家地域范围内的全体人民，提供生活的准则，但问题是，他们特殊的历史文化传统和经济、生活条件，决定了他们独特的思维方式和价值选择。基于生产和生活的需要，他们期望制定出符合当地实际的良好的法律和规则，国家立法只能提供一种规则，这种规则只能是折中性的。所以，从这种意义上说，基层法治更为重要。我们应当重视地方的、基层的制度建设，通过将各地善良风俗进行甄别，给予明确的肯定，发动基层组织的力量，通过村民的自治，实现法治。没有明确、具体，合乎实际的制度，法治只能是无源之水，无本之木。

域辽阔、风俗习惯千差万别的广大国土提供详尽的、具体的制度资源。风俗习惯等地方性规则是生活在这些地域的人们长期选择、长期运用形成的结果,能够为当地人民的生产和生活提供准则。

在枫桥的基层调解中,重视对当地风俗习惯的保护,重视基于地方的具体环境和条件,对国家法律的解释。例如,婚约现象在中国农村,包括发达地区和不发达地区普遍存在,枫桥镇也不例外。这是中国传统和风俗在现代社会的反映。又如,关于继承纠纷,中国农村长期以来采取的是分家传统,即由父亲和所有儿子一同平均分配家庭财产,属于父亲的财产,由赡养老人的儿子继承。当地的善良风俗和习惯,在解决这类纠纷中,发挥了重要的作用。[1]

再次,“枫桥经验”阐释了基层社会治理中文化建设的重要性。在满足村民物质需要的同时,满足村民的精神文化需求;在经济、社会、文化的全面、协调、可持续发展的同时,及时的文化建设,满足了人的全面发展的要求。广泛深刻的、民族的、大众的、科学的、群众喜闻乐见的文化生活,成为“枫桥经验”的肥沃土壤。

最后,“枫桥经验”阐释了基层社会治理中规则和制度的重要性。“‘枫桥经验’虽然诞生在农村,但其基本精神不仅适用于农村,而且也完全适用于城市社区、企业、学校和机关,具有普遍指导意义。”[2]法律的实施目标,与基层社会的治理目标并没有实质性的冲突。以问题解决为目标的制度设计,能够照顾到特殊环境和条件对规则的需求供给。

第四节 “枫桥经验”对中国传统文化的继承和发扬

中国文化因其民族自身的创造力和文化内在的历史性演绎,逐渐形成一套

〔1〕 遗嘱是被继承人在死后处置属于自己的财产的重要方式。如果被继承人了解继承法的规定,知道自己身后财产的处置原则和方法,法定继承也可以看作是被继承人意志的体现。同样,在被继承人了解当地继承习惯的情况下,知道自己身后财产的处置原则和方法,根据习惯的继承也可以看作被继承人意志的体现。

〔2〕 金伯中:《“枫桥经验”新发展的理性思考》,载《公安学刊》1999年第6期。

体系庞大、内容精深的思想积淀。在传统法律文化中，虽然一度儒、墨、道、法百家争鸣，但是自汉代董仲舒提出“罢黜百家、独尊儒术”以来，儒家的学说成为传统法律文化的主流；经历汉以后法律的儒家化和儒教的法律化双向运动之后，儒家的治世理念深入传统中国的制度层面和实践运行中。虽然自近代以来，传统在外来的压力下被打破，失去了其主导地位；但是基于文化本身的内在生命力，传统文化始终有形或无形地显现在人们的思想以及具体实践中。

任何经验或理论，它首先是一种文化或文化现象，既离不开其自身独特的文化底蕴，也离不开一定文化的支撑。“枫桥经验”也一样，其产生发展与枫桥独特的历史文化相联系。[1] “枫桥经验”之所以诞生在枫桥，并非偶然，是枫桥自身历史文化孕育滋养的结果，是枫桥文化传承发展的产物。经过几千年的历史积淀和提炼升华，枫桥文化的底蕴深厚，内涵极为丰富。一方水土养一方人，一地的文化和传统铸就一地人的个性和品行，“枫桥经验”崇尚说理斗争，依靠群众化解矛盾纠纷，由最初的教育人、改造人的经验，经过不断发展创新成为社会治安综合治理的典范和维护稳定的经验，与枫桥当地的历史文化传统有着密切的关系。

一、枫桥的历史文化发展简况

枫桥地名来源于隋唐时期在枫溪江上建桥。六朝时期，今天枫桥头的地方叫枫溪渡，隋朝统一后，行军总管杨素在渡口架桥，名为“枫桥”，并在其旁建驿站，称为“枫桥驿”。[2] 此桥历时不久而毁于山洪。唐朝初年，尉迟敬德至越州，乃重修枫桥，建成双孔大石拱桥。桥头是枫溪江航运的起点。[3] 枫桥的地名由此传承至今，枫桥镇是江南地区著名的历史文化名镇之一。

（一）枫桥较早纳入华夏文明，受中原王朝影响深刻

公元前222年，秦平定楚国江南之地，设置会稽郡，其下设诸暨县，县下设乡、里，乡设三老、里设里正。中央王朝的行政组织机构开始真正深入江南地

---

〔1〕 金伯中：《论“枫桥经验”的文化底蕴》，载周长康、张锦敏主编：《枫桥经验的科学发展》，西泠印社出版社2004年版，第95页。

〔2〕 陈炳荣：《枫桥史志》，方志出版社2005年版，第139页。

〔3〕 枫溪江属于钱塘江水系，是流经枫桥镇中心的主流河道，该江可通航直达钱塘江口杭州地区。

区，基本纳入了中央政权的控制范围。为昭显皇帝的至上权威，秦始皇于公元前210年东巡，道经诸暨，登会稽山，命李斯刻石记功，其石碑在诸暨一侧（今枫桥大溪村与绍兴交接处有秦望山、石屋山之名，其山又名刻石山、石碑山）。[1]由此枫桥地区正式进入了中原王朝的版图，受到中央政权的间接控制和影响。自东晋南渡以来，中原氏族大举南入，对枫桥当地的人口结构和社会发展产生了重大的影响，产生了一些著名的政治人物，如南朝宋时期的南豫州刺史阮佃夫。这表明枫桥当地的大族已经能够进入主流政权的核心圈，其与中原退守而来的中央政权之间联系紧密。北宋大观二年（1108年）正式建制枫桥镇；南宋乾道八年（1172年），枫桥地区建立了义安县，枫桥镇便是义安县县治。元朝元贞二年（1296年），设置枫桥巡检司。明清时期枫桥一直是诸暨东北地区的政治、经济和文化中心。上述历史表明，枫桥这一江南小镇在中国封建社会时期一直被纳入中央王朝的有效控制范围内，属于华夏文化的主流圈，文明发展程度较高。

（二）枫桥地区在历史上宗族组织健全，受儒家伦理影响深刻

枫桥当前各村的姓氏，多数是从黄河流域迁入的。从历史资料和各姓宗谱记载，其南迁时间可分为魏晋时期、北宋末年、南宋末年。从北方迁徙枫桥的氏族，他们带来了传统的中原文明，特别是尊祖敬宗的观念非常强烈。他们通常是聚族而居，有忠孝美德。一个自然村，只有单一的姓氏，他们是同一祖先繁衍下来的子孙。村中建立祠堂，用来维系和强化族人的宗法意识。这样单一姓氏发展起来的村落，在地名中占有很大的比重，如陈家、楼家、赵家、毛家、王村、葛村、汤村、包村等，这类由单一姓氏发展出来的较大村落受到宗族伦理文化的影响极其深刻。另外，从房族中派生出来的地名很多，如陈姓有七房（君耀房、元文房、仲义房、应中房、小三房、七四房、履祥房），楼姓有锡祺房、贤三房，骆姓有泰和房、象佩房等。[2]

村庄的姓氏结构表明了历史上同姓相聚的宗族势力强大。这为儒家文化的传播和发展起到了重要的载体作用。尽管儒家文化有其缺陷，但其尊重长辈、重视教育、讲究礼仪、诚实友爱的精神对于人们日常生活的安定和幸福起到

〔1〕 参见陈炳荣：《枫桥史志》，方志出版社2005年版，第2页。

〔2〕 同上书，第154页、第158页。

了重要的作用。儒家思想中的核心“亲亲”“尊尊”思想直接指向了对亲人的“孝”和对国家的“忠”。因此忠于国家、孝敬父母的思想在枫桥的民众中有着深刻的历史根源。另外宗族组织在当地的作用包括了乡村社会的自我管理，为村庄的安定和谐做出了自己的贡献。〔1〕

(三)枫桥地区耕读传家之风盛行，教育水平较高

由于枫桥地区较早进入了中央政权的控制范围，它与外界的文化交流也颇为频繁，是历代文人墨客经常造访的地方。历史学家司马迁、书法家王羲之、诗人白居易、理学大师朱熹、哲学家王阳明、大词人辛弃疾、爱国诗人陆游、著名清官海瑞、军事谋略家刘基、江南四大才子(唐伯虎、文征明、祝枝山、徐祯卿)、地理学家徐霞客，以及秦始皇、明太祖、乾隆皇帝，都曾足迹遍及稽山鉴水、越中名胜。南宋理学家朱熹四次莅临枫桥传经讲学，枫桥义安精舍(又称紫阳精舍)就是其传播理学的摇篮。另外，儒学大师陈寿在枫桥宅步筑寄隐草堂著书长达二十余年。〔2〕 由此可见，枫桥在历史上是文化交流与文化发展的名镇，这为枫桥当地重视文化、崇尚教育奠定了重要的基础。

南宋以来，枫桥士人崇学之风世代相传，建楼藏书成为一大特色。宋代有寄隐草堂、梯山草堂、杨蔬园。元代有杨氏万卷楼、陈氏日新楼。明代有骆氏溪园藏书楼、陈氏宝书楼、骆氏万一楼。清代则有畸园授经堂。其中七樟庵尤著，校刊之精，被时人称为“越中之冠”。〔3〕 宋元明清四代，枫桥的进士有35人，举人68人，“枫桥三贤”王冕〔4〕、杨维桢〔5〕、陈洪绶〔6〕便是其中的杰出代表。这种尊师重教、耕读传家为中心的耕读文化，哺育了枫桥人相对较高的人文素养。

---

〔1〕 历史上，枫桥地区的宗族组织凝聚力的强大可以从当年当地民众对太平军的强烈抵抗中看出。由于枫桥地区读书人很多，有大量的举人、秀才及其亲属，而太平军对受清朝笼络的士人采取的政策颇为残酷，如1861年太平军攻占诸暨后，对枫桥地区的包村进行屠杀，激起当地士人和民众的强烈反抗，包村一万多人战死。参见陈炳荣：《枫桥史志》，方志出版社2005年版，第657页。

〔2〕 金伯中：《论“枫桥经验”的文化底蕴》，载周长康、张锦敏主编：《枫桥经验的科学发展》，西泠印社出版社2004年版，第97页。

〔3〕 参见陈炳荣：《枫桥史志》，方志出版社2005年版，第249页。

〔4〕 王冕(1287~1359年)，字元章，枫桥郝山下村人，元末著名画家、诗人，晚年归隐九里山，工墨梅亦善竹石，作诗多描写隐逸生活亦能反映民间疾苦。

〔5〕 杨维桢(1296~1370年)，字廉夫，号铁崖，枫桥全堂人，著名文学家、书法家。

〔6〕 陈洪绶(1598~1652年)，字章侯，号老莲，枫桥陈家人，著名画家。

中华文明源远流长，博大精深，为“枫桥经验”的诞生奠定了坚实的文化基础。枫桥人急公好义、爱说理、讲道理、重教育的传统，孕育和滋养了“枫桥经验”。

二、“枫桥经验”对传统文化的传承与发扬

（一）“和谐观”是“枫桥经验”继承的重要传统文化

孔子言：“礼之用，和为贵。知和而和，不以礼节之，亦不可行也。”孟子言：“天时不如地利，地利不如人和。”在儒家这种价值观的指引下，人们在处理人际关系时普遍奉行“和为贵”“让为贤”的信条，认为“和能生财”“和能生福”，因而遇到纠纷总是妥协和忍让，避免冲突加剧，大事化小，小事化了，宁愿自己吃点亏，也要图个和谐与安宁。因此，枫桥地区的民众在解决矛盾纠纷的时候，基本上选择平和的方式。1963年的《诸暨县枫桥区社会主义教育运动中开展对敌斗争的经验》明确要求对“四类分子”的改造需要学文件、摆敌情、用讨论的方式进行斗争，[1]即采取“文斗”而不是“武斗”的方式，通过说理和做思想工作的办法来改造“四类分子”的人生观和世界观，以便经过改造的“四类分子”能够更好地融入新社会的生活。在1978年以后，则主要选择调解的办法来平息日益增多的民间纠纷，维护社会的安定和谐。因为用调解来解决纠纷是要以当事人双方相互谅解为前提的，它有利于社会和谐，“枫桥经验”从其终极价值追求上看便是使社会走向和谐。因此从“枫桥经验”的传承和发展历程中，我们可以发现，追求社会和谐安定一直是其重要的价值追求。

（二）“礼治观”对“枫桥经验”起到了重要的启示作用

“礼治观”是儒家治世的核心理念。在孔子看来，立国的根基在于“礼”，它是一种理想和永恒的社会组织原则，应成为后世效仿的制度。它要求人们相互谦让、恭敬并礼貌地待人接物，要求人们在社会中各有次序，各有所遵。儒家认为“礼”不仅是人立身之本，同时更是治理国家的纲纪。为此儒家要求人们努力修身养性，要求“存天理、灭人欲”，要“克己复礼”，从而使自己的言行符合“礼”的要求。由“礼”演化而来的思想观念和政治制度始终影响和制约着中国社会

[1] 陈善平主编：《枫桥经验三十年》，1993年内部发行，第18页。

生活的各个方面，自觉或不自觉地支配着人们的意志，指导和约束着人们的言行。特别需要指出的是，它对如何协调人际关系产生了重大的影响。这些中国传统文化的精髓都能在“枫桥经验”的实践中得到深刻的反映。

儒家认为“礼”的第一大作用就是“定分”，就是节制人的欲望，使人行事有分寸。荀子曾言：“人生而有欲，欲而不得，而不能无求，求而无度量分界，则不能无争，争则乱，乱则穷，先王恶其乱也，故制礼义以分之。”[1]“礼”可以抑制人性中恶的因素并减少人们相互之间的纠纷，也就是说“礼”有定分止争作用。

当代中国虽然法律是定分止争的主要依据，但是我们不能忽视蕴涵着丰富礼治内涵的社会主义道德观、伦理观在维护社会秩序方面的独特作用。“枫桥经验”正是继承和发扬了“礼”的精华，它倡导人们在认真学习社会主义法制的同时广泛参加社会主义精神文明建设，使人们在这种国家公权力推动的生活方式中明确自己作为一名公民所应承担的社会责任以及处世态度。它归根结底就是依据社会主义法律和道德（这种现代型的“礼”），给每位社会成员提供一套可以明确自身处世的“量”与“度”的生活范式。孔子有言：“名不正则言不顺，言不顺则事不成，事不成则礼乐不兴，礼乐不兴则刑罚不中，刑罚不中则无措手足。”[2]“礼”要求不同等级的人应按照自己的名分去行事，这样就会使社会步入有序化的境界。

虽然现阶段我国没有等级之制，但是社会各阶层仍然是客观存在的。“枫桥经验”要求国家权力层面的党政人员有序地进行社会管理，要求广大社会成员无论是企业主还是企业职工、外来人口还是本地人口都在社会主义法律和道德的指引下循序渐进，每位公民都能摆正自己的思想和行动。在这种思想的影响下，每个社会成员尽管其身份及社会分工有所不同，但是对待纠纷的态度逐渐趋向一致。首先是不愿发生纠纷，万一发生纠纷，也总是希望在解决方式上要有利于社会的稳定，因此民间调解作为协调人际关系的温和手段，在这种社会背景中发挥了特殊的功效。枫桥的大多数纠纷是通过调解人的耐心说服、教育、感化来化解的。要达到这种说服效果的基础就是让纠纷当事人在内心深处承认社会主义道德和法律的合理性。“枫桥经验”的成功就在于它能够在源头

---

〔1〕《荀子·礼论》。

〔2〕《论语·子路》。

上让人们在法律和道德的感召下进行有效的自我控制,使人们在纠纷产生之前都能拥有自我克制的处世心态。

(三)“重义轻利”观对“枫桥经验”的发展起到了一定的推动作用

孔子言“君子谋道不谋食,君子忧道不忧贫”,要求人们在处理道德行为和个人利益之间,应当“见利思义”,即见到有利可图的事首先要考虑到是否符合“义”的要求,要做到“利”服从“义”。虽然这种义利观会使个人的发展空间被压制,但对社会秩序的稳定和有序显然具有重大的推动作用。目前,我国社会发展进入“瓶颈期”的难以克服的问题就是如何处理好“公正”和“效率”的问题,国家如何解决社会快速发展和确保社会公正内在矛盾已经成为目前中国面临的挑战。很显然,二十多年的改革证明追求市场经济的效率是成功的,相应的公正则在一定程度上被淡化。人们过分地追求个人利益使得社会正义与道德在某种程度上严重缺失,从而导致各个社会主体之间的矛盾激化。“枫桥经验”在一定程度上是有选择地吸收“重义轻利”的精神,矛盾得到有效的调解,人们在利益面前能够相互让步,在处理道德和物质利益的关系时,自然也比较容易做到相互谦让。[1]

三、传统文化对“枫桥经验”创新带来的机遇

“枫桥经验”之长盛不衰,其重要原因就是继承和发扬了传统文化中的人本主义精神。人文主义或人本主义,向来被认为是中国文化的一大特色,也是中国文化基本精神的重要内容。“以人为本”就是指以人为考虑一切的根本,用中国传统方式来说,就是肯定在天地人之间,以人为中心,在人与神之间,以人为中心。宋明理学高扬人的主体性,肯定精神生活的价值,强调道德理性对于个人境界的提升和社会发展的极端重要性。[2] 其中“和”的基本精神就是建立人与人之间相互尊重、相互信任的关系,它意味着化解人与人之间的冲突和紧张,消除彼此相争,通过共同的理想和相互沟通,达到同心同德,协力合作。[3] 1963

---

〔1〕 枫桥镇调解委员会墙壁两侧的对联,可以很好地说明这一点:“退一步海阔天空,让三分心平气和;辨明法理、情理、道理,珍惜亲情、友情、乡情。”

〔2〕 张岱年、方克立:《中国文化概论》,北京师范大学出版社1995年版,第384页。

〔3〕 同上书,第412页。

年5月《中共中央关于目前农村工作中若干问题的决定(草案)》要求,重新组织阶级队伍,建立贫下中农组织,在农村开展社会主义教育运动,巩固集体经济,发展集体生产。当时的各级党委集中下派干部到各大队和生产队,进行"四清运动"。[1] 在这一历史背景下,对"四类分子"如何进行改造产生了一些分歧,有的地方采取了过激的捕人和杀人方式,改造的效果并不理想。而枫桥的干部群众经过辩论,立足于教育人、改造人,依靠群众,以摆事实、说理斗争的方式,对"四类分子"进行评审。结果没有捕人,就把那些认为非捕不可的"四类分子"制服了,化消极因素为积极因素,创造出"少捕人,矛盾不上交,发动和依靠群众,以说理斗争的形式,就地制服改造敌人,把绝大多数'四类分子'改造成新人"的经验,即"枫桥经验"。由此可见,正是因为枫桥当地的干部群众重视人本身的价值、尊重人的存在,从而造就了富有人文关怀精神的"枫桥经验"。

多年以来,作为"枫桥经验"发源地的枫桥人一向能用历史的、发展的、全面的观点来正确对待"枫桥经验"。枫桥人充分认识到"枫桥经验"来之不易,十分珍惜和爱护,并以此增强荣誉感、自豪感。枫桥人有十分深刻的责任感来自觉地维护社会稳定,使"枫桥经验"不断地注入新的活力,焕发出无限的生机。[2] 枫桥是一个具有深厚历史文化积淀的地方,枫桥人民具有光荣的革命传统和较高的思想觉悟,既善于继承和弘扬传统文化,又敢于坚持一切从实际出发,理论联系实际,创造性学习和运用各种思想文化。"枫桥经验"是我国特定历史阶段的产物,是枫桥人民的伟大创造。"枫桥经验"之所以能够诞生在枫桥这块土地上,与枫桥的历史文化和枫桥人的胆识、勇气和创造力是分不开的。

〔1〕 于建嵘:《岳村政治》,商务印书馆2001年版,第275页。

〔2〕 参见骆仁东、黄广秀:《枫桥故事》,人民日报出版社2006年版,第11页。

第二章 “枫桥经验”与基层社会的综合治理

第一节 社会治安综合治理

一、社会治安综合治理的策略

国家如何构建良好的社会秩序或曰统治秩序？中国历史上曾有儒家与法家之争。法家采取的是一种以法律制度的合法化为主导的“治理模式”，即为了实现“富国强兵”的国家治理目标，国家通过法律制度这种操纵手段全面渗透到社会中，实现其对社会资源的全面控制并对社会进行改造；而儒家采取的则是一种“控制模式”，即国家仅仅以维持秩序为目的，除此以外并没有更为积极的目标。[1]

鸦片战争后，中国社会开始了由传统社会向现代社会的转变。在现代民族国家的建设过程中，改造旧社会，建立新秩序同样重要。无论是晚清政府，还是北洋军阀政府、国民政府，抑或是共产党边区政府，面对社会转型期的社会失序状况，均力图在城市和广大的乡村重新建立国家政权的合法性，即建立稳固的统治秩序。

当前中国社会的转型与世界各国的现代化转型的最大不同之处，就是我国的社会结构转型是与体制转轨同时进行的。[2] 由于历史原因，中华人民共和国成立后，长期实行计划经济体制。十一届三中全会以来，改革开放的政策深入推进，随着我国的经济体制由计划经济向社会主义市场经济转变，我国社会发生了翻天覆地的变化，用社会学的术语来描述，就是我国社会正处于剧烈的转型之中。

---

〔1〕 强世功：《法制与治理——国家转型中的法律》，中国政法大学出版社2003年版，第24～25页。

〔2〕 宫志刚：《社会转型与秩序重建》，中国人民公安大学出版社2004年版，第78页。

社会转型必然对社会秩序产生严重的冲击。因为在社会转型过程中，社会成员的身份和角色出现模糊乃至混乱，使社会成员屡屡出现行为失范。与此同时进行的体制转轨，必然使社会成员间的利益格局出现调整和变迁，这将进一步加深社会成员间因利益失衡导致的矛盾。社会转型与体制转轨同时进行，必然导致社会出现严重的失序现象。社会失序是指这样一种社会生活状态：在这个生活状态中，一个社会既有的行为模式与价值观念被普遍怀疑、否定或被严重破坏，逐渐失却对社会成员的约束力，而新的行为模式与价值观念又尚未被人们普遍接受，对社会成员不具有约束力，从而使得社会成员的行为缺乏明确的社会规范约束，形成社会规范的事实“真空”。[1]

在社会转型和体制转轨的过程中，社会出现失序现象是正常的，这是改革必须付出的代价。但人类社会的发展表明，一个社会的存在和发展不能没有秩序，社会失序对社会存在和发展都将造成极大的危害，在社会转型时期尤其如此。博登海默说过：“历史表明，凡是在人类建立了政治或社会组织单位的地方，他们都曾力图防止不可控制的混乱现象，也曾试图确立某种适于生存的秩序形式。这种要求确立社会生活有序模式的倾向，绝不是人类所做的一种任意专断或‘违背自然’的努力。”[2]亨廷顿也说：“首要的问题不是自由，而是重建一个合法的公共秩序。很显然，人类可以无自由而有秩序，但不能无秩序而有自由。”[3]可见，社会秩序是社会存在和发展的必要条件。社会失序的状况不能长期存在，否则必然会对社会存在和发展产生消极影响，甚至导致社会的毁灭。在社会失序的情况下，秩序的重建显得尤为重要和迫切。

社会治安秩序是社会秩序的基础组成部分，良好的社会治安秩序是社会正常运转的前提。在中国，社会治安综合治理作为一项策略，受到党和政府的重视：

1981年5月，中央政法委员会召开了北京、天津、上海、广州、武汉五大城市的座谈会，会上提出，解决社会治安问题，必须全党动员，实行综合治理。并指

[1] 郑杭生、李强：《社会运行导论——有中国特色的社会学基本理论的一种探索》，中国人民大学出版社1993年版，第447～448页。

[2] [美]博登海默：《法理学——法哲学及其方法》，邓正来、姬敬斌译，华夏出版社1987年版，第207页。

[3] [美]亨廷顿：《变革社会中的政治秩序》，李盛平等译，华夏出版社1988年版，第8页。

出，综合治理是解决社会治安问题、实现长治久安的方针。

1982 年 8 月，全国政法工作会议初步总结了社会治安综合治理的经验。在这次会议的纪要中，对社会治安综合治理的首要环节、重点、基础、关键等问题有了明确阐述。

1984 年 10 月，在中共中央批转的中央政法委员会的报告中，全面阐述了贯彻社会治安综合治理方针应当采取的措施和方法。指出，对社会治安进行综合治理，要抓住打击、预防、改造等各个环节，通过思想的、政治的、经济的、行政的、法律的多种手段，达到控制犯罪、预防犯罪、减少犯罪的目的。报告明确了社会治安综合治理三个层次的职责和任务：第一个层次，在各级党委统一领导下，各部门分工协作，条块结合，以块为主；第二个层次，政法各部门各司其职，密切配合，协助党委做好宣传、组织和推动工作；第三个层次，发动和依靠群众，动员全社会力量，参与综合治理工作。

1987 年，中共中央转发的《全国政法工作座谈会纪要》，提出综合治理必须认真解决好四个问题：一是社会治安综合治理要同社会主义精神文明建设有机结合，并与各地区、各部门精神文明建设的实施规划一起部署，一起检查，一起落实；二是社会治安综合治理要进一步系统化、制度化，使各部门、各单位都有明确的目标和责任；三是社会治安综合治理要突出重点，在提高人的素质，减少各种纠纷，防止矛盾激化，教育挽救有轻微违法犯罪者，特别是要在教育挽救青少年上下功夫；四是以典型带动面上工作。

1989 年，中共中央转发的《全国政法工作座谈会纪要》指出，社会治安综合治理要法律化、制度化，要大力加强基层组织建设，加强基层党组织、政法组织和群众自治组织建设，加强公安派出所（警察署）、人民法庭、司法助理员队伍和法律服务机构的建设等。同时提出，立法机关要加快研究综合治理，尽快立法，把综合治理纳入法治轨道。

1991 年 2 月 19 日，中共中央、国务院在总结十年来成功经验的基础上，对社会治安综合治理方针、内容、手段、措施，做出了比较科学、完整的概括，出台了《关于加强社会治安综合治理的决定》，深刻阐述了在新形势下加强社会治安综合治理的特殊重要性，明确规定了社会治安综合治理的原则、要求、目标任务、工作范围，以及各级领导的责任、各有关部门的职能、作用等。

同年3月2日，全国人民代表大会常务委员会颁布了《关于加强社会治安综合治理的决定》（以下简称《决定》）。颁布这一《决定》的重大意义在于推动了社会治安综合治理方针的法律化、制度化，为全社会加强社会治安综合治理提供了重要的法律依据。《决定》的主要内容有7项：(1)加强社会治安综合治理，是坚持人民民主专政的一项重要工作，也是解决我国社会治安问题的根本途径。社会治安问题是社会各种矛盾的综合反映，因而必须动员和组织全社会的力量，运用多种手段进行综合治理。(2)社会治安综合治理必须坚持打击和防范并举，治标和治本兼顾，重在治本的方针。其主要任务是：打击各种危害社会的违法犯罪活动；严密管理制度，加强治安防范工作；加强对全体公民特别是青少年的思想政治教育和法治教育；鼓励群众自觉维护社会秩序，同违法犯罪行为作斗争；积极调解、疏导民间纠纷，缓解社会矛盾；加强对违法犯罪人员的教育、挽救、改造工作。(3)要善于运用法律武器，搞好社会治安综合治理。(4)各部门、各单位必须建立综合治理目标管理责任制，做到各尽其职，密切配合。各级人民政府要把社会治安综合治理纳入两个文明建设的总体规划，切实加强领导，从人力、物力、财力上给予支持和保障。(5)加强社会治安综合治理，必须发动和依靠广大人民群众。(6)要把社会治安综合治理的责任与单位和个人的政治荣誉、经济利益紧密结合起来，建立奖惩制度。(7)社会治安综合治理工作由各级人民政府统一组织实施，各部门、各方面齐抓共管，积极参与。各级人民代表大会常务委员会对社会治安治理工作应当经常进行监督检查。

社会治安综合治理是党中央和国务院整顿社会治安秩序、预防和减少犯罪的方针政策，要在党和政府的统一领导下，充分发挥特有的政治优势，动员全社会的力量，各部门齐抓共管，各条战线通力合作，依靠广大人民群众，运用政治的、经济的、法律的、文化的、教育的等多种手段整治社会治安，从根本上预防和减少犯罪，保障社会稳定。这是一种具有中国特色的社会治安模式，也是社会主义优越性在治安工作中的体现。因此，“健全社会治安防控体系，加强社会治安综合治理，深入开展平安创建活动，改革和加强城乡社区警务工作，依法防范和打击违法犯罪活动，保障人民生命财产安全”，依然是我国当前完善社会管理，维护社会安定团结，加快推进以改善民生为重点的社会建设的重要任务之一[1],并且要“加强和创新社会治理”,打造“共建共治共享的社会治理格局”。[2]

二、枫桥社会治安综合治理的实践

(一)整体思路

社会治安综合治理要求采取积极措施,广泛动员基层干部和群众,采取经济的、行政的、教育的和文化的措施,通过推动经济社会文化的全面协调发展,建立良好的人际关系,最大限度地预防和减少社会矛盾,维护社会安定。

经济的快速发展,带来社会结构、人们思想观念和生活方式的巨大变化。特别是失地农民和剩余劳动力不断增加,农村基础设施、公益事业建设相对滞后,农村人口养老、医疗保险尚不健全,农民文化生活相对贫乏等问题日益凸显。“我们当前正处在经济转轨、社会转型的大转折时期,各种社会矛盾和社会问题不断积聚和激化,如分配不公、失业失学、官僚腐败、有问题无人管、无处说、得不到公正合理解决等;随着工业化、城市化进程的不断推进,城镇、农村的矛盾纠纷也有了新的特点,除了传统的水田之争、邻里之争,又出现了产权纠纷、劳资纠纷、经济合同纠纷、征地拆迁纠纷等,这些问题若处置不当或任其发展,就可能扩大、激化,就可能产生群体性事件和违法犯罪,给社会稳定带来严重危害,影响经济和社会的协调发展。”[3]如何有效解决这些问题,枫桥的做法是加强基层基础建设,全方位采取措施予以预防和化解。

诸暨市社会治安的总体思路,是“在经济社会发展中,致力于提升工业化、推进城镇化,使产业结构协调发展,城乡统筹发展,三个文明全面发展,进而从根本上预防和减少社会矛盾的发生”。[4] 通过“任务分解,部门合作,力量合

[1] 胡锦涛在中国共产党第十七次全国代表大会上的讲话:《高举中国特色社会主义伟大旗帜 为夺取全面建设小康社会新胜利而奋斗——在中国共产党第十七次全国代表大会上的报告》,2007 年 10 月 15 日。

[2] 习近平在中国共产党第十九次全国代表大会上的讲话:《决胜全面建成小康社会 夺取新时代中国特色社会主义伟大胜利——在中国共产党第十九次全国代表大会上的报告》,2017 年 10 月 18 日。

[3] 叶寒冰:《论“枫桥经验”蕴含的人本思想》,载《公安学刊》2004 年第 4 期。

[4] 中共诸暨市委、诸暨市人民政府编:《与时俱进的枫桥经验》,诸暨市富林印务有限公司 2003 年版,第 6 页。该资料全面、系统地介绍了诸暨市综合治理工作的整体思路。

并，目标合一”的工作机制，通过加强基层基础工作建设，发动群众，依靠群众，群防群治，将矛盾纠纷预防和化解在萌芽中。通过社会治安综合治理中的各个部门职责任务的落实，加大参与力度，形成齐抓共管的合力，推动社会治安各项措施的落实，发挥总体性、全局性的综合作用。

枫桥镇社会治安综合治理中，坚持“党政一起动手，依靠群众，立足防范，化解矛盾，维护稳定，促进发展”。多年来，枫桥没有发生群体性上访事件，没有发生凶杀案件，没有因民间纠纷调解不当而激化的刑事案件，实现了“矛盾少、治安好、发展快、社会文明进步”的良好局面，创造了社会治安综合治理的典范。在工作机制上，通过健全预警、联动、责任等机制，构建了“党委抓总，部门协同，镇村联动”的综治工作格局，强化了镇、协作站、部门、村(企)四级协调联动机制，形成了各部门协同作战的工作合力。

为实现对综合治理工作的有效管理，枫桥镇确立了一套100%覆盖率的管理体系。一是确立“三包”责任制、[1]“五星级”规范化管理办法，通过加强考核，促进人人参与、齐抓共管社会治安工作格局的形成。二是加强对流动人口的服务管理，由镇政府牵头，以公安派出所为主，联合劳管、计生成立了流动人口综合管理服务中心，推行“公寓型”、“学校型”和“情感型”管理方式，实现教育、管理、服务、维权于一体。三是加强集镇管理，建立了城镇管理长效机制，组建了专门的管理队伍，做到定岗定职、考核到人；投入近百万元建立电子化监控网络，购买6辆警用摩托以增强警力的机动性，实现了“人防”与“技防”的有机结合。

(二)组织实施

1. 综治的实施机构

首先，建立健全综治组织，加强综治工作的总体领导和协调。

枫桥镇社会治安综合治理委员会的工作职责，根据中共诸暨市委办公室转发市委政法委综治委《关于加强镇乡政法综治组织规范化建设的意见》的通知，即市委办〔1996〕48号文件规定，镇乡社会治安综合治理领导机构是党委、政府领导社会治安综合治理工作的专门机构，起参谋和助手作用，统称社会治安综

---

〔1〕 指实行分管领导“包线”、党政领导“包片”、机关干部“包村”的干部考评责任制度。

合治理委员会，以镇乡党委、政府领导为主，同时接受市综合治理委员会的指导。镇乡社会治安综合治理委员会由镇乡党委或政府一名主要领导牵头，并确定一名副职领导具体负责，由公安派出所、法庭、司法、民政、武装、教育、妇联、团委、土管、税务、工商、交警等与社会治安关系密切的部门领导组成。

综治委下设综治工作中心，负责全镇维护社会治安和稳定的日常工作。综治工作中心内设综治办、信访办、司法所、调委会、警务办、创建办、维权办7个办事机构，综治办是中心的组织、协调和牵头单位。综治办“要按照‘及时、主动、超前、实效’的原则，找准位置，拓宽思路，发挥作用，做到：上，争取领导重视支持，当好参谋助手；下，宣传发动广大群众，实行群防群治；中，协调职能部门，形成齐抓共管，切实承担起保一方平安的政治责任”。枫桥镇综治中心配备专、兼职人员14名，由分管政法的镇党委副书记担任中心主任，设专职副主任1名，武装部长、派出所长、司法所长、法庭庭长、信访办主任兼任副主任，实行同责、同权、同利，工作上分工不分家，业务上一专多能，并设立综治、司法、调解、信访4个服务窗口，全天候接待群众办事，做到统一力量、统一办公、统一运作，形成了各个机构一个场所办公、各类案件一个口子受理、各项工作一个目标统摄。综治中心的主要职责之一，是“组织协调有关部门对辖区内重大治安问题和重大民间纠纷的处理，参与跨地区、跨行业的民间纠纷调处”。综治中心对辖区内的各部门、单位、村委员会的综治工作，进行组织领导、指导、检查监督和提出奖惩建议。

其次，建立社区综治工作分中心，实行综治工作区域化管理。

在全镇5个社区同步建立了综治工作分中心，实行“一站三室”的联动服务模式，即下设警务室、司法工作室、综合调解室，由社区负责人兼任综治工作分中心主任，警务室警长和社区司法干部任副主任，并配设公安干警1~2名、保安2名、司法员1名、综治干部1名、法律指导员1名，形成了机关干部下社区、警务工作进社区、流动法庭到社区、调解工作在社区的综治工作模式。

以枫桥镇镇北协作站社会治安综合治理工作分中心为例，[1]根据该协作

〔1〕 镇北协作站位于枫桥镇东北部，区域面积35万平方公里。根据2005年8月统计数据，镇北协作站辖22个行政村、60个村民小组、户数4257户、总人口13400人。耕地面积7993亩，其中水田6534亩、旱地1459亩，山林34925亩。有工业企业1896家，其中年产值500万以上的企业有12家。

站《规范化建设实施意见》，矛盾纠纷发生的村、企事业单位，首先组织开展调查取证和调解。如调解未果的，需要做出初步意见，然后由村指导员、调解人员和企事业单位调解人员填写纠纷移送单，加盖调委会印章，报协作站综治工作分中心处理。协作站的工作职责包括：接待群众来访，受理和调处辖区内的矛盾纠纷和信访案件，在党委和政府的领导下协调处置突发性事件；检查监督由职能部门处理的矛盾纠纷案件调处落实情况；认真排查矛盾纠纷，指导和督促有关部门充分发挥人民调解、行政调解、司法调解、治安调解的作用，积极开展调处工作，努力把矛盾纠纷消灭在萌芽中；着力解决影响社会治安的深层次问题，组织、协调有关部门和单位落实社会治安综合治理的防范、教育、管理、建设、改造的各项措施，预防违法犯罪，提高治安防控能力。重大矛盾纠纷或职能部门难以调处的矛盾纠纷，由分中心牵头，组织协调有关部门共同解决。

最后，建立村和企业综治工作站，把综治工作触角延伸到基层。

2006 年 9 月行政村合并后，全镇 28 个行政村都相应建立了综治工作站，由党支部书记任站长，村民委员会主任任副站长，治保调解委员和村民小组长为成员，人员一般为 5 ~9 人，由镇下派的农村工作指导员协助指导，重点掌握所在村的社情民意和治安动态，协助镇综治中心和社区综治中心化解处理社区民间矛盾纠纷。在全镇 52 家骨干企业中，对职工人数在 100 人以上的企业全部建立了综治工作组，由法人代表任组长，工会负责人任副组长，由中层干部或外来民工代表为组员，人员一般为 3 ~ 7 人，主要负责企业内部的治安管理、劳动权益保障、职工纠纷调处和法律知识宣传等工作；对年销售额 500 万元以上、职工人数 100 人以下的企业，设综治联络员。

2. 综治的实施机制

(1)明确分工。综治工作中心内设的所有部门，都有明确的职责[1]，其中：

司法所职责：指导管理人民调解工作，参与调解疑难、复杂民间纠纷；承担社区矫正的日常工作，组织开展对社区服刑人员的管理、教育和帮助；指导管理基层法律服务工作；协调有关部门和单位开展归正人员的安置帮教工作；组织

〔1〕 参见枫桥镇综治中心编：《诸暨市枫桥镇社会治安工作中心资料汇编》，2005 年 8 月，第 27 ~ 48 页。

开展法治宣传教育工作；组织开展基层依法治理工作，为基层人民政府依法行政、依法管理提供法律意见和建议；协助基层政府处理社会矛盾纠纷；参与社会治安综合治理工作；完成上级司法行政机关和基层人民政府交办的维护社会稳定的有关工作。

调委会工作职责：依据法律、规章和政策以及社会主义道德规范对辖区内的民间纠纷组织当事人进行调解；接受并组织调解协作站、村(居)、企人民调解委员会移送的复杂疑难民间纠纷；在调处民间纠纷时宣传法律法规、规章和政策，教育公民遵纪守法，遵守社会公德；调解应按照“自愿、平等、不限制诉讼”和“依法、公开、公正”原则，采取灵活多样的方式做耐心细致的思想工作，及时化解民间纠纷；受理民间纠纷应该按照规定做好登记工作，及时调查取证，制作调解笔录，根据实际需要和当事人的要求，制作规范的调解协议书，督促当事人履行协议；人民调解员应当坚持原则，爱岗敬业，热情服务，讲求实效，诚实守信，举止文明，廉洁自律，遵守法纪，注重学习，不断提高法律知识、道德素养和调解技能；及时向上级司法行政机关和镇人民政府反映民间纠纷和调解工作情况。

信访办职责：受理、办理信访事项；组织协调或者参与协调信访事项；对信访事项办理情况进行检查、督促和指导，提出奖惩建议；调查、分析、研究信访情况，向党委、政府和有关部门提供信息和解决问题的建议；向党委、政府和有关部门负责人报告重大、紧急信访事项及办理情况；向信访人宣传与其信访事项有关的法律法规、规章和政策，提供咨询服务。

警务办职责：制订本辖区联防、联治、联勤计划方案措施，并组织实施；协调社区警务工作；组织指导群防群治队伍建设和开展治安巡逻；组织协调应急事件处置工作；组织协调严打整治斗争和专项治理工作。

创建办职责：制订创建计划，完善创建制度，落实平安创建领导小组提出的各项工作要求；围绕平安创建总体目标，将综合治理、维护稳定和平安创建的工作网络、工作机制向基层延伸，开展平安创建工作；组织开展以平安村、平安社区、平安企业、平安学校、平安市场、平安矿山、平安医院、平安路段为主要内容的“八创建”活动；协调基层部门落实平安创建的各项措施；组织相关协调部门落实反邪教、安全生产消防、法律服务平安宣传工作进村、企事业单位，丰富创建内涵。

维权办职责：认真贯彻宣传法律、法规，维护各类群体和自然人的合法权益；负责受理来访人员维权请求，提出建议、意见，做好移交、转送和协调处理；主动参与劳动争议协商、仲裁，为特殊群体提供法律服务和援助；配合有关部门做好维护消费者、企业劳动关系双方的合法权益。

综治办职责：贯彻中央和上级社会治安综合治理委员会指示精神，制订本辖区社会治安综合治理工作计划、方案、措施等，并负责组织实施；及时排查治安混乱地区和突出治安问题，组织、协调有关部门开展"严打"整治专项斗争和重点治理工作；积极开展矛盾纠纷排查调处工作。切实承担牵头责任，充分发挥公安、司法、信访等部门在联调工作机制中的作用，预防和减少重大矛盾纠纷和群众性事件的发生；扎实开展基层平安创建活动。巩固与深化平安村、社区、企业、校园、医院、市场、矿山、路段等基层平安创建工作，抓好长效管理；组织、协调有关部门和单位大力抓好流动人口服务管理、预防青少年违法犯罪、归正人员安置帮教、社区矫正对象监管、禁毒、扫黄打非等工作；加强治保会、调委会和群防群治队伍建设，健全制度，加强培训，提高素质；认真做好本辖区内部门、单位社会治安综合治理目标管理签约、检查、考核工作，对工作成效明显的进行表彰奖励；对存在问题的督促落实整改措施；对发生严重危害社会稳定重大问题的，严格执行领导责任查究和社会治安综合治理一票否决权；深入开展综治理论研究工作，着力探索解决影响社会治安的深层次问题；办理上级交办的有关社会治安综合治理工作的其他事项。

(2)相互联动。枫桥在社会治安综合治理的权力规范上，提出了"五联机制"，建立各职能部门的职能网状交叉的规范模式，把所有能调动的力量全部发动起来，联合行使，多头并进，齐抓共管。[1] 具体内容为：

其一，联勤机制。由中心主任主持，综治办牵头协调，统一组织安排各组成部门开展工作。统一调配使用中心工作力量，落实值班备勤。建立突发事件预警处置工作体系。一旦发生突发性群体事件，迅速组织、协调有关部门依法妥善处置。具体机制如下：一是工作例会制度。综治委每季召开一次由分管副书记召集、党委书记参加的成员单位联席会议；各成员单位每月召开一次工作人

〔1〕"五联机制"的详细内容参见中共诸暨市委建设"平安诸暨"领导小组办公室、诸暨市社会治安综合治理委员会办公室编：《平安创建　综治工作指导手册》，2008 年 8 月，第 9～10 页。

员会议;综治工作中心每月召开一次工作例会,交流工作情况,分析稳定形势,提出相应对策,布置当前工作。二是情况通报制度。镇综治工作中心根据村、企和协作站摸排上报情况,对当前所做工作和下月不稳定因素预测情况进行整理汇总,每月向有关部门通报。三是首办责任人制度。当事人到中心要求调处纠纷时,第一个接待的人必须认真做好笔录,进行耐心的劝说疏导,平息事态发展,并及时向主任汇报。四是维稳工作考核制度。定期对驻村指导员在指导村队伍建设、治安防范、纠纷调处和群众工作四个方面进行考核,奖优罚劣。实施维稳目标管理,把维稳工作纳入村年度岗位目标责任制,发生重大不稳定事件的实行一票否决。

其二,联调机制。坚持每半月集中排查一次矛盾纠纷,特殊情况及时排查。对排查出来的矛盾纠纷,落实责任单位、责任人,分级负责,限期解决。中心受理的矛盾纠纷,实行统一受理,统一协调,统一督办,统一归档。化解矛盾纠纷运用"组织建设走在工作前,预测工作走在预防前,预防工作走在调解前,调解工作走在激化前"的"四前工作法"和实行"预警在先,苗头问题早消化;教育在先,重点对象早转化;控制在先,敏感时期早防范;工作在先,矛盾纠纷早处理"的"四先四早"工作机制,做到小事不出村、大事不出镇、矛盾不上交。具体行为规范如下:一是定期(适时)排查制度。各综治工作站、综治工作中心每半月对辖区内不稳定因素进行一次全面摸排,特殊时期重点排查,并把可能引发上访、激化矛盾的苗头形成书面材料,填写《不稳定因素排查情况表》报镇综治工作中心。二是分类调处制度。即分级调处、指令调处、直接调处、包案调处和联合调处制度。三是纠纷调处听证制度。对一些涉及法律政策而当事人无法理解或理解后仍然无理取闹的矛盾纠纷,邀请相关职能部门、当事人所在村(单位)的领导和有一定威信的党员、群众参加听证,通过协商制订出完善的调解方案。四是案件移送制度。村、企事业单位对矛盾纠纷调解未果的,须填写纠纷移送单,报协作站综治工作分中心。分中心调处不成的,按相同程序报送镇综治中心或人民法庭处理。五是纠纷调处预案制度。镇、协作站、村三级调委会联动,要求村、协作站调委会在向上一级调委会移送矛盾纠纷材料时,必须根据已有材料和事实,提出解决方案,作为上一级解决纠纷时的主要参照依据,便于全面了解事实,提高调解效率。六是纠纷调处终结制度。针对一些牵制大量精力,当事人不肯诉讼又经过多次调解未果的矛盾纠纷，镇调委会经讨论研究后，做出终结调解的决定，并告知当事人通过法律途径解决。

其三，联防机制。定期召开治安形势分析会，研究分析违法犯罪活动的规律和特点，及时向社会发布预警预报及防范措施。镇村建立治安联防工作网络，实行以公安民警为主导，专业治安防范力量为骨干，群防群治队伍为补充的模式，组织开展多种形式的巡防活动，推广应用电子监控、红外线报警等科技手段，加强治安防控能力。

坚持实行由综治工作中心牵头协调、整合全社会力量、专群结合群防群治的模式，切实增强治安防控能力，向社会公开招聘组建了由 25 人组成的护镇队、消防队 1 支，每年出资近百万，用于社会治安巡防和消防安全管理。着力抓好义务综治队伍建设，组建由全体镇机关干部、站办所干部、村干部组成的平安志愿者队伍，轮流巡逻，倡导“我为大家巡一夜，大家为我守一年”，有效地拓展了巡防时空，强化了社会面控制。组建由镇村干部组成的归正人员和矫正对象帮教小组，对归正人员和矫正对象进行帮心、帮扶、帮富。组建护村（厂、校）队 114 支、义务消防队 16 支、归正人员帮教小组 85 个、村矫正工作小组 85 个、外来流动人口及出租私房管理小组 85 个、平安志愿者队伍 33 支，落实纠纷信息员 328 名、法治宣传员 189 名，全镇维稳工作人员已达 9600 余人，约占总人口的 10%，进一步形成了专群结合、齐抓共管的综治工作新局面。

其四，联治机制。定期排查、分析全镇社会秩序和治安问题，组织、动员各部门各单位和广大群众认真落实、积极参加治安整治和“扫黄打非”、禁毒、禁赌、道路交通安全等整治行动，有效维护学校、企业、医院及其周边治安秩序。

镇综治委定期分析全镇治安形势，针对不同时期的突出治安问题，由中心牵头、主管部门为主、协同部门配合，实施重点整治。近年来，已分别开展了查赌禁赌专项整治、道路交通安全专项整治等活动，有效地维护了全镇的治安稳定。全镇刑事发案率始终控制在 0.1% 以内，流动人口作案占总流动人口的 0.35%，为平安创建打下了良好的治安基础。

其五，联创机制。围绕平安创建总体目标，借助中心平台，将综合治理、维护稳定和平安创建的工作网络、工作机制向基层延伸，实现职能部门、综治工作中心和基层单位工作对接，整体实施“平安村”“平安社区”“平安企业”“平安校园”“平安医院”“平安市场”“平安矿山”“平安路段”创建，有效推进调解工作、治安防控工作、暂住人口管理、法律服务、安置帮教和社区矫正、公共安全、社会保障、平安宣传进基层活动。

为使联创工作取得实效，在干部维稳工作责任落实上，建立“三包”责任制，实行分管领导“包线”，党政领导“包片”，机关干部“包村”，在外来流动人口、出租私房的管理服务上，成立流动人口综合管理服务办公室，坚持“人来登记，人走注销”和“一套规范台账，一份治安责任书，一份管理档案，一套管理制度”的管理原则。外来人口集中的企业建立管理服务中心，推行集教育、管理、服务、维权于一体的“四前工作法”和“四先四早”工作方法。在安置帮教工作中，创造了“三帮三延伸”工作方法，即思想上帮心、生活上帮扶、经济上帮富，事先向监狱延伸、事中向生产生活延伸、事后向巩固提高延伸。几年来枫桥一百余名归正人员只有 1 人重新犯罪，绝大部分已成为自食其力的劳动者。在社区矫正工作中，采取司法员、民警、驻村指导员、村责任人和矫正对象家属“5 + 1”监管模式，联合对矫正对象进行思想教育和带动教育，矫正其犯罪心理和行为恶习，使他们尽快回归社会。指导人民调解工作中，探索出了“抓住诉前环节，进行普遍指导；抓住诉时环节，实行跟踪指导；抓住诉中环节，进行个别指导；抓住诉后环节，进行案例指导”的“四环调解法”，实现了法院审判与人民调解的有机结合和良性互动。

通过加强综治工作中心建设，进一步整合了力量，统筹了优势，增强了合力，较好地解决了群众找干部难、办事相互推诿的现象，从而简化了工作环节，提高了工作质量和效率，密切了党群、干群关系，逐级化解矛盾纠纷、上下共保社会稳定。

(3)相互监督制约。枫桥镇在社会治安综合治理中，十分注重内部监督机制的建立，尤其是上级对下级的监督制约。在社会治安综合治理工作中心的工作制度中，权力监督主要表现为如下方面：

通过工作例会制度，把握和学习上级机关的工作精神，明确工作任务。综治工作中心每月 5 日前召开工作例会，例会主要传达上级有关文件精神，回顾通报上月工作，安排下月任务，根据各个时期综治和创建工作出现的新情况、新问题开展研讨，制定政策措施。

通过信息工作情况报告制度，及时接受上级机关的监督和指导。综治工作中心每月20日将辖区的工作部署计划和平安创建工作中出现的新情况、新问题、采取的对策及重大治安问题、矛盾纠纷、突发事件、群体事件调处、处置情况和结果，向党委、政府报告，同时向上级综治、平安机构报告；对辖区内发生的不稳定因素、重大民间矛盾纠纷上访苗头、重大治安灾害事故、重大安全生产事故、重大公共安全事故、重大食品安全事故和公共娱乐场所重大安全事故等信息注意收集，除每月20日定期向党委、政府报告外，重要信息及时向上级综治、平安机构报告，对一些成功做法、典型经验及时总结上报；综治工作中心成员单位每月20日前向综治工作中心报送有关情况和数据。

通过首问责任人制度明确责任。案件的调处，一般由中心主任指派人员处理，当中心人员接到当事人要求调处的申请时，第一个接待的人必须热情负责，记录在案，通知有关部门和责任人调处，同时进行耐心的劝说疏导，平息事态，绝不能推诿、拒绝，任其扩大。

通过督察督办制度和基本台账制度实现规范化管理。综治工作中心督促承办案件的相关部门在规定的时间内，高效率、高质量地完成交办工作。中心要认真收集平安创建工作的各种资料和数据。对收集的资料分门别类，装订成册，妥善保存，对要求上报的数据，按照统一格式上报。

通过考核评比制度保证效果，提高效率。综治工作中心要根据上级综治、平安机构的要求，结合本镇实际，对辖区内村、企的综治和创建工作实行定期检查考评，要求半年检查，年终考核评比，对一些阶段性重大活动，要在活动结束后进行总结考评。

3. 综治的落实措施之一：综治工作进村

(1)调解工作进村。按照“五有四落实”(有牌子、有场所、有印章、有本子、有台账；组织、制度、工作、报酬落实)的要求，进一步加强村、企事业单位人民调解的组织、队伍、机制和制度等建设，切实提高化解矛盾纠纷的能力。充分发挥综治(平安)工作新网络的作用，做到半月一排查、季度大排查、重要时段重点排查，完善和落实“四前”工作法和“四早四先”工作机制，运用分级调处法、指令调处法、直接调处法、包案调处法、联合调处法等方法，切实解决涉及群众利益的实际问题，及时有效地化解矛盾纠纷，使矛盾纠纷受理调处率达到100%、调处成功率达到93%以上,做到小事不出村。

(2)治安防控进村。依靠群众、组织群众,多模式操作,不断严密治安防控网络。一是加强专业巡防队伍建设。充分发挥专业巡防队的骨干作用,对集镇和重点地区实行全天候巡逻。二是深化平安志愿者活动。以村民、居民为主体,以党员为骨干,扩大平安志愿者队伍,由党员干部带班,坚持每晚巡逻。在农村采用"每户出一人,每组编5人,每晚派一组,每月轮一次"的模式,广泛开展村民义务巡逻活动。三是严密"口袋式"管理。完善辖区内主要出入路口的治安岗亭,落实专人把守。进一步完善电子化监控体系,充分发挥"电子警察"作用。四是推行社会治安综合治理法人责任制。以综治进民企和贯彻落实国务院《企业事业单位内部治安保卫条例》为契机,落实综治法人责任,创新企业平安创建工作机制,切实落实安全防范措施,确保内部安全稳定。五是开展村、社区"零发案"竞赛活动。通过竞赛活动,强化治安防控,实现防控对象监控得牢、可防性案件稳中有降的防控工作目标。创建"无毒村",开展"不让毒品进我家"、"青少年远离毒品"和普及毒品预防教育知识等宣传活动,使广大干部群众了解国家有关禁毒的政策法规,自觉远离毒品;配合公安机关,严堵毒品源头,严控交易场所,严查吸毒人员,做到无新滋生的本地吸毒人员,无非法种植毒品原植物现象,无制毒贩毒违法活动;健全制度,落实措施,加强对吸毒人员的帮教。引导村民、居民参加形式多样的文体活动,倡导健康向上的生活方式。

(3)外来人口管理进村。加强外来人口和出租房屋管理工作,协作站和外来人口200人以上的村设立外来人口登记站,并每200~400名外来人口聘用一名外来人口协管员;外来人口200人以下的村,落实一名协管员,依法协助做好外来人口的登记、发证、日常管理和出租房屋的登记备案工作,督促房东与公安派出所签订治安保证书和履行职责义务,依法保护外来人口的合法权利,发现违法犯罪嫌疑人员及时报告公安派出所。

(4)法律服务进村。落实法律进村、企事业单位的"七有"要求(有一个工作计划、有一所法制学校、有一个法律宣传栏、有一个法制服务咨询日、有一名法制宣传员、有一本法制教育登记簿、有一套法制宣传资料),优化"把法律送到千家万户"工作。组织律师、法律工作者与社区结对,定期开展法律服务,方便群众咨询。丰富充实法律宣传内容,开展法制文艺演出、法制挂图展览、法制书籍进户、法律知识竞赛等活动,加强反邪教警示教育,有针对性地组织青少年和村干部进行集中培训。以"民主法治村"星级评比为主线,进一步提高广大干部群众的法律素质和依法维权意识,推进基层依法管理和民主政治建设。

(5)安置帮教进村。在村、企事业单位建立帮教小组,安置帮教工作的"组织、制度、措施"三落实,通过"三帮三延伸"工作机制,对归正人员实行思想上帮心、生活上帮扶、经济上帮富,"帮教工作事先向监所延伸,事中向生产生活延伸,事后向巩固提高延伸",全力保证归正人员不重新违法犯罪。对无固定职业的帮教对象,着重帮助其解决生活出路问题。对未成年人帮教对象采用村、学校、家庭"三位一体"帮教方法,加强思想道德和"关爱明天"教育,引导其树立正确的世界观、人生观,增强"青春自护"能力。对邪教组织成员,掌握底数,帮教转化,积极引导其崇尚科学,转化思想观念、转变生活方式。

(6)社会保障进村。开展多种形式的经常性救危济困活动,关心帮助弱势群体生活。配合有关部门做好社会保险基金扩面征缴和失地农民养老保险工作,农村"五保"和城镇"三无"对象集中供养,结对帮扶,解决鳏寡孤独、残疾人以及其他有特殊困难群众的实际困难。

(7)公共安全进村。通过开展交通安全、消防安全、食品药品安全、卫生防疫、识假打假宣传活动,提高广大人民群众的安全自护能力。深入开展"防盗、防火、防事故、防假冒伪劣"为主要内容的"四防"安全检查,开展村村建立"放心店"活动,加强对家宴和公共食堂的监管,为群众创造安全、便利、舒适的生产生活环境。

(8)平安宣传进村。设立平安宣传栏,并利用黑板报、向家庭发放平安建设宣传资料、进行文艺演出,开展咨询、讲座、研讨等多种形式,定期宣传平安创建的目的意义和工作动态,宣传法律、治安防范、安全生产、食品卫生、公共安全等方面的知识,营造平安创建家喻户晓、人人参与的良好社会环境。

4. 综治的落实措施之二:综治工作进民企

综治工作进民企的具体目标为:第一,企业综治工作规范化。建立"五位一体"的综治机构(按照计生、工、青、妇、综治"五位一体"的要求建立综治工作机构),实行企业法定代表人综治工作负责制,制定完善企业综治工作制度,建立有效的运行机制,落实社会治安综合治理各项措施,实现企业发展、社会稳定、职工满意的“三赢”目标。第二,企业内部治安状况良好。安全防范水平明显提高,流动人口服务管理工作到位,多发性和可防性案件得到有效控制,不发生造成重大危害或影响的恶性治安案件和灾害事故,国家安全人民防线建设得到加强。第三,企业内部关系和谐。职工的合法权益得到切实保障,劳资关系融洽,各类矛盾纠纷及时化解,不发生职工群体访、越级访等影响较大的事件。第四,企业内部环境安全有序。不发生严重污染环境、破坏环境事故;不发生剧毒、危险化学品泄漏、爆炸和脱管失控事件;不发生因配合不力、控制不力导致的传染病扩大传染事件;不发生职业中毒和集体食物中毒事件;企业内部生产区和生活区布局合理规范,不存在“三合一”[1]隐患;各类自然灾害和公共突发性事件防范及时,处置到位。第五,企业诚信经营,防范经营风险的能力明显提高。自觉遵守国家的法律法规,不发生偷漏税、逃骗税以及生产假冒伪劣商品等扰乱、破坏社会主义市场经济秩序的违法犯罪案件,诚信经营意识和防范商业欺诈的能力不断提高。主要措施:

(1)以建促治,健全综治工作网络。把管理的长效性和功能的完整性作为企业综合治理工作的第一目标,人人参与,部门配合,齐抓共管。

一是健全责任体系。镇党委、政府成立以主职领导为正、副组长,综治中心、派出所、司法所、经济开发办、社会事业办、税务所、土管所、工商所、劳动管理站、医院、工会、团委和妇联等主要负责人为成员的综治进民企工作领导小组。镇综治工作中心注重对企业综治工作的指导,调查了解企业综治工作中存在的问题,并与有关部门联系沟通,协调指导企业搞好综治工作。公安派出所加大对企业内部治安保卫和周边地区治安环境的整治力度,搞好企地联防,严厉打击各种违法犯罪活动,维护企业正常的生产经营秩序。司法所指导企业开展矛盾纠纷排查和调处工作,把企业法治教育和法律服务作为工作重点,加强对企业经营管理人员和职工的法治教育和企业特殊人群的法律援助。经济开发办指导和督促企业做好安全生产工作,落实环境保护各项措施,开展安全生产培训和消防演练等活动,提高企业负责人和从业人员的安全意识。劳动管理站帮助企业规范用工行为,落实劳动保障各项措施。医院加强对企业的卫生管

[1] “三合一”是指车间、仓库、住宿在同一处所。

理,加强职业病和传染病的预防工作。工商所、质监所严厉打击无证经营、假冒伪劣等违法活动。税务所加强对企业纳税情况的监管力度,预防和减少偷税漏税情况的发生。

二是完善工作机构。在全镇民营企业中分三个层次,按照计生、工、青、妇、综治“五位一体”的要求建立综治工作机构,开展综治工作。在市级规模企业和苗子企业中,建立企业党组织领导下的综治工作组,由企业办公室、工会、团组织、妇女组织、人力资源部(外来建设者服务管理站)、治调会、保卫科、安全生产科、计生协会等相应部门共同组成,组长由法定代表人担任。设有分厂、车间和班组的企业,在分厂、车间设立综治联络员,班组设立综治信息员,接受综治工作组管理。企业综治工作组接受镇综治工作中心统一管理。在销售收入500万元以上企业,配备综治联络员,由党组织负责人或企业其他负责人担任,接受所在协作站综治工作分中心管理;在销售收入500万元以下的企业,其综治工作接受所在村综治工作组管理。镇、企业、车间、班组四级签订责任书,上边有人管,中间有人抓,下边有人干。企业综治工作组每个月排查一次矛盾纠纷,对排查出来的矛盾纠纷汇总后,落实解决方案和时限,对有可能激化矛盾的事件及时报镇综治工作中心,同时,及时收集综治工作的各种资料和数据,每月25日报送到镇综治工作中心。

三是加强队伍建设。主要建好三支队伍:第一支队伍是综治分中心巡逻队,主要在企业周边执行夜间流动巡逻任务。第二支队伍是企业内部巡逻队,全天候、全方位在公司内部及周边地区进行巡逻。这两支队伍实行统一招聘、统一培训、统一派驻、统一服装,由枫桥派出所统一管理。第三支队伍是企业内各部门人员组成义务防范队,对本企业的重点部位强化值班,坚守岗位,定时巡查。三支队伍联手,确保企业内部及周边的治安秩序。

(2)以法律企,实现管理规范化。通过多种措施,引导企业诚信经营、依法经营,自觉遵守法律法规,自觉履行义务,科学管理。

一是规范劳动用工秩序。理顺劳资关系,统一为外来员工办理相关证件,按时足额发放员工工资,切实维护员工权益,要求企业依法与员工签订劳动合同,2005年全镇企业实行劳动合同制度面为100%,劳动合同签订率达95%以上。

二是强化重点对象管理。按照“谁用人谁负责”的原则,建立健全外来人员、出租房屋、刑事解教人员工作台账,每月由派出所进行一次检查,每季度由镇综治办进行督察,对重点人口做到情况清、底数明。

三是增加企业综治投入。购买巡逻器械,为参与综治的人员发放补助,规模以上企业在主要工作部位安装电子监控,实行微机化管理。

四是提高员工法律意识。全镇企业中挂牌的法制培训班有 17 家,通过开展军训和消防演习、组织观看警示教育片、举办法制培训学习等形式对职工进行教育。

(3)以情强基,调动员工的积极性。提倡企业对员工实行人性化管理,以情感人,以情管人,不断夯实企业发展的基层基础。

一是加强思想帮扶。在日常工作中,企业领导做到“三必访”和“五必谈”,即员工无故不上班必访、生病住院必访、家有重大困难必访,家庭有矛盾必谈、工作岗位调动必谈、有犯错误迹象必谈、违章违纪必谈、思想有波动必谈。通过走访、谈心解决员工实际困难,消除员工思想顾虑,纠正员工错误倾向,使其安心工作。

二是提高福利待遇。企业不仅为每位职工提供养老保险、工伤保险等法定福利,而且每逢节假日还力所能及地为员工提供各种福利。同时,给予外来员工更多的关心和照顾,步森集团投入近千万元新建两个外来员工生活区,为外来员工提供“公寓式服务”。在为员工营造温馨的生活环境的同时,大力提拔外来员工,调动了他们的工作积极性,该集团总部 100 多名管理人员中,外来员工超过四成,他们已成为企业发展壮大的骨干力量。

(4)以文育人,增强企业凝聚力。“建厂必须育人”,这是枫桥企业家们的一个共识,员工的素质决定着产品的档次,因此,“既出产品,又出人品”成为枫桥民营企业的努力方向。大部分企业都配有图书室和阅览室,规模较大的企业还办有企业报,企业内部以及行业协会定期组织征文比赛、演讲比赛、技术比武、文艺演出等活动,丰富企业员工的业余生活,不断提高员工的素质。海魄公司着眼员工素质提高,努力建设一个学校式的企业,从创建图书馆、阅览室到创办海魄职业学校,企业中形成了浓郁的校园文化氛围。同时,镇团委还建立了诸暨市首家青年中心,以青年中心为平台,凝聚民营企业中的广大青年团员,通过健康向上的活动，传播先进文化，弘扬社会正气。

综治工作进民企，是新的历史时期深化和推动社会治安综合治理的重要举措，对实现社会治安综合治理的总体思路，实现公安工作社会化，实现中国基层社会的治理，推动中国社会的全面和谐发展，具有现实的意义。它增强了企业法人参与社会管理的自觉性，改善了外来人口的教育、服务和管理，提高了职工的综合素质，填补了政府对企业管理上的“空白”，有效地预防和减少了违法犯罪，同时，企业内部治调会、保安科、安全科等职能部门的积极性得到了充分调动，各科室之间衔接更加密切，联防阵地更加巩固，不仅为企业创设了维护内部稳定的有效载体，同时也为广大职工提供便利和帮助，使职工的合法权益得到保障。

5. 综治的落实措施之三：安全文明户评创

改革人户的静态管理为动态管理，通过安全文明户评创，动员千家万户维护社会治安。在做好人口、户籍常规性管理的同时，开展多种形式的宣传教育活动。

派出所对农村基本户进行编号，统一制作门牌，实行有序管理。同时，派出所积极配合村民委员会做好评创建档工作。家庭档案的内容包括：户主及其家庭成员的基本情况，门牌号码，家庭成员的政治面貌、从业情况、现实表现、去向及变动情况，家庭成员三年内的奖惩情况，家庭内居住半年以上的外来人员情况，家庭主要经济来源情况，家庭重要物品登记，三年内家庭案件发生情况。

责任区民警与镇联村干部、村文书负责日常管理督察，每季度进行一次情况分析会，对每户近期发生的各类情况进行汇总，及时记录在家庭档案内；对违反有关标准的“安全文明户”，及时摘牌；对未评上的，落实帮教措施，经帮教、努力后符合条件的，予以挂牌。

三、枫桥社会治安综合治理的成效

（一）社会治安综合治理，实现了政府与社会的互动

社会治安综合治理委员会的设置，依靠党政负责人的直接领导，把辖区内所有的力量进行整合，带有明显的权威色彩。这是我国社会治安综合治理工作的特点，在某种程度上也是优点。

枫桥党和政府的组织、发动、引导和保障作用,村民的参与、推动、配合、落实作用,得到了不同程度的发挥。一方面,政府通过制订方案、宣传教育、监督评估等环节,通过行政的、教育的和政策的手段,有组织、有目标、有计划地推动;另一方面,政府通过派出所积极有效的管理措施和专业化手段,起到了中坚作用。同时,群众的参与热情得到了发挥,群众的积极性和智慧,成为社会治安综合治理的不竭源泉。枫桥的社会治安综合治理,实现了专业化与群众化的有机结合。其中,群众化推动专业化,专业化引导群众化,二者互相推动,取长补短,专业化保障深度,群众化保障广度,拓展了社会治安中人力资源投入与经济资源投入的渠道。

把维护社会治安的各种力量看成是治安工作资源,并动用所有的力量为社会治安服务。例如,在社会治安综合治理职权主体的设置上,把党、政、企业、事业单位、村、居等全面纳入综合治理中心,这种做法实际上是使用计划经济的手段把各种治安工作资源进行统一调度。现行的做法要求一般的厂矿、学校、企事业单位、人民团体等与政府部门等共同承担治安责任,“一旦发生问题,要酌情追究有关部门、单位直接领导者的责任”。随着我国依法治国、法治政府理念的确立,这一模式有必要进行适当调整。

从社会学的角度看,公众参与是指社会公众、社会组织、单位或个人作为主体,在其权利义务范围内进行的有目的的社会活动;从公共政策制定形成过程看,公众参与是指公众参与政策制定,从而确保政策符合民意及政策合法化的根本途径。在社会治安综合治理领域中的公众参与是指社会公众有权通过一定的程序或途径参与与社会治安相关的一切决策活动,使该项决策符合广大公众的自身利益,且有利于社会治安的治理。从性质上看,它是一项重要的程序性权利,也是社会治安综合治理的一项重要原则和基本制度;从目的上看,它的主要目的在于限制政府的自由裁量权,促进政府决策的科学化、民主化。它有利于解决和处理广泛存在的社会治安问题,实现对社会治安问题的全过程及全方位管理。传统的公众参与机制是消极地制止行政机关的违法行为和侵犯公民权利的行为,难以保证政府机关依据公共利益恰当地行使自由裁量权。现代意义的公众参与制度意味着行政机关在行使自由裁量权时必须让受到影响的各种利益主体参加,从而有效监督和制约政府的权力,弥补传统监督机制的不足。

实现社会治安综合治理工作法治化非常迫切，但同时这也是社会治安综合治理工作转型的难题，由全国人民代表大会制定社会治安综合治理法是十分必要的。与此同时，各省、市亦应制定社会治安综合治理法规。随着社会转型的加速、社会主义民主政治建设的推进和身份关系向契约关系的逐渐转变，社会治安综合治理主要通过市场运作来实现，这是社会治安综合治理模式的重要转变。在这一点上，应该处理如下问题：第一，在市场化运作的资金来源上，首先必须明确，市场主体作为纳税人（包括单位）有获得治安服务的权利，政府有向社会公众提供安全保证服务的义务。因此，综合治理工作市场化运作的主要资金来源，应当由政府提供，不能再额外地增加社会公众的负担。如果个人或者组织希望获得额外的、特别的治安服务，则个人或者组织理所当然地应当自己付费，因为政府只有向社会提供基本治安服务的义务。第二，对于基本治安服务，政府可以通过市场化运作的方式，吸引社团、企业甚至公民个人等来提供，合法的保安公司参与社会治安具有广阔的前景。第三，对于额外的治安服务，政府也应当通过市场化运作的方式，鼓励企业、社团等组织甚至个人提供，让老百姓能在获得政府基本的治安服务的同时，还能通过市场获得额外的、优质的治安服务。

（二）社会治安综合治理，推动了基层政府职能由管理向服务的转变

基层政府改革的主要目标，是建立高效、廉洁、经济、务实的管理体制，充分发挥基层政府在社会管理中的组织、引导作用，避免管理型政府带来的巨大经济支出，藏富于民，关注民生，珍惜民力。服务型政府不仅体现在职能上，而且体现在目标引导上。

治安权应当是国家的一种垄断性的权力，也是国家作为公权力组织的一种必然的义务。其他社会组织不享有这样一种权力。就市场交换的角度而言，纳税人（包括单位和个人）向国家缴纳税款，政府就有责任为他们提供合格的、基本的治安服务。在治安问题上，政府与民众之间的关系应当是一种服务者与被服务者的关系，为民众提供治安服务首先是政府的责任。在社会治安综合治理工作中，政府不能强求一般民众及社会组织承担相应的治安责任，而只能通过号召手段、市场手段等鼓动、吸引他们投入社会治安综合治理工作。

我们强调社会治安综合治理的政府责任，但并非主张政府包揽一切，这种政府责任应当注意运用社会化的方式去实现，也就是说政府可以将其提供基本治安服务的部分职能逐步地交由社会组织去承担。我们这里所说的社会组织是广义的，包括政治国家之外的，属于市民社会的各种形式的组织，但主要是指企业和社团。值得强调的是，推行社会治安综合治理的社会化应当与拆分、摊派政府社会治安工作责任区别开来。政府可以通过激励机制，引导企业参与社会治安综合治理。

（三）社会治安综合治理，有助于扩大基层民主，推动村民（居民）自治

在具体事务的管理中，村民的能力得到了锻炼和提升。在社会治安综合治理中，他们的主人翁责任感得到了强化，参与社会管理的热情得到了激发，集体意识、集体荣誉和集体利益得到了弘扬。通过充分发挥基层群众的作用，基层群众自治组织的作用，村民自我管理、自我约束，实现自治。所有这些，都不同程度提高了基层社会的自我管理和自我发展能力。

2007 年 10 月 15 日，党的十七大报告中指出：社会稳定是人民群众的共同心愿，是改革发展的重要前提。要健全党委领导、政府负责、社会协同、公众参与的社会管理格局，健全基层社会管理体制。最大限度激发社会创造活力，最大限度增加和谐因素，最大限度减少不和谐因素。健全社会治安防控体系，加强社会治安综合治理，改革和加强城乡社区警务工作，依法防范和打击违法犯罪活动，保障人民生命财产安全。必须树立起和谐的理念，以做到“最大限度激发社会创造活力，最大限度增加和谐因素，最大限度减少不和谐因素”。

社会治安综合治理中的和谐主要是指：第一，社会治安综合治理工作主体应当注意互相配合、互相尊重，和谐运转；第二，社会治安综合治理的各种手段应当注意和谐应用；第三，治安部门应当与社会保持一种和谐的关系，应当注意培育治安部门特别是国家司法机关与民众之间的亲和力，注意培养民众对治安部门的信任感。我们特别强调和谐的第三点要求，因为在社会转型加速期，治安状况的波动具有一定的不可避免性，在这种情况下，培育社会与治安部门的和谐性就显得尤为重要。这种和谐是社会治安综合治理体系进入良性循环的重要条件。

2017 年 10 月 18 日，党的十九大报告中指出：“打造共建共治共享的社会治

理格局","加强社会治理制度建设,完善党委领导、政府负责、社会协同、公众参与、法治保障的社会治理体制,提高社会治理社会化、法治化、智能化、专业化水平","加强社会心理服务体系建设,培育自尊自信、理性平和、积极向上的社会心态。加强社区治理体系建设,推动社会治理重心向基层下移,发挥社会组织作用,实现政府治理和社会调节、居民自治良性互动"。

第二节　流动人口的服务管理

一、枫桥流动人口服务管理模式的形成

枫桥的流动人口管理,从对象上看,经过了本地人口流动到外地的管理和外地人口流动到本地的管理两个发展阶段,前者可称为对"外流人口"的管理,后者可称为对"外来人口"的管理。

"外来人口"管理中,枫桥"就地改造流窜犯,矛盾不上交"的成功做法,得到了绍兴市公安局、浙江省公安厅和公安部的充分肯定,曾作为全国公安战线改造流窜犯的成功经验推广和宣传,在解放后至 1978 年的近三十年社会主义改造与建设中,产生了积极的、深远的意义。

"外来人口"管理是改革开放后,随着枫桥经济的发展,大量外来人口进入枫桥形成的。对外来人口的管理,又经过了三个阶段的发展。第一个阶段是平等管理理念的形成阶段。枫桥重视对外来人口合法权益的保护,通过平等地处理外来人员与本地居民之间的矛盾纠纷,维护外来人员的合法权益。平等管理理念,成功地推动了外来人员与本地居民之间的融合,推动了枫桥经济的建设和发展。这一阶段的管理主体主要是政府的倡导。第二个阶段是服务管理理念的形成,外来人员,被称为"外来建设者",政府对外来建设者的管理活动,以方便和服务为宗旨,出台了一系列积极有效的措施,取得了良好的社会效果。这一阶段的管理主体,是政府和基层组织共同推动。第三个阶段是人文管理理念的形成。外来人员被称为"新枫桥人",新的社会观念和社会文化,在为"新枫桥人"创造了良好的生活环境的同时,塑造了"新枫桥人"的形象。在这一阶段,

"外来人口"的管理再次被纳入流动人口管理的范围。以基层社会自我管理为特征的模式中,基层组织成为这一阶段的管理主体。

枫桥流动人口的管理,成为基层民主法治建设的重要前提。外来人口在为国家和地方经济发展作出重要贡献的同时,确实存在外来人员违法犯罪等严重的问题。同样,对外来人员在观念上的歧视,在其权益保护上的漠视,形成了严重的社会分裂,导致了外来人员违法犯罪行为的加剧。枫桥流动人口管理的成功经验,对中国社会最终彻底解决外来人员管理问题提供了有益的经验。如果没有新型的平等观念,没有新型的平等的人与人之间的关系,没有法律上和实践中的平等保护,和谐社会建设就缺乏前提。

二、枫桥流动人口服务管理的主要理念

(一)平等管理

枫桥坚持对外来人员进行本地化管理,在政治、生活、工作、教育等方面体现平等管理理念,增强外来人员的归属感、荣誉感,鼓励他们以主人翁的姿态参与枫桥的经济建设和社会生活;枫桥的所有企业都建立了工会组织,符合条件的企业都建立了党、团组织,积极吸收外来人员中的优秀分子入党、入团。通过评比"外来优秀青年",授予中、高级人才以"荣誉镇民"称号。镇外来人口综合服务办公室设立专门以解决劳资纠纷为主的稽查和维权服务中心,积极引导企业建立工会和工资集体协商制度,坚持每年组织一次外来员工劳动合同签订、一次劳动用工情况检查、一次工资发放情况检查、一次座谈会和一次法治讲座,保障他们的合法权益,充分尊重外来人员的政治和社会地位。

外来人口是历史原因和现实因素共同作用的结果。近代以来,中国优先发展城市的公共政策,造成了城市人口和农村人口在公共资源分配上的巨大差距。中国的农民阶级在中国社会发展中,没有能够同步分享经济社会发展的成果,形成了中国农村的长期落后状况。中国共产党所领导的革命,乃至中国"农村包围城市"的革命道路选择,也建立在中国农村的落后现实之上。解放以后,中国共产党所推行的工业化、城市化,并没有能够消除城市和农村之间的发展不平衡状况。改革开放后,虽然中国的经济建设取得了巨大的成就,但是,与之相应的社会意识和社会观念,并没有得到确立,思想文化、道德建设没有与经济

建设同步发展。

平等管理理念的实质，是外来人员平等地分享经济发展和社会进步的成果，消除本地人员对外来人员的剥削和压榨，消除社会歧视，缓和社会对立，实现社会公平、公正。

（二）精细管理

注重管理的各个环节，通过不同环节的有效配合，克服管理漏洞，避免出现“死角”，取得最佳管理效果：由枫桥镇政府牵头，以公安派出所为主，联合劳管、计生成立了流动人口综合管理办公室。通过登记办证摸清底数，签订治安责任书落实责任，建立窗口提供服务，有效加强了对外来流动人口这一复杂群体的管理。

公安派出所开展基础性排查，突击性清查和日常性检查相结合，落实各项管理措施，及时掌握外来人员动态。组织村企干部开展以出租房屋、厂矿企业、公共复杂场所为重点的流动人口的落脚点大清查，摸清外来人口的底数，登记外来人口，做到“三证”（就业证、暂住证、计划生育证）一处办理；对出租私房进行全面登记，建立一户一档，完善管理信息系统，并与户主签订治安责任书，落实管理责任。

同时对步森、海魄、情森等外来人口集中的企业，建立外来流动人口管理中心，推行“公寓型”“学校型”“情感型”管理方式，寓关心教育于管理之中，做到“酒香衣香，更要书香”，“既出产品，又出人品”，使外来务工人员既心情舒畅生活，又真情实意工作，对经济发展起到积极的作用。

（三）人文管理

枫桥的干部群众探索了具有枫桥特色的人文管理理念，寓服务与教育于管理之中，通过发挥乡情、人情的作用，降低管理成本，取得管理的最大效益：(1)建立外来人员职工之家，实行公寓式管理，对出租私房建立一户一档管理。(2)企业招募外来劳务人员，通过劳动部门定向招募，签订劳务合同，由当地政府参与劳务管理，并建立外来人员自我管理组织，“老乡警察管老乡”，形成内外结合的管理机制。(3)对外来人员不歧视，在工作生活上予以照顾。一些行政村还为外来人员安排适量的土地让他们种粮种菜，解决他们子女入托、入学问题，节日期间还用专车接送外来人员回乡探亲，使外来人员融入社会大家庭。

(4)枫桥的企业家创办外来人员培训学校、图书室、活动室,创办企业报刊,活跃外来人员文化生活,提高他们的素质。

外来人员的人文管理,成了"枫桥经验"的又一道特色"风景线"。[1] 人文管理理念,体现了人本思想,是人性化管理的探索与实践。

三、枫桥流动人口服务管理的实践

枫桥的外来人口管理中,浙江步森集团和钟瑛村的实践最具有代表性:

(一)步森集团的服务管理

浙江步森集团有限公司是一家在中国服装界颇具影响力的民营股份制企业。集团在短短的24年时间里,由一家三五十人的农村个体制衣厂一跃成为全国服装行业的知名企业,下属步森服饰、喜尔雅服饰、老人头服饰、步森水泥、步森呼伦贝尔百货大楼、步森扎赉诺尔百货大楼、步森房产、步森经贸等13家子公司、8个销售分公司和两个海外贸易公司,总资产达4亿元,现有员工4000余名。步森集团跨越式的发展,一方面源于企业开拓者市场定位准、经营路子正、产品质量好、品牌形象优等多种因素,另一方面,还在于企业多年来遵循"以人为本"的企业精神。作为在"枫桥经验"产生地发展、壮大的企业,步森集团在管理中始终坚持以"枫桥经验"为指导,针对企业规模不断扩大、外来员工不断增多的实际,始终以诚待人,把外来人员作为促进企业生产发展的重要力量,积极为外来员工创造良好的生产、生活条件,提供施展才干的机会。步森走出了一条人才成长和企业发展良性循环的外来人员管理路子,为当地企业的外来人员管理提供了丰富的经验。

首先,针对外来员工密集的状况,步森集团采取了下列强化管理的措施:(1)狠抓外来员工的法律知识培训。公司通过法制培训、报纸宣传等多种形式,有效增强外来员工的遵纪守法观念和依法维权意识。(2)规范用工秩序,理顺劳资关系。一方面统一为员工办理相关证件,另一方面依法与员工签订劳动合同,通过合同明确工作内容、劳动报酬、岗位责任,从而明确了劳资双方的权利义务关系,也使职工的各项权益得到可靠的保障。(3)加强制度管理,健全管理

[1] 金伯中:《"枫桥经验"新发展的理性思考》,载《公安学刊》1999年第6期。

机制。公司制定了员工“行为规范”，使员工在公司期间的行为有章可循；层层建立外来员工管理工作责任制，及时发现并调处各类纠纷，避免了外来人员管理中的无组织、无纪律状况。

其次，为了让员工们有一个安居乐业的良好环境，集团名誉董事长寿彩凤、董事长陈能恩等多次强调：外来员工远离亲人和家乡，因此要对他们多给予一份关心和照顾。多年来，步森集团一直重视做好这方面的工作：(1)坚持按时足额发放职工工资。在多年的生产经营过程中，即使遇上资金困难、周转不灵等问题，公司领导也要首先安排好员工的生活支出，保证按时、足额发放职工工资和奖金。(2)重视、安排好职工福利。公司不仅为每位职工提供养老保险、工伤保险等法定福利，而且每逢节假日还力所能及地以现金方式为外来员工提供各种福利。此外，公司充分尊重职工休息和休假的权利。即使生产任务再紧，公司也保证职工每周至少有一天的休息时间，外来员工每年还可以享受一定的带薪假期。(3)关心员工生活，实行公寓式管理。生活区每个房间都有阳台和卫生间，并配备了电扇、电视机、洗衣机等设施，创办了图书室、多功能厅、篮球场等。每间宿舍设立一名寝室长，负责安全、卫生等工作。所有员工姓名和房间号、宿舍管理制度等一律上墙，由专门管理人员对来客进行登记并在员工上班时统一关闭公寓电闸，确保用电安全。在后勤的管理上摸索出了一套“公寓式管理”的模式和经验。(4)加强上下沟通，融洽情感，积极营造社会主义大家庭的温暖氛围。公司不定期举办一些群众性文体活动，并对生活困难的员工进行慰问。为及时了解和解决外来员工工作和生活中的问题，公司在《步森》报上专门设立了“总经理”信箱，公开解答员工提出的问题。这进一步强化了员工的主人翁意识，也拉近了员工和企业领导的关系。(5)群策群力，做好纠纷调解工作。为及时调解员工的各类纠纷，公司建立了治调委员会，将治调小组建立到车间，以结合新时期“枫桥经验”的特点，把纠纷消灭在萌芽状态。

最后，公司实行“以感情留人、以待遇留人、以事业留人”的用人理念。在对待外来员工上，只要是人才，绝不闲置，从不另眼相待。大胆任用外来人员。尊重外来员工，肯定员工价值。一方面，严格执行公司规章制度，无论是本地人还是外地人均一视同仁，按章处理；另一方面，在精神奖励上也同等对待，甚至有所侧重。

（二）钟瑛村的服务管理

钟瑛村是枫桥镇外来人口、私房出租最多的村，全村有外来人口八百余人，出租房三百余户（间）。外来人口在促进本地经济发展的同时，也给管理带来了一定的难度。为了管好外来人口，实现发展与稳定的和谐统一，村两委会（村党支部委员会、村民委员会）把这项工作摆在突出的位置，花大力气，动大脑筋，扎扎实实做到了以下几点：村两委会定期召开会议，就外来人口管理工作进行专项研究，制订计划，部署工作方案。专门成立了流动人口服务管理站，积极配合有关部门做好外来人口管理工作。特别是在计划生育方面，做到了管理不留情，服务献真情。一有管理对象入住该村，村妇女干部就和治保会干部一起上门登记，为育龄夫妇建立档案，做到情况明、底子清，并定期开展计生检查，提供计生服务。在外来人口的合法权益受到侵害时，积极主动为他们讨公道。针对外来人口与本地人之间的矛盾纠纷，村干部及时公平公正、合法合理地予以处理，坚决杜绝歧视和偏袒行为，取得了他们的信任和赞扬。

四、流动人口服务管理的成效

在外来人口的服务管理中，政府的角色不仅是积极的、主动的，而且是服务性质的，服务于社会弱势群体，服务于公共利益。市场经济条件下，政府的职能不但不应当削弱，而且应当加强。就目前的人口流动而言，虽然各地不乏政府的劳务输出管理部门，但是，流动人口在提供具体的劳务过程中，缺乏有效的组织，权利往往被侵犯甚至漠视。城乡二元结构，导致中国的人口流动呈现出单向性状态，如果缺乏政府的有效组织和保护，缺乏必要的教育、引导，“农民工”在对城市管理造成巨大压力的同时，将长远影响到农村的发展和稳定。枫桥流动人员的服务管理，不仅推动了枫桥地区社会经济、文化的发展，而且具有较强的辐射性：“八小时内是企业文明守法的职工，八小时外是社会文明守法的公民”，服务管理培育了广泛的公民意识。

首先，政府管理与社会管理有机结合。在外来人口的服务管理中，政府管理和社会管理具有适度的分工和配合。政府的管理是社会管理合法、有效的前提和保障，体现了管理的服务本质和目标。而且，政府在管理过程中所提供的公共服务，也成为社会管理发挥积极效果的后盾。

其次,低成本的管理,是基层政府管理的目标和方向。"老乡警察管老乡"的管理模式,充分发挥了管理中的乡情、亲情等因素,加强管理者与被管理者之间的沟通和交流,有效降低了管理的风险,减小了管理的成本,保证了管理的效率,增强了管理的效果。社会团体的积极参与,细化了服务管理环节。枫桥通过行政的力量有助于保证管理的效率,通过制度的力量有助于保证管理的效果,两者之间存在如何实现平衡的问题。应当研究如何通过加大制度建设的力度,通过制度实现管理,使行政管理有法可循,在保证管理效率的同时,使被管理者的权利受到保护,避免对被管理者权利的侵犯。

最后,国家制度与村规民约的有力配合。国家的正式制度由于具有概括性、方向性的特点,乡土社会具体问题的解决,需要借助于针对性较强的村规民约。村规民约作为基层社会自治组织的管理形式之一,在实践中发挥了有效的作用。

第三节　司法救助

一、司法救助概念的演变

(一)保障诉权意义上的司法救助概念

司法救助的目的是保障社会弱势群体的诉权。尽管司法是解决矛盾纠纷的最终手段,但是,由于社会经济、政治的原因,一部分民众没有能力通过诉讼保护自身的权益。"不管当事人处于什么阶层、财产多少、地位如何,在法律面前都要一视同仁,这是司法公正的基本要求,也是人民法院必须坚持的基本原则。"[1]但是,"如果没有对困难群众、困难群体特殊的制度保护,法庭就容易变成诉讼技巧的竞技场,强者和弱者在形式正义面前会很难获得实质正义的平衡,这绝对有违我们的初衷,我们要提倡更耐心一点地倾听弱势一方的

---

〔1〕 王斗斗:《司法救助:让贫困者跨过通向正义那道槛》,载《法制日报》2007年1月15日,第1版。

声音”。[1] 因此，司法救助概念首先被定义为维护社会弱势群体诉权的一种制度。

2000 年 7 月 12 日，最高人民法院公布了《关于对经济确有困难的当事人予以司法救助的规定》，对司法救助的范围、主体、程序进行了规范。该规定界定的司法救助是指人民法院对于民事、行政案件中有充分理由证明自己合法权益受到侵害但经济确有困难的当事人，实行诉讼费用的缓交、减交、免交。根据这一定义，实施司法救助的前提条件有三：其一，适用的案件是民事、行政案件；其二，当事人证明自己合法权益受到侵害；其三，当事人因合法权益受到侵害需要进行诉讼但经济确有困难无力支付诉讼费用。司法救助的内容是诉讼费用的缓交、减交、免交。该规定还以列举的方式，规定了当事人可以申请司法救助的情形，包括：当事人追索赡养费、扶养费、抚育费、抚恤金的；当事人追索养老金、社会保险金、劳动报酬而生活确实困难的；当事人为交通事故、医疗事故、工伤事故或者其他人身伤害事故的受害人，追索医疗费用和物质赔偿，本人确实生活困难的；当事人为生活困难的孤寡老人、孤儿或者农村“五保户”的；当事人为没有固定生活来源的残疾人的；当事人为国家规定的优抚对象，生活困难的；当事人正在享受城市居民最低生活保障或者领取失业救济金，无其他收入，生活困难的；当事人因自然灾害或者其他不可抗力造成生活困难，正在接受国家救济或者家庭生产经营难以为继的；当事人起诉行政机关违法要求农民履行义务，生活困难的；当事人正在接受有关部门法律援助的；当事人为福利院、孤儿院、敬老院、优抚医院、精神病院、SOS 儿童村等社会公共福利事业单位和民政部门主管的社会福利企业的。2005 年 4 月 5 日最高人民法院审判委员会对该规定进行了修订，但基本内容没有发生实质性的改变，司法救助依然是为了使经济确有困难的当事人能够依法行使诉讼权利，对诉讼费用缓、减、免，维护当事人合法权益的制度。

我国的法律援助制度与司法救助均是为了确保司法公正，对经济困难无力支付费用的当事人减免费用，提供法律帮助的法律救济制度。因此，司法救助与法律援助制度一起构建起了对社会弱势群体的保护内容。

---

〔1〕 田雨、赵仁伟：《最高法：要研究建立刑事被害人国家救助制度》，载《新华每日电讯》2007 年 1 月 8 日，第 1 版。

（二）一体化的司法救助概念

以维护弱势群体的诉权为理念而建立起来的司法救助制度，并不能全面解决当事人诉讼程序前、程序中和程序后的现实生活困难。首先，社会弱势群体在司法中的困境不仅仅体现在由于经济困难难以行使诉权，而且，由于经济上的困难，他们的生活问题也无法得到现实的解决。有些当事人在诉讼程序过程中，由于不能得到及时的经济赔偿，导致生活困难，有些当事人，由于侵害人没有赔偿能力，根本无法得到赔偿，出现胜诉判决无法履行，生活陷入困境的局面。这已经不是保障公民诉权的问题了，而是在司法中关照公民获得社会基本保障的问题。其次，并非在民事、行政案件中当事人可能由于经济困难无法有效地行使诉权，生活陷入困境，同样，在一些刑事案件中，被害人及其家属的处境更是艰难。有数据表明，刑事附带民事诉讼中的经济赔偿部分执行率相当低。随着社会保障和犯罪被害人权益理念的提倡，人们开始从一体化的视角重新审视这一问题，不仅要求保障公民的诉讼权利，还要强调公民实体权利的维护。因此，司法救助的概念由民事、行政范畴扩展到了刑事范畴，其内涵已经不再仅仅是对诉讼费用的缓、减、免，而且包括对诉讼当事人及其相关赡养人、抚养人、扶养人的生活困难的经济救助。

二、有关司法救助的争议和实践中发现的问题

随着中国高层对和谐司法的强调，全国各地进行了广泛的司法救助的实践。在这些实践中，有传统意义上的与法律援助制度相结合的旨在保障公民诉权的司法救助的实践，也有囊括了困难群众获得国家物质帮助和刑事犯罪被害人国家补偿的实践。有些省份下发了指导司法救助实践的文件，各地结合本地的实际情况进行了一些有益的探索。

（一）对司法救助争议问题的看法

从当前各地的实践看，在司法救助制度上的主要观点分歧集中在以下几点：其一，司法救助的实施主体；其二，司法救助的对象；其三，司法救助的资金来源；其四，司法救助的根据；其五，司法救助与信访制度的关系等。

对于司法救助的主体，有些地方将其设定为司法机关。从立法上看，最初将司法救助法定化的是最高人民法院。由司法机关进行司法救助，有利之处在

于对诉讼活动联系最为密切,能够最直接地判断哪些当事人需要救助,能够充分体现人民司法为人民的优良传统。但是,不利之处也是明显的。首先,司法机关具有各自的司法职能,司法救助的职责完全由他们承担,增加了他们的工作压力。其次,司法机关的办案经费是有限的,由司法机关承担司法救助的经费支出,无疑使他们本就紧张的办案经费更是捉襟见肘。由于当前司法救助已经由保障诉权拓展到当事人的经济救助,司法机关更是无力支付这笔数额越来越大的支出。应当看到,司法救助是社会弱势群体社会救助的有机组成部分。其与法律援助、低保制度、保险制度等共同构成对社会弱势群体的保障。社会救助需要社会统筹加以解决。司法机关在这一社会统筹的活动中,自然与其职能不相符合,过多地参与将会影响到其独立性。在我国的政治体制下,最适合担任司法救助实施主体的是政法委。政法委担任着对司法机关的指导和协调工作,体现着党对政法工作的领导。司法机关在诉讼活动中,发现需要救助的对象后,可以及时地向政法委提出。政法委作为国家政权机关的组成部分,便于与财政部门进行协作,对经费的来源进行磋商。因此,适合在司法救助中起到主导作用的应是政法委,司法机关作为实施主体只应承担发现救助对象,提出救助申请的职能,而司法救助的审核和批准应当由政法委实施。这种做法,既保障了司法机关及时发现救助对象,保障司法公正,又剥离了司法机关不适宜承担的职责,有利于政法委对司法机关的指导监督,保障司法救助制度的健康发展。

对于司法救助基金的来源,现在大多数地方都认为应当来自财政拨款和社会捐助。不同之处在于有些地方给司法救助基金设定了固定的数额,而有些地方是根据司法救助的实际需要和财政能力的现状来决定救助资金的总量。相比较而言,后者更为可取。个案中司法救助的数额和司法救助基金的总量应当量力而行,全面地衡量本地的经济发展水平和财政状况。如果将司法救助基金设为一定值,无法适应变化的情况,造成资金的浪费或者不足。应当科学地设定个案中救助的金额限度和比例,并与财政现状达成动态的平衡,将有限的财政资金用于救助那些最需要救助的对象,实现利益的最大化。当然,对于社会捐助的资金,也可以作为财政支出的有益补充。

对于司法救助的根据,有些地方提出除了依据当事人生活是否困难以外,还要以维护社会稳定为目标,"要用钱来买社会的安定团结"。这种观点有一定的合理性。在社会经济高速发展的情况下,国家拿出一部分资金来解决社会弱势群体的生活困难,当然有利于社会的稳定。但是,如果为了息事宁人,用司法救助的基金来满足当事人的要求,可能适得其反。比如,有些地方对于缠诉的当事人,对于常年无理上访的当事人,通过经济手段满足当事人的无理要求,以达到化解矛盾的目的,往往造成不利的社会影响,导致他人加以效仿,反而不利于社会稳定。司法救助的根据只能是当事人在诉讼中生活极其困难或因生活困难无法行使诉权,而不应将维护社会稳定的所有期望都纳入司法救助的范畴。

(二)诸暨市在司法救助实践中发现的问题

近年来,诸暨市积极探索和实践司法救助,制定了司法救助的制度,对司法机关提出的生活困难的当事人,运用专项的司法救助基金加以救助。虽然司法救助工作是一项惠民工程,但由于这项制度刚刚建立,在开展司法救助过程中也遇到了一些问题,主要有以下几个方面:(1)申请普遍化已有苗头。建立司法救助的前提是解决诉讼当事人的实际生活困难,但在具体申请过程中,无论条件是否符合,申请人都会提出申请,还有一些甚至走关系,疏门道,以期获得司法救助。例如在法院执行的司法救助中,当事人只要没有得到全部执行款,都会试图提出司法救助,有些当事人想方设法做假证据、假材料,给司法救助工作带来很多不必要的麻烦。(2)当事人希图通过上访以达到救助目的的现象比较多。有部分申请人不符合救助条件,但这些人不断到政法机关上访,而政法机关为息事宁人,往往也会同意其提出的司法救助申请。这种情况在诸暨市委政法委收到的一些申请救助案件中有所反映,诸暨市委政法委也予以驳回。(3)在已经救助的案件中,有因为救助而导致上访的苗头出现。有一些案件,当事人原来并不怎么上访,但在开展救助后,这些当事人的思想发生了转变,把政府的惠民举措当成一种可以获得利益的途径,上访数量反而增多。对这种情况,诸暨市委政法委一方面将司法救助的政策予以宣传,说明救助只能救助一次,另一方面,也只能被动地应对其上访。

在以上问题中,有些是不可避免的,比如有些当事人对于司法救助制度不甚了解,当其能够通过正常的诉讼活动满足合法请求,自身的经济情况尚不困难,不符合司法救助的条件的情况下,盲目地认为司法救助比诉讼活动更便于保护其权利。这主要是因为思想认识上的偏差,只要司法救助机关坚持原则,并强化对公民的法治宣传,这些问题是可以解决的。司法救助机关应当明确司法救助的根据只能是生活确有困难或因生活困难无法有效地行使诉权,如果司法救助机关放弃这一原则性根据,将司法救助作为平息社会矛盾的手段,司法救助制度就可能出现异化,沦为社会纠纷的灭火器,背离司法救助的目的,造成司法救助资金恶性膨胀,政府财政无以为继,真正需要司法救助的当事人反而得不到充分救助的不利局面。

三、司法救助的"诸暨模式"

诸暨市不断总结经验,形成了独具特色的司法救助体制:

(一)诸暨市的司法救助制度

1. 司法救助的目的

诸暨市将司法救助的目的设定为旨在解决当事人在办理刑事、民事、行政等案件过程中的实际生活困难,促进社会和谐稳定。司法救助的目的被限定为解决各类案件中当事人的实际生活困难,而不是其他情形。这里的生活困难当然也应包括因生活贫困无法支付诉讼费用而不能有效行使诉权的情形。

2. 司法救助的对象

诸暨市司法救助的对象包括刑事案件受害人、交通事故案件受害人、执行案件申请人、法律援助申请人。符合下列条件之一的,可根据类别向实施机关申请司法救助金:(1)刑事案件受害人死亡、致残的,受害人的赡养人、抚养人、扶养人,生活极其困难,无法支付丧葬、医疗费用,而案件未破、犯罪嫌疑人在逃或者不能预付赔偿费用的;(2)交通事故受害人死亡、致残的,受害人的赡养人、抚养人、扶养人,生活极其困难,无法支付丧葬、医疗费用,而肇事人在逃或者不能预付赔偿费用的;(3)刑事案件受害人及受害人的赡养人、抚养人、扶养人,生活极其困难,而被执行人被执行刑罚且确无财产可供执行的;(4)工伤、医疗事故或其他人身损害赔偿案件;追索赡养、扶养、抚养费或抚恤金案件的申请执行人,生活极其困难,而被执行人确无财产可供执行的;(5)所有刑事、民事、行政执行案件中,申请执行人为孤寡老人、孤儿、没有生活来源的残疾人、特困户,生活极其困难,而被执行人确无履行能力的;(6)应提供救助的其他情形。

司法救助的对象不仅包括民事、行政诉讼的当事人，也包括刑事案件的直接被害人和间接被害人。申请救助人不仅可以是持有诸暨户口的诸暨人，只要案件属于诸暨市管辖，案件的当事人都可以申请司法救助。

3. 司法救助基金的来源和使用

诸暨市司法救助基金是政府专门用于司法救助的专项基金。司法救助基金实施单位可根据本规定，结合单位实际及司法实践，制定各项司法救助金的详细发放标准和发放办法。法律援助的救助由司法局另行制定实施办法。司法救助基金统一由市财政局负责筹措和核算，并根据司法救助基金的使用情况，视情给予适时补足，以确保支付需要。司法救助基金由市财政支付保障了司法救助资金的社会统筹和可靠性。

司法救助基金坚持小额救助原则，其发放的金额不得超过申请人应得款项（未确定的由实施机关按法律规定估算）的 20%，最高额不得超过 3 万元。但是，如果申请救助人应得款项数额较小，按 20% 计算低于当年城镇最低生活保障一年标准，按当年城镇最低生活保障一年标准进行救助；申请救助人应得款项低于当年城镇最低生活保障一年标准的，按其应得款项全额进行救助。将发放的金额限定为不得超过申请人应得款项的 20%，最高额不得超过 3 万元，是考虑到了与低保制度的衔接。

对于刑事案件和交通事故案件的司法救助申请人在领取司法救助金后又从对方当事人处获得全额或部分赔偿的，其赔偿款应优先退还司法救助金。进入执行程序的，由人民法院在执行款项中予以扣除；未进入执行程序的，实施机关应告知申请人主动退回，申请人经告知不肯退回的，由实施机关强制追回。而对于对方当事人确无财产可供执行或确无履行能力的，发放的救助金不再退回。这样规定，既保障被救助人的权益，又保障司法救助金的效益最大化。

司法救助基金只救助自然人。同一案件只救助一次，若同一案件中符合救助申请条件的受益人有多个的，由实施机关在支付救助金时通知所有受益人到场，酌情予以分配，履行有关手续，拒不到场的，视为放弃救助。

4. 司法救助的实施主体

司法救助基金管理、使用工作由市委、市政府统一领导，由市委政法委牵头协调，政法各部门组织实施。因涉法涉诉信访涉及的司法救助问题由各部门按各自职责归口办理。对刑事案件、交通事故案件受害人救助的实施机关为市公安局,对执行案件申请人救助的实施机关为市人民法院,对法律援助申请人救助的实施机关为市司法局。

5. 司法救助的申请、审批和监督

司法救助申请人应向实施机关提出司法救助申请。申请书应当载明案号、案件情况、申请请求、事实与理由,并附有关法律文书和证明材料。实施机关应当在收到申请书之日开始对申请事实、理由及证明材料的真实性进行调查,10日内形成调查结论。实施机关根据调查情况,10日内作出是否同意发放司法救助金的决定书。同意发放司法救助金的,应当制作同意发放司法救助金的决定书,并说明应发放的理由和数额。不同意发放司法救助金的,也应当在10日内做出不同意发放司法救助金的决定书,并说明不予发放的理由。申请人不得对不同意发放决定申请复议。

实施机关同意发放司法救助金的,应填写《诸暨市司法救助金审批表》,并连同同意发放司法救助金决定书向市委政法委办理审批手续,经批准发放司法救助金的,由市财政局将救助金划拨相关部门,相关部门应在收到救助金3日内将救助金发放到申请人手中。

司法救助基金专款专用,审计部门定期对司法救助基金使用情况进行审计。

(二)诸暨市司法救助的典型案例

2007年,诸暨市共向当事人救助46起,累计发放救助金550500元。实施司法救助的案件包括民事、行政和刑事案件,尤其是对刑事案件被害人的救助取得了良好的社会效果。以下是诸暨市司法救助的典型案例:

案例1:徐某等与许甲故意杀人案

申报单位:诸暨市人民法院

案情简述:2006年7月14日下午,许甲因故与许乙发生对打,许甲持尖刀刺中许乙左胸、左腰背部各一刀,致其死亡。判决许甲无期徒刑,剥夺政治权利终身,赔偿徐某、费某、许丙15万元。

申报理由:执行过程中查明,许甲尚在服刑,家中确无可供执行的财产。徐某、费某、许丙家庭条件极其困难,符合司法救助的条件。

拟补助金额(元):13000

市委政法委审核意见：同意救助壹万叁仟元整。

案例 2：俞某与张某交通肇事案

申报单位：诸暨市人民法院

案情简述：2000 年 4 月 30 日晚，俞某被张某撞伤，四肢瘫痪，为三级伤残，共计赔偿 379000 元，其中医药费 221000 元，被执行人张某尚应付 220000 元。

申报理由：执行过程中查明，被执行人张某在江西确无可供执行的财产。申请执行人俞某被撞伤后，共花去医药费 20 多万元，四肢瘫痪，而且家里负债累累，生活极其困难。符合司法救助的条件。

拟补助金额（元）：20000

市委政法委审核意见：同意救助贰万元整。

案例 3：孙某等与兰兰汽车修理有限公司道路交通事故损害赔偿案

申报单位：诸暨市人民法院

案情简述：2001 年 10 月 1 日，申请执行人孙某的丈夫王某被被执行人兰兰汽车修理有限公司的车辆撞伤，共花去医疗费用 99021.42 元，后死亡。判决赔偿孙某、王甲、王乙人民币 234637.54 元。

申报理由：申请执行人孙某等家庭困难，负债累累，被执行人兰兰汽车修理有限公司无财产可供执行。符合司法救助的条件。

拟补助金额（元）：20000

市委政法委审核意见：同意救助贰万元整。

案例 4：高某与杨某故意伤害案

申报单位：诸暨市人民法院

案情简述：2006 年 9 月 26 日，高某与杨某因琐事发生争吵，杨某用方凳撞击高某后背腰部两下，致高某重伤（六级伤残），判决杨某故意伤害罪，处有期徒刑 5 年 6 个月，并赔偿高某经济损失 88916.20 元。

申报理由：执行过程中查明，杨某尚在服刑，家中确无可供执行的财产。高某六级伤残，生活极其困难，符合司法救助条件。

拟补助金额（元）：8000

市委政法委审核意见：同意救助捌仟元整。

以上几个司法救助的典型案例反映出一个共性特征:在一些造成人身伤害的刑事案件中,被害人需要得到及时的治疗,但是,由于被害人自身家庭生活困难,没有条件支付医疗费用;同时,犯罪人确无可供执行的财产。如果不进行及时的救助,被害人的权益得不到有效的保障,矛盾纠纷可能进一步激化,不利于社会的稳定。

(三)诸暨市司法救助制度的作用

随着社会政治、经济的发展,中国已经开始步入福利社会。对于普通民众来讲,安居乐业,病有所医,老有所养成为最基本的要求。司法救助制度整合了对公民诉权保障、法律援助、被害人权益保护,与低保制度、廉租房制度、医保制度在现实中构成了对公民权益的保障。

由于司法救助已经由最初的对诉讼当事人诉讼费用的缓、减、免,拓展到对诉讼过程中当事人生活困难的救济,因此,现有的司法救助已经与其他社会保障制度存在着一定程度上的衔接和交叉。首先,从保障诉权的角度看,司法救助与法律援助制度存在密切的联系,但法律援助与司法救助在提供援助的主体、援助的对象、提供援助的范围、提供援助的方式、提供费用的性质等多方面存在差异。由于司法救助与法律援助职能上的叠加,不利于统一适用,有待从体制上将这两种制度加以协调。其次,司法救助制度与低保制度之间存在重叠。司法救助包括对生活困难群众的救助,受到救助的生活困难的群众中有一部分属于低保的对象。司法救助与低保制度的对象上存在交叉。但是,现有的司法救助制度还没有与民政部门的低保制度进行衔接,可能导致资金不能充分利用。再如,刑事调解制度的提倡源于司法实践中被害人及其关系人得不到有效赔偿,但是,如果一味地信赖于加害人的赔偿,可能出现有钱者赔钱免罪减刑,无钱者定罪坐牢的不利局面。司法救助有利于及时从经济上化解犯罪行为给被害人造成的伤害,减轻被害人及其家属的报复心理,有利于双方情感上谅解,有利于刑事调解制度的健康发展。

从发展的眼光看,司法救助制度脱离了最初的设定,填补了其他社会保障制度的空缺。虽然司法救助与其他社会保障制度在实施主体、救助标准、目的和手段上存在差异,但是,他们在保障民生这一基点上是统一的。司法救助制度在不断自身完善的同时,与其他社会保障制度统筹安排,进行制度上的衔接势在必行。

第三章 “枫桥经验”与基层社会的刑事对策

第一节 基层社会对刑事政策的实践

“枫桥经验”创立、发展和成熟的进程也正是我国刑事政策理论运用于实践、指导实践的写照,“枫桥经验”是中国基层社会对刑事政策理论的具体实践,为中国特色的刑事政策理论提供了丰富的乡土资源和实证素材。“枫桥经验”中展现出的人本的、国家与社会二元的、全面系统的、宽严相济的刑事政策观,对构建社会主义和谐社会意义重大。

一、和谐社会刑事政策理论与刑事司法模式

社会和谐是中国传统文化的精髓。“和”“合”二字见于甲骨文和金文。“和”的初义是声音相应和谐;“合”的本义是上下唇的合拢。春秋时期,“和”“合”二字联用并举,构成“和合”的蕴涵。此后,先秦思想家和诸子百家对和“合”思想做了深入的思索和论述。如《易传》提出,“保合太和,乃利贞”,认为保持完满的和谐,万物就能顺利发展。孔子强调在处理人际关系时应“君子和而不同,小人同而不和”。老子提出,“万物负阴而抱阳,冲气以为和”,认为道蕴涵着阴阳两个相反方面,万物都包含着阴阳,阴阳相互作用而构成“和”。管子指出:“畜之以道,则民和,养之以德,则民合,和合故能习。”和谐不仅是一种暂时的静态的稳定协调状态,更是一种在不断追求和平、合作过程中动态的对立统一。

“和谐社会”是指社会系统中的各部分、各种要素处于一种相互协调的状态,它包括政治、经济、文化、环境等各个方面。在社会管理层面,主要是指社会管理体系能有效运行,政府的主要方针、政策、制度得到大多数社会成员的拥护和支持而得以有效运行,对社会有较强的整合力,使社会的各阶层能和谐相处、

共同发展。和谐的社会应当是犯罪率低、安全感高,人民安居乐业的社会。这一目标要求国家和社会对犯罪进行有效的预防和控制。

刑事政策有狭义、最狭义和广义之分:狭义的刑事政策是国家或社会公共团体以镇压、预防犯罪为目的,对犯罪者或具有犯罪危险者采取有效的抑制活动和强制措施。最狭义的刑事政策是国家或社会公共团体以特别预防为目的,对不同的个别犯罪者或具有犯罪危险者,采取个别的有针对性的有效的抑制活动和措施,即通常所说的犯罪对策;广义的刑事政策是国家和社会公共团体以镇压和预防犯罪为目的,不仅对犯罪者和具有犯罪危险者实施直接的镇压和预防,而且通过间接的从属的方法,如通过失业对策、教育政策等社会诸政策的实施以抑制和预防犯罪。[1] 广义的刑事政策超越了刑事法的范畴,是指针对犯罪的预防和镇压而提出的一切措施与方针。狭义的刑事政策是运用刑事法以从事防制犯罪工作的政策。而最狭义的刑事政策是指刑法的刑事政策。[2] 随着理论研究的深化,人们对于刑事政策的认识逐渐由狭义向广义拓展。我国学者认为,广义刑事政策的视角、理念应当是我们认识和考察刑事政策的出发点和方法论基础。但刑事政策关注的重点则是狭义的刑事政策所界定的国家运用刑事法惩罚、预防和控制犯罪的实践,而刑事政策的核心则始终是国家运用刑法惩罚和预防犯罪的有效性和正当性的考量、评判和改进。[3] 广义的刑事政策为狭义的刑事政策提供前提和依据,狭义的刑事政策因广义刑事政策的拓展而发展完善。在广义的刑事政策视野下,对犯罪的有组织的反应不仅包括法律规范的调整,也包括诸如行规、乡规民约等非法律规范的调整,不仅包括国家主导下的刑事司法手段,也包括社会主导下的调解手段。

在我国,刑事政策的主导者是中国共产党和“一府一委两院”,中国特有的政治体制决定了一切政治的、民事的、经济的、司法的手段都可以成为刑事政策的实现途径。在刑事政策的发祥地欧洲,“刑事政策”的本意原是刑事政治[4],刑事政策的决策者不仅要考虑刑事法律手段,也要考虑社会政策的调

---

〔1〕 参见甘雨沛、何鹏:《外国刑法学》(上),北京大学出版社1984年版,第74页。

〔2〕 参见林山田:《刑事政策之概念及其最新趋势》,载《刑事法论丛(一)》,兴丰印刷有限公司1997年版,第334~336页。转引自梁根林:《刑事政策:立场与范畴》,法律出版社2005年版,第9页。

〔3〕 参见梁根林:《刑事政策:立场与范畴》,法律出版社2005年版,第12页。

〔4〕 参见卢建平:《刑事政策与刑法》,中国人民公安大学出版社2004年版,第6页。

整。从广义上理解和界定刑事政策概念有利于刑事法内外的协调统一。

新社会防卫论者的非犯罪化、非刑罚化、刑法社会化的思想积极地推进刑事政策理论的发展。"合理地组织对犯罪的反应"作为新社会防卫运动提出的一个刑事政策口号，其要旨在于通过多学科的研究提出符合我们这个时代要求的、对打击犯罪更有效的反应方式和战略，而法治、人道和科学则被视为合理地组织对犯罪的反应的三大评价指标。[1] 法治要求维护罪刑法定主义以限制刑罚权；人道要求承认被害人有获取赔偿和补偿的权力，犯罪人有复归社会的权利，社会有使犯罪人回归社会的义务；科学要求犯罪反应彻底摆脱单纯报应、消极制裁的樊篱，推进刑罚的理性和文明。

在对惩办与宽大相结合的刑事政策和"严打"政策深入研究的基础上，宽严相济的刑事司法政策成为理论界和实务界的共识。宽严相济刑事政策的提出，目的在于实现社会的和谐。不断攀升的刑事犯罪率和严重的刑事犯罪案件不利于社会的和谐。当前刑事犯罪案件数量激增的原因是多方面的：一方面，我们把大量的具有较轻社会危害性的行为打上了犯罪的标签；另一方面，具有严重人身危险性的犯罪分子没有得到有效的改造，这些人员回到社会后，又缺乏有效的矫正和辅助，累犯、再犯突出。刑罚的适用总量与日俱增，但社会的矛盾和冲突并没有得到有效化解。有学者指出，严刑峻法显然与和谐社会的图景格格不入，长期的"严打"不利于社会和谐。因为长期严打以后，受打击的人员和受影响的人群不断增加，会沉积对政府和社会的不满；长期的严刑峻法，会不断提高受害人群和一般公众对于报应犯罪的期望值，使社会心理变得偏狭残忍；长期的严刑峻法，会使刑罚饱和，无法达到罪刑相适应，从而使犯罪人和受害人都不满意国家对犯罪的处置；过度的严刑峻法，与国际社会的刑罚现状和趋势不相适应，影响国家的国际形象。而且，涉外犯罪的处理，使国内刑法的公平适用受到严重挑战；长期的严刑峻法会使国家的决策管理者和司法工作者忽视法律的本来宗旨——定分止争，会使大家怠于治理犯罪的根本方略——综合治理。[2] 宽严相济是唯物辩证法在刑事政策领域内的体现。宽严相济强调宽与严的协调配合，既可以减少刑罚的打击面，又可以高效地运用有限的司法资源

〔1〕 参见梁根林：《刑事政策：立场与范畴》，法律出版社2005年版，第3页。

〔2〕 参见贾宇：《从"严打"到"宽严相济"》，载《国家检察官学院学报》2008年第2期。

和社会资源,是当前我国应对犯罪问题的必然选择。

刑事司法作为上层建筑的有机组成部分,与国家和社会的结构保持着紧密的关系。不同的国家与社会可能选择不同的刑事政策模式。法国学者戴尔玛斯根据国家与社会对越轨行为和犯罪行为的反应机制,将刑事政策的模式分为两大类五种:第一类为国家模式,其中包括自由社会国家的混合模式、完全纯粹的国家模式(专制国家模式)和收缩的国家模式(极权国家模式);第二类为社会性的模式,包括完全模式(自主社会模式)和收缩模式(自由社会模式)。[1] 在上述模式中,由于专制国家模式强调国家有垄断刑罚权,过于强调秩序而容易造成对自由的侵害;极权国家模式采取消灭的战略,不仅武断而且不现实;两种社会模式排斥一切国家反应,依赖社会对犯罪的反应,是对现代刑事司法的颠覆,与社会现实不符。所以最为可取的当属自由社会国家模式。在这一模式中,刑事政策努力突破传统的刑法领域(刑事责任、刑罚、刑事司法等)——但并不是抛弃刑法,在刑法领域以外寻求更广泛有效的法律(民事的、行政的或其他)补救办法,建立一个既综合又分散的预防犯罪、治理犯罪的刑事政策体系,并努力把刑事政策提高到社会政策的高度加以贯彻执行。[2] 社会治理和犯罪控制逐渐演化成一个具有复杂的层次和结构的社会治理和控制体系。其中,既有国家代表整个社会对犯罪做出的正式反应,也有市民社会组织对犯罪做出的非正式的反应。[3] 自由社会国家的混合模式本质上是国家主导下的双本位的刑事政策模式,刑事制裁与行政制裁、民事制裁与调解,多种网络紧密联系同时发挥作用,而与传统理性(一维的和线性的)决裂。从世界刑法史和欧、美、日本等发达国家的刑事政策发展来看,用转变刑罚目的来达到控制犯罪的目的,是一条死路。控制犯罪的正确办法就是要扭转犯罪控制目标,转变控制模式。迄今为止犯罪控制的模式基本上是国家本位,犯罪控制的主体是国家,即国家机关,尤其是司法机关。控制的手段就是国家司法权的运行、行使。随着市场经济的发展,必然转向国家和社会联手控制犯罪,这就需要以国家为本位控制犯

〔1〕 参见[法]米海依尔·戴尔玛斯-马蒂:《刑事政策的主要体系》,卢建平译,法律出版社2000年版,第108页。

〔2〕 参见卢建平:《社会防卫思想》,载《刑法论丛》(第1卷),法律出版社1998年版。

〔3〕 参见梁根林:《刑事政策:立场与范畴》,法律出版社2005年版,第2页。

罪的模式向“国家·社会”双本位的控制犯罪的模式转变。[1]

“国家·社会”双本位刑事政策同样是我国刑事政策的必然选择。通过数十年的社会发展，中国市民社会得到了前所未有的培养和壮大，这使我国刑事政策的转型成为可能。同时，社会发展带来前所未有的新情况、新问题。国家在建设法治社会的进程中，承载了过重的犯罪预防和犯罪控制的压力，不仅要强调社会秩序的稳定，也要保障个人自由、实现社会公正。在社会资源和分配发生巨大变化的情况下，依然保守国家本位的刑事政策观，一方面，不利于个人和社会能动性的发挥和自由的实现，另一方面，阻塞了国家与社会在犯罪应对问题上的交流和协同。

刑事政策作为对犯罪的有组织、有目的的反应方式，应当符合现代市民社会自治的理念，而涵盖市民社会对犯罪的有组织反应。市民社会对犯罪的有组织的反应是社会自治的具体体现，也是市民社会的刑事政策的重要特点。[2] 市民社会的自治性要求国家对于公民个人的意志自决抱有尊重的态度，对于公民个人利益的实现进行充分的保障和实现。同时，合理地调动社会资源，形成更为协调严密的犯罪应对网络。当市民社会融入犯罪应对体系，国家刑罚权便相应地收缩，对市民社会涉足传统公权力调整范围的行为持容忍的态度。国家应合理地调控市民社会的力量，保障国家与社会双本位体系的协调和平衡，共同致力于解决和应对犯罪问题。

社会自治对政治统治的渗透在不同的国家以不同的方式展开。有的表现为社会自治反应对国家正式反应的替代，苏联、东欧国家“同志审判会”或“企业法庭”对轻微的犯罪案件的审判，美国 20 世纪 60 年代后许多地方出现的以诸如“居民纠纷调解中心”、“邻里审判中心”、“社区调解中心”、“社区委员会计划”和“城区法庭工程”等形式实现的对刑事案件的非刑事化处理即“转处”，都是社会自治反应对国家正式反应的替代。[3] 在我国，“枫桥经验”充分体现了国家与社会二元的刑事政策模式。国家与社会力量的协调配合有一个重要的

---

〔1〕 参见储槐植：《刑事一体化与关系刑法论》，北京大学出版社 1997 年版，第 89 ~ 90 页、第 465 ~ 466 页。

〔2〕 参见梁根林：《解读刑事政策》，载陈兴良主编：《刑事法评论》（第 11 卷），中国政法大学出版社 2002 年版，第 23 页。

〔3〕 同上书，第 24 页。

前提,那就是要有成熟、强大的市民社会。在这样的前提下,犯罪应对的功能和措施才可能实现由国家主导向国家与社会二元的模式转变,科学的政府决策与完备的基层社会组织共同维护着社会的安定团结。

二、和谐社会刑事政策在枫桥的实践

(一)依靠谁?为了谁?

"枫桥经验"所体现出来的以人为中心的思想强调一切为了群众,一切依靠群众。"枫桥经验"注重人这一主体性的因素,将各个层面的人员进行统筹地考虑,尽可能消除一切不稳定因素,积极主动地预防违法犯罪。"党委统一领导,各部门齐抓共管,依靠群众,实行群防群治"是"枫桥经验"对党的群众路线的创造和发扬,也是其经久不衰的重要法宝。

1993年,"枫桥经验"三十周年纪念活动中,其基本内容被归纳为"五个依靠":依靠群众就地消化矛盾纠纷;依靠群众就地挽救违法人员;依靠群众加强公共场所治安管理;依靠群众加强内部案件防范工作;依靠群众协助公安机关侦破刑事案件。这"五个依靠"已成为融"打、防、管、建、教、改"于一体的综合治理的系统工程。经过多年来的培养和锻炼,枫桥人具备了高度的政治觉悟和良好的知识修养,人人学法律,人人懂政策。这样良好的群众基础,使得各项综治工作能够做到有制度、有责任、有落实。

对于大量的外来务工人员,"枫桥经验"的做法是"严格管理,真情感化"。一方面,派出所加强日常性登记、发证管理。有外来人员的村和企业也建立暂住人口管理组织,加强对他们的教育。另一方面,尽力帮助外来人员解决实际困难,对外来人员实行"情感式"管理。逢年过节,用车接送外地人回家,使来枫桥打工的人没有距离感。在外来打工人员较多的村,村里专门划出一定数量的农田让他们耕种,让适龄外地子女到村小学读书,腾出空房让外地人住宿,送衣送物,嘘寒问暖,使外地人深受感动。步森、海魄等企业本着"既要出产品,又要出人品"的原则,不仅让外来人员学技术,而且要他们学文化、学法律。这些做法对于有效预防外来人员违法犯罪起到了至关重要的作用。

枫桥把帮教工作做到了狱内,体现了博大的人文精神,取得了良好的效果。对归正人员,当地政府积极想办法,给予安置,解决生产、生活的实际难题,使其安居乐业，防止其受消极因素的影响而再次犯罪。对失足青年实行帮教是“枫桥经验”的老传统，多年来，“枫桥经验”强调对他们“不推一把拉一把，不帮一时帮一世”的口号，真诚挽救，真情感化，经过帮教，他们中的不少人还入了团，入了党，成了家，致了富，成为经济发展的有用之才。

对于被害人，运用刑事调解制度，保障其获得经济赔偿。在法律规定的范围内，最大限度地满足他们的个人意愿，保护被害人的合法权益。诸暨市制定了《诸暨市司法救助基金管理使用办法》，规范司法救助制度，扩大救助的对象，救助生活困难的当事人。

为经查失实的被举报人进行“正名”，即对被多次控告、举报、多头控告、越级控告、集体控告，并造成较大社会影响的，或被有关职能部门做必要的调查摸底，造成较大社会影响的，或因其他原因造成被告人较大社会影响的，或因错告影响被控告人工作、生活或被控告人自己要求正名的被举报人，经过初查或立案侦查，查明举报失实，被举报人没有违法犯罪行为，确属受到错告、诬告的，依照当事人的意愿，在一定范围内说明情况，消除调查给当事人造成的不良影响。正名制度为被错告者洗刷冤情，恢复名誉、消除影响，从而捍卫了司法公正，维护了公平正义，实现办案的法律效果和社会效果相统一，有效维护了社会稳定，促进了经济、社会和谐发展。

如果说刑法理论以行为为核心去解决犯罪和刑罚问题，那么和谐社会的刑事政策，则处处体现出对人本身的关切。近代西方社会面临累犯、青少年犯罪的激增，刑事政策由关注政策本身的法定化、条文化转向“刑法的刑事政策化”。犯罪人再也不是以犯罪行为为核心的犯罪理论的附属品，而是犯罪行为的实行者，亦是刑罚的受体。只有改造人、改造形成犯罪人的社会因素，才是预防犯罪的治本之策。围绕犯罪成因的研究，以刑法为中心的刑事政策理论研究拓展到了整个社会政策领域。刑事政策理论已经不再将犯罪人看作干巴巴的标本，而是社会有机整体一部分的活生生的个体。这一转变导致国家和社会寻求犯罪人之外的预防救治措施，大大地缓解了犯罪人和国家社会的紧张关系，改良了犯罪人的生存状态。刑事政策理论对个人价值的关注也导致了刑法理论的发展和完善。犯罪人身危险性理论、个别化思想得到贯彻，刑罚目的论由报应刑论向教育刑论转化，保安处分理论得到了普遍的接受。现代刑事政策理论在关注违法犯罪行为人和社会防卫的同时,也没有忽视被害人的权益。被害人的意见、被害人权益的恢复和保障得到了充分的重视,恢复性正义理论和刑事调解制度成为全球性的社会运动。

"枫桥经验"以最朴实的方法体现了人权保障理论、教育刑思想、刑罚个别化和恢复性正义等和谐因素。人文关怀使政府明确了手段和目的,也使人民群众具备了参与社会管理的能力和热情。

(二)发挥预防、调解、审判、矫正的整体作用

1. 犯罪预防

枫桥强调变消极预防、事后预防为积极预防、事前预防。他们深入分析发案规律,对重点行业、重点工程、重点环节提出预防措施。一是把握重点行业,抓实系统预防。诸暨市检察院已与水电局、国土局、建设局、税务局、开发委等10个行业系统建立预防职务犯罪指导协调小组,把检察机关特有的预防形式延伸到整个行业、系统,采用法律、行政、教育等各种预防手段和措施。二是关注热点实施专项预防。针对近年来全市重点建设工程较多,而建设领域职务犯罪大要案和串窝案易发的实际,在市委、市政府的重视支持下,选择具有一定投资规模、较大社会影响以及关系市计民生的重点工程建设或投资项目,先后在银证大厦、诸永高速公路、东江公园、石壁水库二期工程等重点建设项目中开展预防。

枫桥强调青少年犯罪的积极预防,对父母离异、双亲去世、家庭贫困、身体残疾等容易走上歧途的部分青少年,进行专项帮扶,避免违法犯罪行为的发生。

2. 调解纠纷

对于已经发生的矛盾纠纷,枫桥强调优先调解的重要性。人民调解组织处于化解矛盾纠纷的"第一道防线",调处纠纷时,人熟、地熟、情况熟,省时、省钱又省力,其化解矛盾纠纷的优势十分明显,因此,切实加固"第一道防线",作为创新发展"枫桥经验"的一项重要内容,进行了积极的探索和实践。枫桥的治调工作有一套灵活的方法:一是坚持不同矛盾、不同的人采取不同的调处方法。对家庭纠纷深入到户内面对面地做思想工作,做调解工作,做到家庭纠纷不出门;对邻居纠纷通过亲戚协助,背靠背做思想工作;对涉及外乡、村或单位的纠纷,实行横向调解或联合调解;疑难纠纷采取镇、村领导参加的纵向调解方法。

山林纠纷到现场调处，对违法青少年以教育为主，老人则多劝解疏导，小纠纷个别调解，大纠纷集体调解。二是坚持“三个一样”，外地人与本地人一个样，干部、干部家属与群众一个样，法人与公民一个样。对违反乡规民约和有轻微违法行为的人，予以秉公处理。三是坚持“四要四不准”，即要以理服人，不准以权势压人，要耐心疏导，不准强迫粗暴，要调查研究，不准主观臆断，要廉洁奉公，不准营私舞弊。四是坚持“三勤一不怕”，即脚勤手勤嘴勤，不怕得罪人。

在调处纠纷中做到“三个统一”，即治调干部在纠纷调处前思想认识统一，法律、政策依据统一，调处方案统一；坚持“六个心”，即倾听当事人陈述专心，调查分析细心，思想工作耐心，调处纠纷诚心，处理结论公心，遇到反复有恒心。

调解干部根据“以防为主，防调结合”的方针，积极发挥疏导、协调作用，运用灵活的调处方法，做到以理服人，以法服人，秉公办事，取信于民。

“枫桥经验”正确地处理了司法机关与人民调解的关系，探索出了人民法院全方位指导人民调解组织的“四环指导”法，支持人民调解组织发挥解决矛盾纠纷的职能，实现人民法院与人民调解组织在处理矛盾纠纷中的良性互动和有效衔接。枫桥法庭确立了“四环指导”法。诸暨市人民法院运用“四环指导”法建立了《法律指导员工作制度》，在民庭和人民法庭专门确定33名审判人员为法律指导员，分片联系指导全市乡镇、街道及其辖区的村居民委员会、企事业单位及专业市场的人民调解组织，使全市各调委会与法院之间建起稳定、畅通的联络渠道。法律指导员通过开展业务知识培训典型案例宣讲、接受法律咨询、分析疑难案例、提供调解方案帮助建章立制等，使人民调解组织建立健全防范疏导矛盾纠纷的机制，提高基层调解人员调处矛盾纠纷的业务技能。和司法局一起对调解骨干进行封闭式培训，各法律指导员还单独或集体培训调解员；建立“纠纷告诉引导制度”。在5个法庭及本院立案庭确定6名引导员，对来院咨询的矛盾纠纷当事人进行妥善、及时的引导，向其提示人民调解的优点。如当事人愿意由调解委员会调处的，则开具《人民调解委员会联系跟踪单》，由其持单向调委会联系解决。调委会在调解过程中，由相关指导员进行跟踪指导，促使尽快解决；建立“特邀陪审、旁听制度”。实现法院诉讼与人民调解的有机衔接，力争把矛盾纠纷解决得更“巧”。在处理典型的纠纷案件时，邀请相关人民调解员参加旁听，通过审判人员在庭审中的说理讲法，特别是对调解协议有效无效的认定和存在问题的分析，提高调解人员的法律业务水平和调解技巧。聘请政治素质较高、具有一定法律知识、熟悉社情民意的人民调解员为人民陪审员，参加相关案件的审理和调解，通过开展多层次、多角度调解，提高案件调解率和服判息诉率，取得办案的最佳效果；建立“人民调解委员会协议结果反馈制度”，对人民调解组织进行具体的案件指导，扩大办案的社会效果。对典型的有指导意义的案件，在审理结束后由审判人员将有关案情和法律规定与经验教训整理成书面材料，反馈到辖区各调委会。据统计，全市乡镇、街道人民调解委员会调处成功率始终保持在95%以上，很少有纠纷因一方对协议反悔而再起诉至法院的。较多的纠纷化解在了人民调解这一环节，实现了将矛盾纠纷消除在萌芽状态、化解在基层的目的。

在推行“四环指导”法的同时，诸暨市人民法院在实践中总结出了在“诉前、庭前、判前”进行调解的“三前调解法”，即对已产生的纠纷，通过加强与人民调解组织的联系，合力把纠纷调解在成讼前；对已起诉的纠纷，通过实施径行调解制度和法官助理调解制，尽力把纠纷调解在开庭前；对已开庭审理的案件，通过庭审举证质证，辨明是非，努力把纠纷调解在宣判前，充分发挥调解优势，及早解决纠纷。

3. 社区矫正

枫桥镇首创“帮教”制度，为社区矫正制度打下了良好的基础。早在1983年，当时枫桥区的59名帮教对象，经过一年多时间的努力，已改好和基本稳定的50名，占总数的84.7%。他们对违法青少年，建立学校、家庭、社会三结合的帮教网络，促使失足青少年的好转、控制青少年犯罪的发生。在这个帮教网络中，学校方主要由校领导、班主任和品学兼优的学生共同组成，家庭主要由帮教对象的父母或监护人负责，社会方面主要是由街道、居委会干部、社区内的党员干部等承担帮教责任。此外，还可通过厂(军、警)校挂钩等形式，对失足青少年既做耐心细致的思想政治教育、法治教育工作，又帮助解决工作、生活和学习等实际困难。

在社区矫正试点工作中，综治工作人员定期组织矫正对象学习、劳动，完善走访谈心、例会培训等制度，推行公安、司法、片区管理处、村治调组织相关人员和社会志愿人员组成的“5+1”监管模式，并注重在实践中不断探索新方法、新措施，为社区矫正的全面推开积累有益经验。

在矫正方面，"枫桥经验"立足挽救，加强教育；循循善诱，晓以法制；满腔热情，促其转化；各方配合，共同努力。"枫桥经验"强调矫正工作着重做好交、谈、找、矫"四部曲"。

枫桥努力营造矫正环境方面：一是依法操作，规范办事程序，社区矫正组织严格按照有关规定，帮助矫正对象就地改造。二是提供好的改造条件，建立各种劳动基地和学习场所，为矫正对象提供法律帮助咨询等各方面的服务。三是创造一个好的周边环境。

对于归正人员，全面实行"三帮三延伸"安帮工作机制，建立重点对象建档等工作制度，在农村、社区、企业等建立各类安置就业基地，通过"亲情帮教可视电话"、"牵手行动"等载体大力开展帮教工作，努力实现帮教社会化、就业市场化、工作规范化、管理信息化。2004 年以来，217 名归正人员中绝大多数已成为自食其力的劳动者，有 17% 的归正人员过上了小康生活，重新犯罪的只有 4 人，占总数的 1. 84%。

枫桥的社区矫正工作取得了良好的社会成效。如 Z 村的帮教对象陈某，1988 年春节前劳改释放回村，由于腿有残疾，生活困难，思想比较消沉，村里就先与他所在的生产队联系，补助了 60 元钱、200 斤粮食和一些生活必需品，把他安置下来，又积极与镇城建部门联系，找到了一份清洁工作，并安排他去兼管村里的山林，每月有了 90 元的固定收入，为防止他花钱没有节制，每月为他保管一部分工资，帮助他有计划地花钱。村里认真细致的帮教工作，使陈某有了较大改变，因在单位表现较好，他还被评为先进工作者。

预防、调解、审判、矫正形成前后协调、环环相扣的体系。每一环节为其他方面提供条件和基础，相辅相成，共同构建起犯罪应对的系统。全面系统的刑事政策恰当地处理了国家与社会间的平衡，调动全社会的力量参与刑事司法事务；同时，又坚持政府和司法机关对民间组织和力量的指导和监督，实现了刑事司法内外的协调。由于做到了预防、调解、审判、矫正工作的全面开展，每一环节都为其他方面提供了良好的基础，才使得诸暨市各级政府、司法机关和社会组织游刃有余，对于刑事犯罪的打击该宽则宽，而不依赖重刑的威慑；该重则重，集中优势资源打击严重的刑事犯罪。

（三）宽严相济刑事政策的体现

在刑事司法实践中，诸暨市积极探索对轻伤害案件进行调解结案、对未成年人犯罪案件采取不起诉或建议适用轻缓刑罚。如2003年至2005年7月，诸暨市人民法院共受理故意伤害（轻伤）案件450件498人，占所有故意伤害案件的82.7%，是全部刑事案件的18.1%。他们发现这些轻伤犯罪案件有以下几个特点：(1)多为激情犯罪，具有偶发性，犯罪嫌疑人一般没有预谋，特别是年轻人遇事不冷静，喜争强好胜，往往因一时冲动导致伤害后果。据统计，其中有43.2%的犯罪嫌疑人年龄在30岁以下。(2)轻伤犯罪案件的犯罪嫌疑人一般主观恶性较小，案件中多数被害人有过错，有的是被害人动手在先，有的甚至是被害人故意挑衅。(3)有相当一部分轻伤犯罪案件起因于邻里纠纷或者家庭矛盾，犯罪嫌疑人不具有流动性和流窜性，社会危害性相对较小。这类案件的犯罪嫌疑人并没有太大的主观恶性，常常是出于一时的冲动而为之，事后自己已后悔不及，在处理这类案件时，仅仅以追诉犯罪为主要目的，不分具体情况以“一刀切”的方式提起公诉，虽然没有违背法律规定，但在事实上会造成明显的社会问题，对这些人定罪判刑，即使是缓刑，对于其一生的影响都是无可估量的，在我国就有很多职业（如公务员、律师、注册会计师等）有类似的资格限制。让这些犯罪嫌疑人仅仅因为一时冲动的行为，就承担如此严重的恶果，无疑会摧毁其重新规范行为、更新自己生活的希望。其他人也不免对刑法的设立和刑罚的运作程序和方式产生疑问，对法律产生畏惧和失望，从而造成“摧残精神”、“毁灭希望”的消极效应，即所谓的刑法的负价值。这种负价值绝非社会所追求的，对社会共同利益的选择而言也是一个不可估量的硬伤害。司法实践中，对轻伤案件以调解方式结案，既增加了被害人的主动权，尊重了被害人的意愿，也兼顾了犯罪嫌疑人的利益，充分体现了刑法对人权的保护，有效地避免了刑法的负价值，充分体现刑法的宽容性和人道性。

枫桥强调刑事案件调解的多样性，在刑事诉讼的不同阶段，由不同主体对刑事案件进行调解。例如，他们发现在立案后一段时间，尤其是案件移送到检察机关后，经过几个月的冷静，双方的矛盾已渐渐平缓，被害人或许已在反思自己的过错之处，而加害人也主动找到被害人，赔礼道歉并表示愿意赔偿损失，此时双方往往能一拍即合，达成调解协议，被害人也因此会要求司法机关不追究刑事责任。也有一些轻伤案件，双方均有调解意愿，但常常因为面子问题却僵持不下，这时由司法机关出面，作为中间人主持调解，使这类案件得到及时、妥善的处置，既有利于社会稳定，也有利于犯罪嫌疑人改过自新，对于缓和社会矛盾，解决社会问题具有积极意义。

诸暨市人民法院还创造性地将刑事调解应用到重伤害案件中，并与缓刑制度相结合。他们认为以下重伤案件可适用缓刑：(1)属偶发、突发的案件；(2)因民间纠纷引发的案件；(3)被告人有自首、立功或其他法定从轻、减轻处罚情节的案件。同时还规定必须满足以下三个条件：(1)民事部分双方当事人已和解或在法院主持下调解解决，赔偿款原则上要求履行完毕，且得到被害人谅解的；(2)被告人犯罪情节一般，主观恶性不深的；(3)如宣告缓刑，应有监管条件的。通过限定适用条件，一方面克服了对重伤案件被告人适用缓刑的随意性，使办案更加规范并富有理性，另一方面也充分体现了"宽严相济"的刑事政策，切实做到不枉不纵，同时也减轻国家、社会的负担和避免资源浪费。2001～2002年，诸暨市人民法院共办结重伤案件71件83人，其中36件43人符合条件的判处缓刑，分别占总数的50.7%和51.8%。

对未成年人犯罪案件，在法定范围内适用了更为轻缓的处理方式，尤其是对在校学生，多采用相对不起诉结案。在办理未成年人犯罪案件时，坚持"寓教于审，惩教结合"，采取了"圆桌审判"的新方法，审判人员与未成年被告人及其辩护人、家属一起坐下来，开展启发性、教育式的审判活动，既依法惩治了犯罪，同时也为未成年被告人上了一堂生动的法治课。法院还会同有关部门，每年都到省少管所对诸暨籍少年犯进行回访考察，实行一对一的结对帮教，以感化、挽救失足者，预防和减少重新犯罪的发生。

诸暨市大胆进行缓刑适用的探索，并对既判缓刑犯进行回访考察。无论是自诉还是公诉，诸暨市人民法院均在教育被告人认罪的基础上，对附带民事部分先进行调解，营造良好的氛围。对认罪态度差和犯罪主观恶意强、情节恶劣的，依法判处实刑；同时，对认罪态度好，不会再危害社会的，依法大胆适用缓刑。如从2000年至2003年6月共办结伤害案件1076件，涉案1227人，其中适用缓刑647人，占52.7%。诸暨市人民法院每年都派人对所判的缓刑犯进行实地考察，听取当地干部群众意见，了解本人思想状况，有针对性进行法治教育。

特别是对少年犯和家庭困难的缓刑犯给予物质上和精神上的帮助,促使他们悔过自新。

在判决缓刑的同时,强调缓刑的实际执行效果,具体实施了“四个一”工程,即:“一帮一”专职帮教责任制,确定一名审判人员对一名重伤缓刑犯进行结对帮教;对重伤案件的缓刑犯每年进行一次回访;由缓刑犯签订一份保证书,明确其在考验期限内需要遵守的事项;缓刑犯家属与之签订一份管教责任书,基层组织与之签订一份帮教责任书。通过考察帮教,不仅对缓刑犯基本情况有一个动态掌握,而且使案件双方当事人的关系归于和好,有利于缓刑犯的切实改造,也为司法机关的实践提供了经验。

实践证明,诸暨市人民法院的缓刑适用比例高,效果好。首先,由于对缓刑犯不进行关押,避免了缓刑犯与其他犯罪分子的“交叉感染”。其次,通过法院、公安以及其他基层组织的共同努力,建立了一张立体式的缓刑考察网,使得缓刑犯时时处于有效监管之中,学法、守法意识明显提高。

(四)民间力量的作用

枫桥强调社会基层力量在社会治安综合治理中的重要地位,强调社会治安综合治理工作向横向和纵向的延伸,即网络向基层延伸、职责向创建延伸、功能向部门延伸、力量向社会延伸。

所谓“网络向基层延伸”,是指在完善乡镇、街道综治工作中心的基础上,进一步把创建网络延伸到管理处、社区。在管理处建立综治工作分中心,内设警务室、司法工作室和综合调解室,分中心主任由管理处主任担任;村、社区居委会建立综治工作站,整合原有的治保会、调解会、流动人口管理服务站等力量,由党支部书记任组长,治保会、调解会主任为成员;50 人以上或产值 100 万元以上企业建立综治工作组,由企业党组织负责人任组长,切实加强企业综治工作。

所谓“职责向创建延伸”,是指分别制定乡镇、街道综治工作中心、管理处综治工作分中心、社区综治工作站和平安创建成员单位的工作职责。综治工作中心和分中心的职责是:指导协调、督促检查、排查化解、管理防范;社区综治工作站的职责是:掌握社情民意、落实治安防范、开展宣传教育、化解矛盾纠纷;平安创建成员单位的职责是:分线实施、分类指导、协调配合、齐抓共管,使平安创建职责明了、责任明确、任务明白。

所谓“功能向部门延伸”，是指把基层平安创建纳入创新发展“枫桥经验”的评分范畴，各成员单位齐抓共管，乡镇街道内设机构各尽其责，市级机关驻镇站（所）由主管部门明确创建职能，主动参与基层平安创建。其主要任务是：分线实施、分类指导、协调配合、齐抓共管，各成员单位会议联席、工作联动、警务联勤、纠纷联调、平安联创。

所谓“力量向社会延伸”，是指综治工作中心按一、二、三类乡镇（街道）配备6至12名工作人员，分中心配备3至6名工作人员。同时，以6支队伍为骨干延伸到全社会，即集镇有专业巡防队、社区有平安志愿者、村有护村队、单位有保安队、街面有“电子警察”、入城口治安岗亭有协警把守，实行专业巡防队全天候巡防，平安志愿者夜间巡防，党员干部带头巡防，实现了政府主导与群众主体的有效结合，切实做到“守土有责、守土有方、守土有效”。

枫桥强调社会力量的培养和壮大。通过村民代表大会，制定“上合国家大法，下合社情民意”的村规民约，充分发挥群众智慧，让群众实行自我教育、自我管理。在矛盾纠纷的预测、调处的过程中，民间组织起到了重要作用。村治保会、人民调解委员会由具有丰富工作经验的村民担任，具有较高的威信和处理民间纠纷的能力，一般的纠纷都能够得到及时、有效、公正的解决。

对于农民群众，着力于文化水平和治安意识的提高，抓好农村文化设施建设，舍得在“硬件”上搞投入，力争“多一个球场，少一个赌场”；许多村都建有阅览室、活动室，有的还专为老年人建了门球场，为村民开展健康的文体活动提供了便利，充实了村民的闲暇生活。众多的民营企业吸纳了大量青年农民，党委、政府积极引导企业搞职工文化设施建设，许多企业办起了阅览室、图书馆等，营造了浓厚的企业文化教育氛围。群众的教育引导工作的成功，为进一步做好易感人群的犯罪预防工作打下了坚实的基础。

枫桥镇利用乡镇党校和成人教育中心这些阵地，利用广播、黑板报广泛宣传法律知识，开展“创三户”（双文明户、五好家庭户和爱国守法户）活动和以“平安村”、“平安社区”、“平安企业”、“平安校园”、“平安医院”、“平安市场”、“平安矿山”和“平安路段”为主要形式的“八创建”活动，使遵纪守法光荣、违法犯罪可耻、维护治安有功成为群众的共识，自我管理、自我约束能力大为增强，精神文明建设得到强化，人的素质得到提高。

三、和谐社会刑事政策的作用与意义

“枫桥经验”体现了以人为本的、国家与社会二元的、全面系统的、宽严相济的刑事政策。以人为本才能从群众中来，到群众中去，一切为了群众，一切依靠群众，鼓励和支持群众为了自身的利益参与社会治安和犯罪预防。这一目标要求社会承担起犯罪应对的半壁江山，形成社会与国家协同的二元格局；国家与社会的二元格局充分调动了整体的社会资源和司法资源去完成单纯依赖政府和司法机关所不能完成的预防、调解、审判、矫正这一系统工程。也正是由于有充分的、强有力的民间力量承担起了矛盾纠纷的预防、调解、违法犯罪人员和归正人员的矫正等工作，政府和司法机关才可能集中力量于严重刑事犯罪的审判，真正实现宽严相济的刑事政策。

“枫桥经验”是中国特色的基层刑事政策理论的具体实践，具有先进性和普适性。诸暨首创了“帮教”这一中国特色的恢复性司法模式，对交通肇事案件、轻伤害案件、重伤害案件进行了刑事调解，为司法实践提供大量的经验和实证基础。在全国各地大力提倡恢复性司法和刑事调解的大背景下，诸暨具有推行恢复性司法和刑事调解的良好社会资源，可在已经进行的较为成功的社区矫正的基础上，进一步将社区矫正对象进行分类，根据不同的类别，运用心理学、社会学、教育学的理论，更有针对性地进行行为矫正和心理矫正，提升社区矫正的实效和行刑社会化的水平。

“枫桥经验”是诸暨人民集体智慧的结晶，随着时代的发展在不断升华和充实，不断焕发出更强大的生命力和鲜明的色彩。“枫桥经验”的实践让我们进一步理解了德国刑法学家李斯特的那句名言——“最好的社会政策，也就是最好的刑事政策”的深刻内涵。枫桥的调解组织大量地化解着社会矛盾，践行刑事调解；严密扎实的社会防控体系使政府大大节约了用于犯罪预防的财政开支。由于社会分担了犯罪预防、惩治和矫正的成本，所以，过去依靠政府的财政投入不可能完成的犯罪应对系统工程得到了全面的落实，并取得了显著的成效。

第二节 犯罪预防与矫正

一、作为犯罪控制模式的“枫桥经验”

社会剧变时期往往是犯罪高发期，尤其是处在工业化、城市化进程中的国家或地区，犯罪激增是一种普遍现象。转型时期的中国社会，同样面临着刑事犯罪的严峻挑战。20世纪70年代末80年代初，中国开始由计划经济走向市场经济，由封闭社会走向开放社会。这场大变革带来空前的经济繁荣，但相伴而来的前所未有的犯罪高峰也困扰着中国社会。如何在保持经济快速发展的同时，有效预防和控制犯罪，是我们在构建和谐社会进程中要解决的重点问题。

在现代社会中，犯罪控制模式不仅仅体现在能够有效降低犯罪率上，而且应当符合某些基本的价值需求，如人道、公正、民主、效益等。

作为一种犯罪控制模式的“枫桥经验”，经过数十年的实践和发展，在防控犯罪方面成效显著；同时，不断发展中的“枫桥经验”也契合现代法治的多元价值追求，顺应刑事司法发展的国际趋向。此外，由于植根于中国乡土社会，吸收了中华传统文化的丰富养分，“枫桥经验”也具有鲜明的本土特色。

（一）重在预防，讲求效益的犯罪控制模式

效益是现代法治的基本价值目标之一，当今各国在犯罪控制实践中越来越重视对效益的追求。效益的基本含义是：从一个给定的投入量中获得最大的产出，即以最少的资源消耗获取最大的有用效果。在犯罪控制领域，对效益的追求意味着以较小的社会成本实现对犯罪的有效遏制。

单靠刑罚惩治并不能有效地解决犯罪问题。犯罪作为一种极其复杂的社会现象，是多种因素综合作用的产物，必须寻求综合性的解决方案。作为犯罪的主要抗制力量之一，刑罚的存在是不可缺少的，但是，刑罚的功能又是十分有限的，它只是社会对付犯罪的手段之一，而非全部；另外，刑罚本身有很高的运

行成本,刑罚的适用会带来诸多副作用[1],过量的刑罚投入会在某种程度上窒息社会的活力,阻碍社会的进步。因此,必须设计理性的犯罪控制模式,合理地组织社会对犯罪的反应。

理性的犯罪控制模式要义如下:(1)刑法调控范围要适度化,如果通过刑罚之外的其他社会控制手段能有效解决的社会冲突,刑法应尽可能不予介入,刑罚应作为犯罪控制的最后手段,不到不得已时不宜启用。(2)预防胜于惩治,严打不如严管。对犯罪的事后追惩并不能彻底弥补其已然造成的损失,通过事前防范避免犯罪发生才是控制犯罪的最佳选择。为此,应加强对犯罪的社会控制,“控制犯罪的最优方案就是控制社会”。所谓控制社会,就是“把社会生产和生活组织到尽可能高的有序状态”,“有序社会就是社会矛盾较少和社会矛盾较易解决的社会”。[2]

现代行为法学理论也为犯罪预防的重要性提供了理论支持。根据行为法学理论,对违法行为的控制应遵循“及时发现、正确处理、努力矫正”的原则。违法行为大都会经历由轻微到严重的渐进过程,随着这一过程的发展,对违法行为的控制成本、控制难度不断增大。所以,及时发现是有效控制违法行为的前提,也是保证控制效果的重要条件。另外,在对违法行为的处理中,应充分考虑行为本身的差异和行为人的个体差异,针对不同性质、不同危害程度的违法行为,适用不同的处理措施,方可取得最佳的控制效果。“枫桥经验”作为一种犯罪控制模式,强调对矛盾纠纷的及时发现、提前介入、早期治理,在萌芽之际就实施有针对性的教育矫正措施,避免矛盾的激化及违法行为的升级。

20 世纪 90 年代以来,我国的犯罪控制策略逐步趋向理性和成熟,开始由“严打”转向综合治理。“枫桥经验”作为立足预防、重在治本的犯罪控制模式,有助于快速整合各种社会力量,促使民众以合理合法的方式解决矛盾纠纷。它致力于“抓早、抓小、抓苗头、抓源头”,尽最大可能在矛盾激化前将其化解,从而起到预防违法犯罪的作用。这种重在预防、强调标本兼治的犯罪控制模式,既

---

〔1〕 例如,近代以来在各国刑罚体系中适用面最广的监禁刑,不仅同其他刑种一样,会加剧罪犯同社会的对立情绪,而且存在削弱罪犯社会适应能力、引发狱内“交叉感染”、影响罪犯家庭的正常生活,以及耗费巨额国家经费等负面作用。

〔2〕 储槐植:《刑事一体化论要》,北京大学出版社 2007 年版,第 281 页。

确保了社会稳定，又促进了枫桥经济的快速发展。"枫桥经验"在很多方面丰富了社会治安综合治理的理论与实践。

（二）以人为本，追求人的幸福与发展的犯罪控制模式

我们所处的时代是一个日益人性化的时代，人性化正在向当今社会的各个领域渗透。而"枫桥经验"就是一种人性化的犯罪控制模式，具有深厚的人文底蕴。

马克思主义在一定意义上可归结为一门"人学"。肯定人的主体性，提倡人的全面、自由、充分的发展，这是马克思主义人学思想的精髓。由此出发，犯罪控制的终极目标并不是控制犯罪本身，而在于通过控制犯罪，促进社会健康、有序、和谐地发展，促进最大多数人的最大的幸福。"枫桥经验"始终把人放在第一位，"枫桥经验"的诞生就源于对人的命运的关怀。在20世纪60年代那样一个以阶级斗争为纲的特殊时期，枫桥人就以非凡的勇气和宽广的胸怀，把"四类分子"当人看待，没有采取当时普遍实行的无情镇压、严酷打击的做法，而是创造性地运用说理方式对其教育改造。在一个权利意识极度匮乏的年代所闪现出的这一人性光芒，显得弥足珍贵。此后数十年间，枫桥坚持"教育人、改造人、提高人"的原则，把人作为根本目的而非社会治理的手段，在纠纷的处理中致力于对人的帮助和教育，而不是惩罚和制裁，通过富有建设性的手段，最大限度促进人的幸福和发展。在中国已全面走向权利时代的今天，"枫桥经验"在维护治安和预防犯罪的实践中，不仅高度重视对公民的权利保障，而且将这种人文关怀上升到一个新的境界，提出了"富民、安民、乐民、靠民"的思路，即通过发展经济、改善生活、促进人的素质的提高，减少致罪因素、防控犯罪，这一远见卓识反映了对犯罪成因及规律的理性认识，更是马克思主义人学思想的具体展开。

"枫桥经验"彰显了现代人文主义法学精神。[1] 人文主义法学思想的主要内涵是：(1)在价值论上，认为人的地位是至高无上的，人是目的而不是手段，法律制度应具有人文关怀，应以促进人的自由、人的解放、人的尊严、人的幸福为己任。(2)在人性论上，认为人性是诸多相互矛盾的属性的统一体，包括先天属

〔1〕 人文主义思潮起源于文艺复兴时期的欧洲大陆，它是一种以肯定人的价值、尊重人的权利、追求人的幸福为核心的理论体系。第二次世界大战后，人文主义思想伴随着人权运动的高涨而重新崛起，并对当代法学理论产生了深远影响，由此兴起了现代法学中的人文主义法学流派。

性和后天属性的统一,善性和恶性的统一,理性和非理性(欲望和情感)的统一。因此,法律应客观地对待人性的局限性,尊重人的需要和利益,防范人的恶性,宽容人的弱点,鼓励人的优点。[1] "枫桥经验"立足于动态的管理、服务、教育和防范,通过及时发现问题、解决问题,将可能发生的犯罪消除于萌芽之际,防止了矛盾的恶性升级;同时,对那些一时失足误入歧途者热情帮教,促其悔过自新、重归社会,这都体现了对人的关爱,体现了人文精神。

(三)着眼发展,推进社会和谐的犯罪控制模式

从犯罪学视角看,犯罪量的高低同社会的自由、开放程度似乎存在某种悖论关系。社会越开放,公民享有的自由越多,社会就越有活力,越有利于经济的发展;但随着政府对社会管制的减少,犯罪量就有可能增多。相反地,社会越封闭,政府对社会的管制越多,则犯罪量可能会有所减少,但社会可能会付出经济衰退和公民自由度降低的代价。[2]

在构建和谐社会的时代背景下,犯罪控制模式的选择应力图消解上述悖论,兼顾现代社会中的多元价值追求,在有效控制犯罪的同时,最大限度保障公民自由、促进经济繁荣。"枫桥经验"作为一种着眼发展、追求和谐的犯罪控制模式,对于和谐社会背景下犯罪控制方略的设计,提供了生动而有价值的素材。

和谐社会应是稳定而有活力的社会。和谐社会必然以稳定为前提,但这种稳定是一种内在的、动态的、持续的稳定,在稳定有序的前提下,社会才能充满生机和活力。稳定并不是终极目标,稳定是为了发展,没有发展也就没有长期的稳定,只有在动态的发展中方能求得社会的长治久安。另外,和谐社会并非没有矛盾纠纷,犯罪也不可能完全绝迹,但是,政府可以通过有效的社会治理,最大限度地减少、缓和矛盾,从而把犯罪率控制在社会可以承受的范围内。

在"枫桥经验"的发展过程中,牢固树立了利益平衡的观念,注重各种社会利益的合理协调;由于这一经验立足帮助、教育,因此易于被人们接受,避免了诉诸司法程序可能引发的逆反心理、报复心理等,这本身有利于减少社会对立,

〔1〕 参见刘国利、吴镝飞:《人文主义法学引论》,载《中国法学》2004 年第 6 期。

〔2〕 例如,我国在改革开放前的相当时期内,犯罪率处于很低的水平,但僵硬的计划经济体制束缚了经济发展和市场繁荣,过于严密的社会控制使公民的诸多权利得不到保障,如粮票制度、严格的户籍管制等制度的实行,使公民难以享有迁徙自由。

缓解社会矛盾，增进社会和谐。在新的历史条件下，枫桥人正确把握了改革发展与社会稳定的辩证关系，致力于通过改革发展促进社会稳定，更加注重人与经济社会的协调发展，从根本上减少和预防矛盾，从而赋予“枫桥经验”新的时代内涵：“新时期下的‘枫桥经验’要求把维护稳定工作的着力点放在加快经济发展上，通过不断提高人民生活水平，最大限度地满足人民群众日益增长的物质文化需要，使两者相辅相成，相得益彰，努力在改革、发展中实现社会政治稳定。”[1]在今天，“以稳定促发展，以发展保稳定”，“靠富裕群众减少矛盾，靠服务群众化解矛盾，靠组织群众预防矛盾”，追求“矛盾少、治安好、发展快、社会文明进步”的目标，已经成为“枫桥经验”的基本精神之一。多年以来，枫桥镇在社会经济始终保持快速发展的同时，各类矛盾纠纷不仅没有增加，反而逐年下降。这种通过发展来预防和减少犯罪、追求社会动态稳定的思路，对于和谐社会背景下犯罪控制模式的科学设计，具有深远意义。

(四) 立足社区，强调社会参与的犯罪控制模式

我国传统的犯罪控制模式，可称为“国家本位模式”。这种模式基于“国家至上”和“国家权力无限”的观念，将刑事法保护的中心定位于国家和集体利益，对个体利益的关注不够；同时，犯罪控制的基本动力源于国家，对付犯罪的基本手段是国家刑罚权的运作。由于“国家本位”模式属于事后反应型模式，刑事司法权力一般在犯罪发生后才被动地介入，犯罪治理偏重于对犯罪人的报应和威慑，因而对犯罪隐患视而不见，在犯罪预防方面成效甚微；另外，这种模式还存在运行成本过高的问题。

在一个日益开放的社会中，“国家本位”模式应对犯罪力不从心的问题日益暴露出来。[2] “正如国家不能代替社会一样，国家对犯罪的反应不能代替社会

---

〔1〕 陈长兴：《创新发展“枫桥经验”，推动诸暨经济社会统筹发展》，载中共诸暨市委、诸暨市人民政府编：《与时俱进的枫桥经验》，第 26 页。

〔2〕 例如，20 世纪 60 年代，西方国家普遍出现了犯罪率高涨、治安形势恶化的问题。为有效对付犯罪，西方各国大力加强了警察队伍的专业化建设，如增加警力、改善警用装备、提高警察专业素养等。但事实证明，依靠专业警察、单一压制犯罪的模式效果并不理想。正如有学者指出，警察单独担负起维护社会治安的全部责任，既劳民伤财，又效果有限。于是，欧美一些国家在 20 世纪 80 年代后对这些问题进行了反思，意识到社会问题并不是社会资源的无限投入即可解决的，政府也不可能是万能政府，不可能包治百病，因而开始关注和倡导犯罪控制中的公众参与。参见陈晓明：《修复性司法的理论与实践》，法律出版社 2006 年版，第68～69 页。

对犯罪的反应。"[1]当前,我国正由传统的一元政治社会逐步走向政治国家与市民社会相对分立的二元社会,在新的二元社会结构中,社会治理理念正面临调整和重构,"现在的治理理念认为管理是社会方方面面的参与。治理方式强调加强政府、非政府组织和公民之间的平等协商与合作"。[2] 犯罪控制作为社会治理的重要部分,也呼唤着各种社会力量的广泛参与,要求国家和社会在资源整合、优势互补的基础上,协力应对犯罪。

鼓励社会力量在犯罪控制中的参与,是当代国际社会的动向之一。例如,在西方一些国家,推出了"邻里守望计划",引导邻居互相警护,以防控犯罪,重塑良好社区;在日本,长期以来保持着较低的犯罪率,对此,国际犯罪学界的一种有影响的解释,就是日本社会中家庭、学校及社区等对犯罪的非正式控制因素起到了很大作用。[3] 联合国有关国际刑事司法准则中,也倡导社会力量积极参与犯罪控制。1990 年 12 月 14 日通过的《非拘禁措施最低限度标准规则》(东京规则)中规定:"公众参与是一大资源,应作为改善接受非拘禁措施的罪犯与家庭及社区之间的联系的最重要因素之一加以鼓励。应用它来补充刑事司法的执行工作。"

我国自改革开放以来,随着经济市场化和政治民主化,一个相对独立于政治国家的市民社会也日渐壮大,这为社会力量广泛参与犯罪控制奠定了基础。可以预见,"国家·社会"双本位模式将是我国犯罪治理实践的发展方向。作为依靠群众防控犯罪的典范,"枫桥经验"正是这种"国家·社会"双本位犯罪控制模式的现实样本。"枫桥经验"的精髓就是依靠社会力量维护治安、防控犯罪。"枫桥经验"诞生之初就强调的"发动和依靠群众"的做法,同当代社会鼓励社会力量参与犯罪控制的趋向是相吻合的。在"枫桥经验"的演变与发展过程中,一直强调人民群众在犯罪治理中的主体地位,并通过不断的制度创新与完善,调动各类社会主体的积极性,发挥其在犯罪控制中的重要作用。"'枫桥经验'的工作理念就是靠富裕群众减少矛盾,靠组织群众预防矛盾,靠服务群众

[1] 翟中东:《犯罪控制——动态平衡论的见解》,中国政法大学出版社 2004 年版,第 24 页。

[2] 郝铁川:《寻求权利与权力的合作互助》,载《法制日报》2004 年 12 月 23 日,第 8 版。

[3] 参见翟中东:《犯罪控制——动态平衡论的见解》,中国政法大学出版社 2004 年版,第 188 页。

化解矛盾,本质是为民。"[1] 近年来,枫桥派出所牵头建立了以治保组织为主体,以护村队、护厂队和治安信息员为基础的覆盖整个辖区的群防群治网络,形成了专群结合,齐抓共管的综治工作新局面。

(五)兼容传统文化与现代精神的犯罪控制模式

注重犯罪预防,善于用调解方式化解矛盾,止罪于未萌,这是"枫桥经验"的又一特色。这一经验被枫桥群众通俗地表达为"小事不出村、大事不出镇、矛盾不上交","自己的问题自己解决"。可以说,"枫桥经验"的这一特色,既有深厚的中华传统文化底蕴,又在某种意义上契合现代法治精神。

中国传统法律文化深受儒家思想的影响,主张"和为贵","无讼""息讼"被视为一种理想境界;在犯罪控制问题上,则强调"礼法并用""以德化人""教化为先""德主刑辅",注重用道德教化的力量防控犯罪,而刑罚惩治被视为教化失败后才不得不用的辅助手段。在中国农村地区,这种传统文化的影响更为明显。正如费孝通所说,在乡土社会中人们依赖于人际关系而建立了彼此的联系。[2] 因此,在这样一个群体内部,当越轨行为破坏了他们赖以生存的传统规则与和谐秩序时,人们首先想到的不是利用外部力量——警察、法院——解决冲突,而是社区中的长老和权威。因为,他们知道冰冷的法律只能惩罚越轨者,并无助于人际关系的恢复或重建——越轨者也是他们其中的一员。[3]

中国的调解文化虽然发端于自然经济时代,但在当代社会中仍有着积极价值。中国虽然没有法律至上的传统,然而传统法文化是以争取合意为特征的,最明显地表现为审判制度以说服为中心范畴的事实。这样一来中国与现代西方在法律上的嫁接作业于此处最易进行。[4] 中华人民共和国成立后逐步发展起来的人民调解制度,就是对传统调解文化进行吸纳和改造的产物。人民调解的主要价值就在于激发民间内部力量解决纠纷。被誉为"东方经验"的人民调解制度的成功实践,亦为崇尚法治并为"诉讼爆炸"所累的现代西方社会带来有

---

〔1〕 参见《创新"枫桥经验",打造平安浙江》,载《广州日报》2008 年 1 月 24 日。

〔2〕 参见费孝通:《江村农民生活及其变迁》,敦煌文艺出版社 1997 年版。

〔3〕 参见孔一:《中国农村社区矫正的困惑——以枫桥为例》,载《江西公安专科学校学报》2005 年第 5 期。

〔4〕 参见季卫东:《宪政新论——全球化时代的法与社会变迁》,北京大学出版社 2005 年版,第 63 页。

益启示。自 20 世纪 70 年代以来,西方兴起了所谓“非诉讼纠纷解决模式”(alternative dispute resolution,ADR)运动,试图跨出法庭制度范围,寻找其他实用的解决纠纷办法。目前在全球已形成了 ADR 浪潮。ADR 主要适用于民事纠纷,同时也适用于轻微刑事案件。在当今西方发达国家,有 80% 以上的纠纷是通过 ADR 方式解决的,大大节约了诉讼资源。“二战”后随着人权、法治思想的蓬勃发展,出现了犯罪治理的非犯罪化、非刑罚化、非司法化思潮,与此同时,社区矫正、刑事调解(亦称恢复性司法)等一系列新型犯罪处遇制度应运而生,这些制度在一定程度上借鉴和吸收了调解的理念和做法。

“枫桥经验”在其形成和发展过程中,既承袭了传统调解文化的合理内核,又不断地吸纳现代法治文明的元素,使这一社会治理和犯罪控制模式具有长久的适应性和实效性。当前,我国正处于社会转型期,各种体制、利益的调整及各种思想的碰撞导致矛盾纠纷激增,同样遇到了西方社会在法治化进程中遇到的诉讼激增、司法资源压力过重、司法成本过高等问题,〔1〕因此,应充分发挥人民调解制度的优势,以有效地解决矛盾纠纷,缓解社会矛盾,同时,具有中国特色的社区矫正、刑事调解等犯罪处遇制度,也急需普及推广。

二、作为治安防范模式的“枫桥经验”

(一)建立治安管理的组织网络

枫桥镇一直重视治安管理组织网络的建设,经过长期的探索和努力,构筑了一个立体、动态、高效的社会治安防控机制,并随着社会形势变化而不断加以完善,“组织建设走在工作前”。

首先,有机整合各职能部门的力量。在配齐配强政法综治队伍的基础上,以提高管理的长效性和功能的完整性为主旨,打破条块分割,使部门与部门之间、部门与镇(管理处)之间密切联系和配合,形成一个全方位、立体式的有机整体,提高了全镇综合治理系统协同作战的工作合力。全镇配有专职的政法综治信访干部十余名,落实到各管理处包片负责,同时在管理处设置了由公安、司法、法庭等相关部门参与的维护稳定联合服务机构,要求机关干部下社区、警务

〔1〕 参见高军、龙一平、徐宏伟:《略论中国传统无讼法律文化对建设当代和谐社会的启示》,载《湖北民族学院学报》2005 年第 4 期。

下社区、流动法庭下社区，有效管理辖区内的社会治安，及时调处各类民间纠纷和不安定因素，大大遏制了刑事案件和各类治安案件的发生。

其次，狠抓村级基层网络建设。在村一级，依靠和发动群众，选好配齐治调干部、治调信息员、护村护厂队、护校队、平安志愿者义务巡防队、义务消防队、归正人员帮教小组和法治宣传员队伍，定期组织业务培训，指导他们开展正常活动。为更有利于预防化解农村各类矛盾纠纷，从2001年起，全镇推行了治调会星级管理考核考评制度。在公开、公平、公正的基础上对村（企）治调工作逐项进行细化量化，实行逐项考核，百分制计分，对达到95分以上的治调会由镇人民政府授予“五星级”治调会称号。通过这一措施，进一步规范了治调组织的制度建设，提高了其工作效能。目前，全镇村级基层维护稳定工作的队伍已达3000余人，约占总人口的5%，基本上形成一个严密的基层治安管理网络。

再次，健全和落实“部门协同，镇村联动”的维护稳定工作机制。“部门协同”主要是加强政法部门的横向联系与配合，坚持每月10日召开一次政法部门联席会议，回顾前段工作，探讨疑难、重大案件，部署下步工作，建立健全纠纷案件移送制度，重大疑难纠纷联调制度，综治工作统计月报制度，使各政法部门之间工作有交流，情况有汇报，职能有协调，措施有配合。“镇村联动”，主要是加强镇、社区、村三级的上下联动，着力预防和化解各类民间纠纷。

最后，推行治安管理责任制。为切实增强广大干部的责任意识和忧患意识，形成人人参与社会治安综合治理的“三包”责任制，即党政分管领导“包线”、政法部门、经济社会管理部门等相关部门领导“包片”、作为第一责任人的机关干部“包村”。

（二）卓有成效的“四先四早”工作机制

从宏观上看，犯罪行为的发生是社会基本矛盾运动的结果，而从微观上看，大量的刑事案件是由生活中的具体矛盾纠纷演变而来的。从我国刑事司法实践看，因家庭纠纷、邻里纠纷、经济纠纷、劳资纠纷等激化而来的“民转刑”案件，在刑事案件总量中占有相当比例，因此，建立有效的矛盾纠纷的预警、调处和化解机制，对于遏制矛盾升级而引发犯罪，具有重要意义。“枫桥经验”在很大程度上，就是一套通过有效化解矛盾纠纷而维护社会稳定的经验，“矛盾不上交，就地解决”正是“枫桥经验”诞生之初就确立的基本精神。在继承和发扬这一基本精神的基础上，建立了一套有效调解纠纷、化解矛盾的“四前工作法”和“四先四早”工作机制。

1. 预警在先，苗头问题早消化

对矛盾纠纷的信息及时了解把握，是有效化解矛盾纠纷的前提条件。枫桥镇对矛盾纠纷立足于抓早抓小，形成了一套比较完整的维护稳定工作的信息预警体系。全镇建立起由包村干部、村级治调干部、企业安全保卫人员和各行业治安积极分子组成的治安信息网络，明确工作职责，按照属地管理和行业管理的原则，及时摸排各类不稳定因素和治安问题苗头，并建立了敏感信息及时上报、动态信息一周一报的工作制度和信息员奖惩考核制度。每半个月，由村干部带队进行一次矛盾纠纷不稳定因素的摸查行动，村干部带人到各村民小组，向信息员了解情况。摸查从三个层面进行：已经发生但还没有激化的矛盾纠纷；已进入调解的矛盾纠纷；一些可能发生矛盾纠纷的迹象。村干部将信息汇总后报告给综治分中心，每个月的月底，再由分中心汇总报告给镇综治中心。由镇综治中心牵头，镇政府每月开一次政法联席会议。对不安定因素认真分析，对口反馈，妥善处置。畅通灵敏的信息预警机制，使不稳定因素和治安纠纷得到及时掌握，有效化解。

2. 教育在先，重点对象早转化

坚持抓事要抓要害、管人要管重点的治安管理原则。针对新形势下企业转制、山林土地纠纷、劳动安全事故等容易引发群体性纠纷的情况，注意把工作重点放在情绪偏激的对象上，有的放矢地做好教育疏导工作。对个别不理解政策，有滋事倾向的重点人员，由党政主要领导一人包一人开展工作，交流沟通，理顺情绪。对那些因共性问题有不满情绪而蓄意制造矛盾的，由镇村干部一群包一群，上门疏导，晓以情理；对那些大错不犯、小错常有的不务正业人员，则由群团组织一家包一个，教育引导、共帮共管。

3. 控制在先，敏感时期早防范

在长期的治安防范工作中，枫桥镇治安干部总结出矛盾纠纷发生的某些周期性规律，例如，三年一次的村级换届选举期间是农村矛盾的集中爆发期，每年年底是企业劳资纠纷的多发期，一些涉及群众自身利益的建设项目出台前后是群众信访案件的频发期。针对这些敏感时期，治安防范人员密切关注，超前制订工作预案，按照宜解不宜结、宜疏不宜聚、宜缓不宜激的原则，主动靠前工作，做到能解决的当场解决、暂时不能解决的做好说服劝解工作，妥善控制、及时处理可能引发群体性事件的矛盾纠纷。

4. 调解在先，矛盾纠纷早处理

为有效化解矛盾纠纷，枫桥镇的镇、办事处、村三级组织全部成立了人民调解委员会，重点企业也建立了调解委员会，建立完善了《人民调解委员会工作职责》、《案件纠纷移送制度》、《重大疑难纠纷联调制度》和《化解矛盾月报制度》，实现了调解工作的制度化、规范化运作。在新时期，鉴于农村矛盾纠纷涉及的范围有所扩大，如土地管理、村级财务等已成为引发矛盾纠纷的焦点问题，枫桥镇积极创新矛盾调处模式，把工作的重点由注重政法治调为主向农村工作全领域拓展，建立了"分级调处、归口分流、整合联动"的调处机制。[1] 一旦村民发生纠纷，镇、管理处、村三级调解员就按照自己的职责，及时上门，及时受理，快速调处。

（三）人性化的流动人口管理

改革开放以来，随着我国工业化、市场化进程的加速，出现了大规模的人口流动现象。流动人口对促进流入地的经济繁荣作出了巨大贡献，但也带来了一系列社会问题，如加大了计划生育工作的难度、加剧了流入地基础设施和交通问题的紧张等，而其中最为突出的就是因人口流动引起的社会治安恶化。流动人口犯罪日益严重，已成为一个严峻的社会问题，如何有效地预防和减少流动人口犯罪，已受到社会普遍关注。

流动人口群体有着较高的犯罪率，同这一群体的某些特点不无关系。例如：由于从"熟人社会"进入"陌生人社会"，导致流动人口的自我道德约束力降低；由于环境的巨大变化引起的心理不适应；由于贫富差距等原因而引发的心理失衡；由于文化素质不高而面临的生存压力等。另外，流动人口的高犯罪率也有很多社会原因，如一定范围存在的社会歧视、权利易受侵犯而救济途径不畅等现象。近年，在一些地方发生的外来务工人员犯罪案件中，就有因被克扣、拖欠工资、求助无门而引发的案件。因此，有效控防流动人口犯罪的关键在于

〔1〕 指镇综治中心根据矛盾纠纷的性质确定相应的调处机构，并归口分流到各部门调处，以整合力量，形成调处的合力。

合理引导,使人口有序流动,采取得力措施加强对流动人口的服务和管理,尽力消除那些可能引发犯罪的隐患。

中国现阶段流动人口犯罪增多的一个重要原因是传统的单位制日渐衰落,越来越多的个体疏离于社会,约束人的行为的因素减少。因此,遏制流动人口犯罪的一种重要思路,就是强化个体与社会的联系:一是促进社会保险一体化,尤其是使得农民、农民工等被传统体制排斥的人平等地享受社会保险的利益。二是促进社会机会公平,改变农民工成为社会边缘人的状况,使他们真正享受国民待遇。三是保障和促进社会参与。[1] 枫桥的经验,就在于当地政府和群众能平等地对待外来人员,充分保障其合法权益,使他们减少了与当地人的疏离感,较为顺利地融入当地社会,这在一定程度上减少了外来人员因被社会边缘化而可能导致的违法犯罪。枫桥镇对外来人员实施"人本化管理、亲情化服务",按照公平对待、合理引导、完善管理、搞好服务的要求,实行服务、管理、教育、维权四位一体的外来人员管理新模式。在依法加强管理和教育的同时,帮助他们解决实际困难,使他们分享枫桥经济发展和社会进步的成果,增强他们对当地社会的认同感和归宿感,化消极因素为积极因素。

枫桥镇建立了外来流动人员综合服务办公室,实行计生、劳动、公安三部门合署办公,采取一个窗口办证和上门办理相结合的方法,大大方便了外来人员。镇里还设立了以解决劳资纠纷为主的稽查队和维权服务中心,并开通了外来人员维权热线,以规范劳动用工,调解劳动争议。镇党委、政府定期与外来员工代表对话,以了解外来员工的困难,并指导有关部门帮助解决。

枫桥镇针对外来人员不同的分布情况,推行了多元的管理模式。例如,对步森、海魄、情森等外来人员比较集中的企业,建立了外来流动人口管理中心,推行"公寓型""学校型""情感型"管理方式,使外来务工人员能心情舒畅地生活、工作。而对于分散在村的外来人员,则建立由村干部、协管员、计生干部、外来人员代表组成的委托式管理制度,并建立了外来流动人员实名登记、出租房屋对应登记、基础资料信息管理、工作经费统一筹措、劳务纠纷和治安纠纷分层次处理的管理机制。近几年来,枫桥辖区的外来人员逐年增加,登记率年年提高,没有发生由

---

〔1〕 参见翟中东:《犯罪控制——动态平衡论的见解》,中国政法大学出版社2004年版,第187~191页。

外来人员引发的群体性和突发性事件，各类矛盾纠纷基本得到及时解决。

为增强外来人员的归属感和荣誉感，枫桥镇还提出对外来人员实行本地化管理的思路，平等保护外来人员的合法权益，使其享受与本地人一样的待遇，如：提出“新枫桥人”的称谓，引导当地居民尊重农民工，让农民工感受到平等；统一为外来员工解决住房和子女入学等问题，外来人员子女参加镇九年制义务教育与常住人口同等对待；每年评比“十佳外来优秀青年”；授予外来的中、高级人才以“荣誉镇民”称号等。

另外，诸暨市在外来人员的管理中，聘请外来人员家乡公安、劳动、计生等部门干部到诸暨共同参与管理。由于文化、生活习俗等方面存在的差别，外来人员普遍存在自卑的心理，对当地人不信任、不放心，使得政府部门对外来人员的管理难度增加。特别是有相当多的外来人员对当地政府部门缺乏心理认可，一旦发生劳资、交通等纠纷，往往不愿报告当地相关部门，而是纠集一帮老乡，采用过激行动解决，导致事态恶化。通过实施“外来干部管理外来人员”这一举措，利用外来干部与外来人员的血缘、亲情等特殊关系，拉近了管理者与被管理者之间的距离，打破了由本地干部管理外来人员存在的局限性，提高了管理的有效性和针对性，也增强了政府部门的亲和力和公信力，充分体现了对外来人员进行亲情化、人性化管理的理念。这一做法取得了良好的社会效果，为经济发达地区管理外来务工人员提供了一种可资借鉴的模式。[1]

（四）发动群众参与治安巡防

枫桥镇立足于治安防范的针对性、实效性和长效性，充分发掘民力资源，发动群众广泛参与，建立起镇村联防式的治安巡防工作机制，即以交通要道和治安复杂部位为重点，组建了一支由 6 辆巡逻摩托车和 26 名巡防队员组成的专职巡逻队伍开展动态治安巡逻，还在辖区治安复杂的重点村建立了 6 支联动式巡防队伍，每村每晚组织 10 人开展夜间互联互防。

“我为大家守一夜，大家为我守一年”，这句口号在枫桥镇已经深得人心，并

〔1〕 如诸暨市店口镇聚集的 4.5 万多名外来务工人员，不少人来自贵州遵义。从 2004 年开始，遵义派出民警，与店口派出所联合建立外来人口管理警务组，以“老乡警察”的身份排查外来人口，收集情报，开展教育。如今，该镇因外来流动人口引发的案件明显减少，对外来工的服务更加完善。公安部已把这一做法向全国推广。

已转变为全镇居民的实际行动。在枫桥的各个村,都活跃着近百名平安志愿者,他们负责夜间的护村巡防。

(五)充分利用科技手段服务治安管理

随着现代科技和知识经济的迅猛发展,犯罪手段日趋智能化、复杂化,同犯罪分子作斗争的任务更为艰巨,但与此同时,现代科技也为犯罪控制手段的现代化提供了机遇。在传统社会中,国家对付犯罪的手段主要靠有组织的暴力,即所谓"以暴制暴",而在现代社会,犯罪控制者与犯罪者的斗争更多地体现在智慧和技术的较量上,即所谓"以智克智"。[1] 因此,在现代社会实现有效的犯罪防控,有必要树立科技强警、有效预防的理念,努力追求犯罪控制手段的现代化。

枫桥派出所已建立了常住人口、工作对象、暂住人口、出租房、治安管理等信息管理系统,并与市局联网,广泛运用到破案追逃、打黑除恶、车辆管理等现实斗争和服务中。在政府的重视和支持下,枫桥镇还投入一百多万元,建立了一个集镇治安管理电子监控系统,并以这一系统为依托,在重点企事业单位和重要公共场所推广安装区域化电子防盗、消防报警系统,与集镇电子监控系统联动管理,还在所里配套成立了一支由值勤民警为主体的接处警队伍,增强了快速反应能力。

三、作为社会帮教模式的"枫桥经验"

(一)社会帮教的内涵及其意义

社会帮教主要有三类对象:第一类是服刑人员,包括在押服刑人员和社区服刑人员;第二类是"归正人员";第三类是有轻微劣迹的青少年。

服刑人员虽然因触犯国法而被强制与社会隔离,但他们仍然具有公民身份,仍然是社会的一员,社会也有责任对他们进行救助。根据现代犯罪学理论,犯罪的发生不仅仅是个人的主观意志的选择,同时也是社会中诸多不良因素交互作用的产物。因此,帮助和矫正犯罪者,不仅仅是有关国家机关的责任,也是全社会的责任。实践证明,社会力量以"平民化"的形象参与帮教,比监所干警更具有亲和力,有助于打消服刑人员的对立情绪,更容易同他们进行沟通、交

---

〔1〕 参见储槐植、冯卫国:《知识经济与现代化刑法观》,载《法制与社会发展》2000年第4期。

流，从而取得更好的改造效果。

同样，对归正人员的帮教也具有重大意义，这是巩固监所教育改造效果的后续工程。归正人员经过一段与社会相对隔离的生活，在重返自由社会之初，往往会产生一定的不适应感，社会环境的变化，家庭的变故，生活、就业方面面临的重压，容易使他们产生茫然、焦虑、自卑等不良情绪，如果遭受社会的冷遇和歧视，很可能刺激他们重新犯罪。因此，出监（所）之初是一个危险时期。社会不计前嫌，积极接纳他们，可以减少其在重返社会过程中出现的适应障碍。[1]

青少年的健康成长则直接关系到国家和民族的未来，关爱和保护青少年是全社会义不容辞的责任。青少年思想还不成熟，容易受到外来因素的干扰，其行为具有冲动、草率、懵懵懂懂的特点；加之各种社会不良因素的影响，青少年违法犯罪趋势日益严重，已成为一个严峻的社会问题。对未成年人犯罪的帮教，意义深远。

在我国，监狱及以前的劳教工作一直以教育改造人为宗旨，同时，党和政府历来坚持对归正人员实行不歧视、不嫌弃、给出路的政策，并将对上述特殊人员的社会帮教和安置就业作为社会治安综合治理工程的重要组成部分。此外，充分保护青少年权益，全力帮助其远离犯罪，对失足者立足教育、感化、挽救，这是党的一贯政策，也是国家有关法律的要求。但在市场经济的新形势下，由于传统道德受到冲击、就业竞争日趋激烈，以及一些基层组织趋于涣散等原因，我国的社会帮教工作面临很大挑战。“枫桥经验”是社会帮教的有益探索。

（二）“枫桥经验”中的社会帮教

重视对违法犯罪人员的帮助、教育，真诚挽救，真情感化，是枫桥社会帮教工作的基本准则，也是“枫桥经验”的一项主要内容。枫桥镇充分运用“枫桥经验”的基本精神，把帮教工作作为维护治安稳定的重要内容，取得了令人瞩目的成绩。多年来，枫桥镇归正人员的改好率一直维持在90%以上，绝大多数归正人员成为自食其力的新人，有的归正人员成了致富能手，有的人还入了党，当上

〔1〕 在国际上，归正人员被称为出狱人或被释放者（包括刑满出狱人员和假释出狱人员）。出狱人保护是国际社会普遍关注的问题。联合国第二届预防犯罪和罪犯待遇大会的决议中，就对罪犯释放后的安置问题做了专门规定：“为解决被释放者的困难，应特别注意当地的社会、教育、就业、待遇及居住等问题”，“更生保护对于任何由监狱所释放出来的犯人并不拒绝其担任某种特殊的职业”。

了村干部。枫桥镇在社会帮教方面的主要经验是：

1. 健全帮教网络

专门成立归正人员安置帮教领导小组，成员由司法、公安、法庭、学校、法律服务所及一些企业的负责人组成，领导小组下设工作办公室，具体负责抓该项工作。村一级也成立了相应的帮教小组，建立完善了"三帮一"帮教制度（一名村干部、一名党员、一名致富能人帮带一名归正人员），实行结对帮教；不仅如此，还调动一切积极因素，动员社会上一些热衷于帮教工作的有识之士和安排帮教对象的亲属参与帮教，从而建立了镇、村、公安、家庭"四位一体"的立体式帮教网络。

2. 落实帮教措施

枫桥镇司法所牵头，积极落实下列几项工作：

一是每年年初都要对帮教工作情况做一次全面调查，梳理归正人员的总体情况，调整帮教方案；每季组织重点检查，及时调整帮教对象，落实帮教措施；年末组织回头复查，发现问题，做好查漏补缺工作，做到底子清、情况明、不漏管、不脱管。

二是开展一年两次的上门走访座谈考评，了解归正人员半年来的思想动态，帮助解决生活、生产中遇到的实际问题，并把考评结果记入归正人员一人一档的帮教档案，作为归正人员帮教期满脱帮的重要依据。

三是签订结对帮教协议，落实帮教责任，从提高帮教人员的业务能力入手，坚持每季一次业务培训，组织学习有关政策、法律、法规，总结帮教工作经验，增强帮教队伍的整体素质。

四是注重对归正人员的法治教育，采取一年两次的集中办班形式，对归正人员进行法律、法规教育，每次确定几名归正人员在会上交流发言，用自己的亲身经历教育人、说服人，用身边的事教育身边的人，最终达到转化人的目的。

五是重视归正人员的安置工作。归正人员能否顺利地就业、谋生，直接关系到其思想的稳定，关系到前期的改造成果能否延续。如归正人员重返社会后就业无门，生活无着，就会很容易重新犯罪。为此，枫桥对归正人员的安置工作十分重视，积极动员社会各方面的力量，铺就归正人员的就业之路。

六是积极引导群众正确对待归正人员，努力创造一个对归正人员不歧视、不排斥的良好社会环境。通过发动社会各方力量参与帮教，使一些帮教对象重拾生活信心。

3. 完善帮教机制

枫桥镇在社会帮教方面取得的显著成效，除了对这一工作的高度重视和深入落实外，还得益于其完善的社会帮教机制。这一机制被概括为“三帮三延伸”帮教工作法。

所谓“三帮”，是指帮心、帮富、帮到底。

首先，帮人要帮心，就是帮助其解决思想上的问题。帮心要做到“一交”、“二谈”、“三找”和“四矫”。“一交”，就是与帮教对象交朋友，建立感情基础。“二谈”，就是经常同帮教对象谈话、谈心，以真心换真情。“三找”，就是帮助帮教对象找“病症”，找违法的思想原因，找出路。“四矫”，就是矫正错误认识，矫正错误感情，矫正薄弱意志，矫正错误行为。

其次，帮人要帮富。对帮教对象，既要加强思想教育，又要帮助引导其勤劳致富。主要突出“四帮助”：帮助改掉好吃懒做恶习，走上自食其力道路；帮助安排单位务工就业，使无业人员生活有保障；帮助提高文化水平，掌握专业技术，运用一技之长赚钱致富；帮助有一定经济条件和管理能力者，从事经商、办企业、做生意，尽早发家致富。

最后，帮人帮到底。坚持做到“不帮一时帮一世”。当帮教对象经过帮教思想趋向稳定时要及时表扬，帮助鼓励其向先进迈进；当帮教对象出现反复时不要泄气，“不能推一把，而要拉一把”，继续满腔热情地帮助、教育、挽救，直至其重新稳定下来；当已经稳定的对象碰到生活困难时，要尽力帮助其克服困难。

所谓“三延伸”，是指“事先向监所延伸，事中向生产、生活延伸，事后向巩固提高延伸”。

(1)帮教进监所——事先向监所延伸。即当服刑人员尚在监所接受改造时，就组织有关人员前往帮教，把关怀和温暖送进大墙之内。枫桥镇每年都组织由镇司法所、法庭、派出所、包村干部和家属组成的帮教小组，到监狱探望、教育服刑人员，加强改造的针对性，保证改造取得良好的效果。

(2)帮教重实效——事中向生产、生活延伸。即对归正人员在生活中进行重点帮扶，为其解决一些生产、生活中遇到的实际困难。归正人员一旦遇到生活挫折、家庭中发生波折和困难，帮教人员就及时上门访谈，消除他们的思想疙瘩，帮助解决实际问题，避免其因遭遇困难而自暴自弃、重新犯罪。在对归正人员的帮教实践中，枫桥镇形成了"四必访四谈心"制度。"四必访"即归正人员婚丧必访、有病痛必访、有纠纷必访、遇突发情况必访。"四谈心"即犯错谈心帮其耐心端正态度，受到挫折谈心鼓其信心，思想有疙瘩谈心促其放下包袱，对重点对象经常谈心了解其思想动态。

(3)帮教讲长效——事后向巩固提高延伸。即帮教期满后，对帮教对象并不是放手不管，而是一如既往地关心、支持，定期上门走访，有困难及时帮助，巩固提高帮教效果。

四、作为社区矫正模式的"枫桥经验"

(一)中国社区矫正的现状与问题

社区矫正是指将符合社区条件的罪犯置于社区内，由专门的国家机关在相关社会团体和民间组织以及志愿者的协助下，在判决、裁定或决定确定的期限内，矫正其犯罪心理和行为恶习，并促使其顺利回归社会的非监禁刑罚执行活动。在我国现有法律框架下，社区矫正的适用范围主要包括下列 4 种罪犯：(1)被判处管制的；(2)被宣告缓刑的；(3)被暂予监外执行的；(4)被裁定假释的。

作为兼具人性化和经济性的罪犯处遇模式，社区矫正兴起于第二次世界大战后的西方。目前，社区矫正在许多国家受到推崇，并为联合国有关国际刑事司法准则所倡导。西方很多国家都建立了以社区矫正为塔基的金字塔形的罪犯处遇结构，监禁处遇位于金字塔的顶端，大多数罪犯被放到社区中利用社会力量帮教改造。

在我国，从 2002 年开始，上海、北京两地率先开展社区矫正工作的试点。2003 年 7 月 10 日，最高人民法院、最高人民检察院、公安部及司法部联合发布了《关于开展社区矫正试点工作的通知》，确定在北京、天津、上海、江苏、浙江和山东进行社区矫正试点工作，从而正式启动了我国社区矫正制度。2004 年年底，司法部又确定河北、内蒙古等 12 个省、自治区为第二批试点地区。在认真总结社区矫正试点经验的基础上，2009 年 9 月，中央决定在全国范围内试行社区矫正工作。2011 年通过的《刑法修正案(八)》以及 2012 年通过的刑事诉讼法修正案，都对社区矫正做了原则性规定，初步解决了社区矫正的法律依据问题。2014 年 8 月，最高人民法院、最高人民检察院、公安部、司法部联合发布《关于全面推进社区矫正工作的意见》，由此结束了长达 10 年之久的“试行”状态，迈向依法全面推进的全新阶段。

经过近 15 年的探索与实践，我国社区矫正工作成效显著。根据司法部网站公布的统计数据，截至 2017 年年底，全国社区服刑人员从最初试点的不足 5 千人，增至 70 万人，累计接收 350 万人，成功解除矫正 291 万人，社区服刑人员再犯率一直控制在 0.2% 以下。仅 2017 年一年，全国各地社区矫正机构新接收社区服刑人员达 52.4 万人，办理解除矫正 52.1 万人。由于对数量如此之多的社区服刑人员的有效监管与改造，大大提高了刑罚执行的效益，缓解了社会转型期犯罪高发导致的监狱拥挤问题，促进了社会的和谐。

社区矫正工作得到了中央的高度重视与肯定。在党的十八大后出台的两次中央全会的重要决定中，都提及社区矫正。十八届三中全会决定中明确提出“完善对违法犯罪行为的惩治和矫正法律，健全社区矫正制度”，十八届四中全会决定中进一步提出“制定社区矫正法”。2014 年 4 月 21 日，习近平总书记专门听取了司法部负责人的工作汇报，肯定了社区矫正工作取得的进展，并就社区矫正的进一步发展发表重要指示。当前，社区矫正工作已被纳入我国司法改革与社会治理制度建设的总体框架，面临前所未有的发展机遇与广阔前景。

但是，在社区矫正迅速发展的同时，也应当看到，实践中面临的一些问题制约着社区矫正的进一步发展。例如：专门的社区矫正法尚未出台，立法滞后导致社区矫正的某些实体和程序问题无法可依，造成一定范围的执法不统一；专门人才匮乏与矫正经费短缺的，不能满足社区矫正工作发展的需要；社区矫正工作主要依靠司法行政系统的工作人员推行，社区参与的广度和深度不够；社区矫正的形式不够丰富，矫正的个别化、科学化程度不高；社区矫正的发展水平存在区域不平衡问题，东部与西部、农村与城市差距较大；等等。

为了进一步推动我国社区矫正制度，必须努力克服上述制约因素，如加快社区矫正的立法步伐、加紧社区矫正的人才培养和队伍建设、加大对社区矫正的资金投入和物质保障，等等。其中，一个亟待解决的问题就是如何在农村地区推行社区矫正。如前所述,我国当前的社区矫正工作主要在城市开展,总体来看农村与城市相差悬殊。如不及时采取积极措施,扶植农村地区社区矫正的发展,则会使这种差距进一步拉大,使刑事执行的统一性、公正性受到损害。

(二)枫桥的社区矫正

浙江省是全国首批开展社区矫正试点工作的省份之一,而枫桥镇则是浙江省确定的第一个农村社区矫正试点镇。枫桥成为浙江乃至全国最早的农村社区矫正试点地区,原因在于社区矫正这种社会化的犯罪处遇方式正暗合了"枫桥经验"的基本内核——以人为本、社区自治、群众参与以及关心人、教育人、改造人。同时,枫桥有发展较为成熟的社区基础,有设置和功能比较完善的治保会、人民调解委员会等社区组织,公众亦有较强的参与犯罪防控的热情,这些都是实施社区矫正的有效社会资源。

2004 年 6 月 9 日,枫桥镇正式启动了社区矫正的试点工作。2008 年年底,诸暨市全市推行社区矫正工作。多年来,枫桥镇及诸暨市紧紧依托"枫桥经验"发源地的地域优势,充分汲取"枫桥经验"的丰富养分,大力推进社区矫正的创新实践,社区矫正工作卓有成效,取得了良好的法律效果及社会效果。截至 2017 年年底的统计,2015 年来的三年间,诸暨市累计接收社区服刑人员 2572 人,累计解除社区矫正 2437 人,目前在册社区服刑人员 915 人。社区服刑人员重新犯罪率控制在 0.1% 以下,无社区服刑人员涉嫌严重再犯罪。

枫桥镇及诸暨市在开展社区矫正方面的特色与创新,主要体现在以下几个方面:

1. 建立健全社区矫正组织体系,明确相关部门及人员的职责

枫桥镇被确定为社区矫正试点单位后,十分重视组织体系的建设,因地制宜建立了三级组织网络,加强了对社区矫正试点工作的领导和指导;同时,及时调整、补充力量,建立了一支由专业社区矫正工作者与社区矫正志愿者结合的矫正队伍,确保矫正对象有人管理、有人教育,矫正工作有人抓,做到了组织机构、人员配备、经费保障同时到位。

枫桥镇社区矫正的三级组织体系包括:(1)镇社区矫正工作领导小组。由分管政法的副书记任组长,公安、法庭、司法所负责人任副组长,各协作站司法员为成员。主要履行以下职责:指导、监督、检查社区矫正工作的实施;协调相

关部门解决社区矫正工作中的重大问题；每季度听取一次司法所对考核工作的情况汇报，研究、解决考核中的疑难问题；审核社区矫正对象的考核奖惩及解矫情况等。镇社区矫正工作领导小组下设办公室，由司法所负责人任主任，作为社区矫正的具体执行机构。其主要工作是会同公安派出所做好矫正对象的监督、管理和考察，对矫正对象进行考核评议，提请行政奖惩；组织社会各界为矫正对象提供法治教育、思想教育和技能教育，帮助解决他们遇到的困难和问题；组织有劳动能力的矫正对象参加合适的公益劳动等。(2)社区矫正工作站。全镇划分为三个工作片(驻村指导分中心)，每个片建立综治工作分中心，在每个分中心都设立了社区矫正工作站，由司法员和社区民警组成，具体实施对辖区内矫正对象的日常矫正工作。(3)村社区矫正工作组。由村主职干部任组长，村治保主任、调解主任以及共青团、妇联负责人等为成员。在工作组中，为每位矫正对象确定1到2个帮教责任人，进行日常帮扶，并签订帮教协议，真正做到责任到人、措施落实。

2. 创建“5+1”的监管模式，落实了个性化的工作机制

针对农村辖区面积大，矫正对象比较分散的特点，创造性地提出对矫正对象实行具有枫桥特色的“5+1”监管模式，[1]即从镇司法所、协作站(社区)矫正小组、公安责任民警、村治调组织、矫正对象家属五方面来确定人员，分别落实监管职责：(1)司法助理员主要负责对矫正对象的日常考核评定，实施奖惩以及为派出所处理矫正对象提供依据；参与社会团体、民间组织和社区矫正志愿者对矫正对象的教育；帮助矫正对象解决遇到的困难和问题；组织有劳动能力的矫正对象参加公益劳动；办理对矫正期满的服刑人员的解矫手续。(2)社区民警主要负责对违反社区矫正监督管理、考察规定的矫正对象和有遗漏罪或重新违法犯罪的矫正对象的调查，依法及时处理；办理对服刑期满的矫正对象进行撤监手续；与社区司法员共同监督、管理和考察矫正对象。(3)驻村指导员主要负责协助社区司法员和民警做好对矫正对象的监督、管理和考核工作；经常上门走访了解矫正对象的心理、思想变化情况；帮助解决一些生活、生产过程中碰到的实际困难；及时阻止矫正对象的违法违纪行为，并上报镇矫正工作领导小

〔1〕 其中“5”是指社区司法员、社区民警、驻村指导员、村责任人和矫正对象家属五个方面的人员；其中“1”是指矫正对象本人。

组。(4)村确定的责任人(社区矫正志愿者)主要负责协助做好对矫正对象的日常监督管理工作;组织矫正对象参加学习和公益劳动;了解矫正对象的思想状况,发现矫正对象有违规违纪行为,及时阻止,并向社区矫正组织汇报;积极向镇社区矫正工作领导小组反映矫正对象的实际问题或突出困难;参与对矫正对象的行政、司法奖惩和矫正期满的评议。(5)矫正对象家属(矫正监护人)主要负责监督、督促矫正对象遵守社区矫正规定,履行社区矫正义务;配合支持社区矫正组织对矫正对象进行思想改造和劳动改造;保持与矫正对象的联系,掌握矫正对象去向,及时了解矫正对象生产生活情况;以书面或电话形式向司法所反馈矫正对象情况,遇有特殊情况及时反映。社区矫正工作小组应当及时与有监督管理能力的矫正对象的直系亲属签订监护协议,明确其对矫正对象的日常监管和教育责任,对没有直系亲属的可与其所在单位、村民委员会或愿意承担监督管理和教育责任的近亲属签订监护协议。

3.“以人为本,因人施矫”

枫桥镇在社区矫正的具体实施中,对每一位矫正对象,司法所都组织有关人员对其走访、与其谈心,告知矫正对象需遵守的各种规定,通过晓之以理、动之以情的谈话,帮助罪犯充分认识到自己的错误。同时,积极帮助他们解决在生活等方面遇到的问题和困难,鼓励他们改过自新,重新做人。

枫桥镇“以人为本,因人施矫”的社区矫正方案主要内容有:(1)因各个矫正对象犯罪原因不同、刑罚种类不同、生活、工作情况不同、各自心理和身体健康状况不同,在日常矫正工作中强调“以人为本,因人施矫”。(2)根据矫正对象个人情况,同时结合矫正工作的常规性工作,为矫正对象量身定做有针对性的个人矫正方案。做到因人制宜,“一人一案”。(3)根据矫正对象的个体情况和考核奖惩情况,确定管理的级别,实行分级管理。管理级别分为三级四等。即严管、普管和宽管。宽管又分为二级宽管和一级宽管。矫正对象自到司法所报到登记之日起定为普管级;普管级矫正对象在月度考评中获得两次良好以上等级或有立功表现的,升为二级宽管;二级宽管的矫正对象自定为二级宽管之月起月度考评中连续获得两次良好以上等级的,升为一级宽管;普管级的矫正对象有重大立功表现的,可直接升为一级宽管。矫正对象受到警告处分或治安处罚或连续三个月累计扣分30分以上,定为严管级。(4)针对矫正对象的刑罚种类不同,加强某一方面法律知识的学习,落实针对性的矫正措施。如对于犯交通肇事罪的矫正对象,指导其进行相关交通法规学习。(5)根据矫正对象身体素质的不同,在管理措施上区别对待。对一般矫正对象,要求每月必须参加集中学习一次,但对年老体弱、多病、行动不便的,尤其是保外就医的,可以不参加集体活动,平时可以采用电话联系方式进行监督教育。(6)对还属于在校学生的矫正对象,为不影响其学业,同时也减少负面影响,在管理上还是以学校为主,社区矫正组织协助。对个别符合试学条件的未成年矫正对象,教育部门应当选择适当的学校安排试学。(7)为每一位矫正对象落实相应的监管人员,在监管人员的落实上,要有利于帮助、教育改造矫正对象,尤其在村责任人(帮教人)的确定上,要慎重,防止负面作用。(8)采取对症下药的办法,找准矫正对象的心理症结、心理障碍,开展有针对性的教育矫正,促使其转变不良心理和行为。同时,积极帮助矫正对象解决在生活、法律、心理等方面遇到的困难和问题。(9)组织矫正对象参加适合其年龄、身体条件、劳动技能的社会公益劳动。司法所按照符合公共利益、矫正对象力所能及、可操作性强、易于监督检查的原则,组织、督促、检查有劳动能力的矫正对象参加公益劳动,每人每月累计不少于2个工作日。公益劳动的内容包括打扫公共卫生、清理小广告、照顾孤寡老人、到镇敬老院劳动、绿地维护、植树造林、理发、治安巡逻和值勤等。

(三)“枫桥经验”对社区矫正的示范意义

枫桥镇充分利用和发掘“枫桥经验”这一宝贵资源,使之贯通于社区矫正的建设和发展之中,是行之有效的做法和经验,对我国尤其是农村地区社区矫正的开展具有示范意义。笔者认为,这些可供借鉴的做法和经验主要有:

1. 加强农村社区建设

社区矫正是一种立足社区、依靠社区的社会化行刑方式,成熟的社区环境是社区矫正赖以发展的前提和基础,没有一个结构合理、功能良好的社区就不可能有效果显著的社区矫正,加强社区建设对于社区矫正的发展意义重大。枫桥在发展社区矫正方面所取得的成效,同枫桥地区良好的社区基础是密切相关的。枫桥镇多年来致力于推进农村社区建设,一方面,大力发展经济,加快农村城镇化,努力缩小城乡差别,提高农民生活水平;另一方面,积极推进农村基层民主政治建设,努力落实村民自治,切实保障村民对村务的知情权、参与权和监督权;此外,加强农村文化阵地建设,在丰富群众文化生活、弘扬先进文化上下功夫,使得广大农民群众的文化素质、道德素养不断提高,这些措施和努力换来了枫桥地区较高的社区发育水平。

2. 推动矫正力量社会化

社区矫正不是简单地把罪犯放在社区里进行矫正,而是以社区为主体的矫正。同传统行刑方式相比,“社区矫正需要更多地依赖社会的力量进行运作。从某种程度上说,社会支持系统的发育状况决定了社区矫正改革的广度和深度”。〔1〕 为此,枫桥镇最大限度地整合各类社会资源,充分利用现有的村民委员会等基层社会组织网络,广泛吸纳乡村干部、矫正对象亲属及广大村民等参与社区矫正监督管理,从而形成多层次的监管帮教网络,为社区矫正的顺利开展奠定了扎实的基础。到目前枫桥镇已组建一支由二百多人组成的社区矫正工作志愿者队伍,这些志愿者包括法律工作者、离退休老同志、优秀青年学生、有关专家、社区居委会成员、矫正对象的近亲属和所在单位人员等,另外还有十多名专职从事社区矫正工作的社会工作者参与此项工作。社会参与面的不断扩展、社会各界的大力支持和参与,有力推进了社区矫正工作的开展。

在推进矫正力量的社会化方面,枫桥镇紧密结合村民自治制度,充分发挥村民自治组织对农村的整合功能,“5+1”的社区矫正监管模式正是村民自治在社区矫正工作中的具体运用。这种主要依靠农村基层群众自治组织对矫正对象的监督、管理和帮教模式,有学者将其称为社区矫正的村民自治模式,并认为这一模式代表着中国农村地区社区矫正发展的方向。〔2〕 2015年以来,借助全面推进网格化管理的契机,枫桥镇及诸暨市积极推进“社区矫正进网格”的工作,将社区矫正监管进一步向村(居)延伸,筑牢社区矫正“第一道防线”。依托全科网格、村(社区)便民服务中心等载体,整合村(居)民委员会、综治工作站、治保调解组织等资源,不断完善“5+1”监管模式,深入推进社区矫正工作站建设,第一时间掌握社区服刑人员的思想动向和行动表现,协助做好社区服刑人

〔1〕 姚建龙:《论社区矫正的社会支持系统》,载《2006年刑事司法与犯罪控制的新发展国际研讨会论文集》。

〔2〕 参见曾贇:《论中国农村社区矫正之模式与路径——以浙江省枫桥镇为例》,载《浙江社会科学》2006年第3期。

员的帮教、帮扶和服务，促进社区服刑人员早日融入社区、回归社会。

“枫桥式”社区矫正的实践说明，在农村地区开展社区矫正，应当结合农村地区的特点，不能简单照搬城市的社区矫正模式。在农村地区，村民委员会等群众性自治组织处在最基层，与人民群众联系最为密切，也最了解矫正对象的家庭、社会关系、生产生活等情况，能够全面掌握矫正对象的教育改造、监督管理等具体现状，充分调动村民委员会、村组干部的积极性，是做好农村社区矫正的必然要求。但同时须明确：社区矫正在本质上毕竟是一种刑罚执行活动，仍应在国家权力的主导下进行，政府的积极引导是农村社区矫正正常开展的基础。

3. 实现矫正载体多样化

枫桥镇依托镇乡（街道）、村、社区等各种农村公共资源，创设各种有效载体，如建立公益劳动基地、举办法制讲座、开展心理咨询、参加庭审旁听，等等，通过多种多样的矫正形式，努力提高矫正对象的积极性、主动性，增强矫正工作的实效性。

4. 强调教育手段精细化

枫桥镇在社区矫正的开展中，始终把教育改造质量的提高当作工作的根本和中心，通过实行分类管理、个性化教育、严格奖惩考核等科学的教育改造手段，努力提高矫正对象的改造积极性。矫正工作人员定期听取矫正对象的思想汇报，及时掌握矫正对象的思想动态，在此基础上制定有针对性的教育改造措施，矫正他们不良的思想和行为，解决其在生活、思想、心理等方面的问题，从而帮助他们顺利回归社会，提高矫正工作的质量和效果。

5. 追求矫正方式个性化

除了监督、管理和教育之外，枫桥镇在社区矫正工作中，还在法律和政策允许的范围内，具体问题具体分析，积极帮助矫正对象解决各种实际生活困难和问题，加强矫正的针对性和有效性。同时，枫桥镇还把矫正对象亲属纳入帮教网络，确保矫正的效果。

6. 促进矫正工作智能化

近年来，枫桥镇及诸暨市按照实现智慧治理、打造“枫桥经验”升级版的要求，积极推进社区矫正信息化建设。首先，积极打造“互联网+监管”平台。在社区矫正监管平台探索启用“实时语音报到”“在线审批”等应用系统，构建“监控有图像、行踪有位置、越界有警报、报到有记录”的信息化防控体系，实现对社区服刑人员全天候、全方位和全程化监管。其次，积极打造“互联网＋矫正”平台。搭建网上学习平台，制定个性化学习方案，有针对性地开展教育矫治工作。搭建网上心理矫治平台，建立线上心理测试、心理评估、心理教育、心理矫治等应用系统。此外，还积极打造信息化共享平台。与公检法等部门建立信息共享平台，构建监管信息每周核查比对、处罚信息3日内通报的信息共享机制，确保部门间工作无缝衔接。建立县乡两级全联通全覆盖的信息平台，通过县级社区矫正指挥中心实现对乡镇（街道）司法所社区矫正的实时指挥、实时督查。

尽管枫桥镇及诸暨市在开展社区矫正方面有许多成功的做法和经验，但我们也应当看到，该地区社区矫正的发展也受制于某些宏观因素的影响。我国的社区矫正毕竟处于起步阶段，还面临着立法缺失、执法机构不健全、资金和人才匮乏等诸多问题，这些问题成为制约社区矫正发展的“瓶颈”。而同城市相比，农村在开展社区矫正方面面临更多的困难，例如，成熟的社区矫正需要一定的技术支撑，如人格测评、心理矫正技术的引入等，但农村地区很难像城市那样，吸收社会工作者、心理学家等专业人士的参与，从而影响到矫正手段的科学化程度。农村地区在开展社区矫正方面所面临的困难，在经济发展相对落后的中西部地区尤为突出。如何采取有效的政策及措施，提高农村社区矫正的专业化程度，是亟待解决的问题。对此，笔者初步考虑，一方面，要加强农村基层司法所的队伍建设，在编制、经费、人员待遇等方面给予政策倾斜，同时通过各种形式，加强对农村社区现有的社区矫正工作人员的培训工作，以提高其知识素养与业务能力，适应工作需要；另一方面，可以制定一些优惠政策，吸引城市的专业人士介入农村地区的社区矫正工作，推动城乡一体化发展。

五、作为社区警务模式的“枫桥经验”

（一）社区警务的缘起与理念

社区警务起源于20世纪60～70年代的西方国家。当时，英、美等发达国家面临警务工作高度正规化、现代化之后犯罪问题依然突出，警察每天处于高强度工作状态而公众却并不满意的困境，因此开始实施社区警务模式。社区警务的核心理念是：既然产生犯罪的根源在社会，抑制犯罪的根本力量也应在社会，故强调依托社区控制犯罪，促进社区的安定和生活质量的提高。基于这一理念，社区警务主张：警察应当从被动后发地处置犯罪转向主动先发地预防犯罪；警察不仅是执法者也是社区的服务者，应尽可能用良好的服务与社区居民搞好关系；警务工作要融入社区，通过发动社区力量实现对犯罪的防控。西方国家社区警务的主要做法有：指导、协助社区居民实施邻里联防计划，建立社区预防犯罪机制；改革警务巡逻方式，通过恢复徒步巡逻和发展城乡警岗等，增加警民接触机会；加强与公众和社区团体的联系，扩大社会服务，改善警察形象，争取公民对警察工作的支持和配合。

鉴于社区警务在犯罪控制方面取得的良好效果，当前各国纷纷推行，以社区警务为标志的第四次警务革命正在世界范围内兴起。社区警务的核心理念与价值，同我国长期以来奉行的专门工作与群众路线相结合的政法工作方针基本吻合，发展社区警务已成为我国警务改革的重要方向。近年来，我国公安机关已经开始探索和实践社区警务战略。[1] 从当前社区警务的发展现状看，城市的发展相对较快，而农村社区警务的建设明显滞后。如何根据农村社区的特点，探索社区警务向农村延伸，促进农村治安持续稳定，这是摆在我国公安机关面前的紧迫任务。枫桥派出所在继承发扬“枫桥经验”的基础上，开辟了一条具有枫桥特色的社区警务发展之路，为推进我国尤其是农村地区的现代警务机制改革，做出了有益的探索。

（二）枫桥的社区警务

“枫桥经验”的重要特色之一，就是发动群众、组织群众，实行群防群治，推动治安工作社会化。枫桥派出所在社区警务建设中的主要做法是：

1. 结合农村地区特点，建立社区警务工作机制

枫桥派出所适应农村地区的实际情况，建立了一套行之有效的农村社区警务工作机制。该所与镇乡管理机构配套设置了 7 个警务区，并实行“三室合一”

〔1〕 我国公安部在2002 年提出实施社区警务战略，其主要内容是：通过规范警务运作，逐步建立起与新型社区管理体制相适应的社区警务运行机制，努力实现“发案少、秩序好、社会稳定、群众满意”的工作目标，走出一条在市场经济条件下公安机关的专门工作与群众路线相结合的新路子，最终实现警务工作由打击型向防范型、由被动型向主动型、由管理型向服务型的转变。

的工作机制,即每个警务区设立一个社区警务室,并配套设置司法工作室、综合调解室,每个警务室配备 2 至 4 名民警、2 名社区保安,和镇乡的 2 名司法干部合署办公,联动处事。组建了驻所刑侦民警、交通民警、巡逻民警"多警联动"的警务工作模式。在管理上,建立了所领导"分线、联区、抓事"的管理制度和民警"合、分、联"有机协调的运行机制;在工作上,构筑了"派出所把面、警务区管片、警务点控村、警务和政务联动"的新格局,实现了警务工作由被动向主动转变;在服务上,以警务区为工作平台,把服务群众的警务活动全部下放到每个警务室,方便群众就近办证办事,实现了警务工作由管理向服务转变;在时间上,保持社区民警每周有 24 个小时的时间下警务区做基础工作,真正实现警力下沉,警务前移,满足了群众"把派出所建在家门口"的愿望。

枫桥派出所还建立了集镇治安防护控"五个一"工作机制。根据集镇城市化管理的要求以及近几年集镇治安形势的不断变化,该所按照"突出集镇、辐射农村"的治安管理思路,建立了集镇"有一支专业维护集镇秩序的巡逻队,一个秩序良好的停车场,重要路口有一个治安岗,有一条警民共建的安全文明街道,有一套规范完整的集镇治安管理制度"的"五个一"治安综合管理机制,实行口袋式管理、网格化巡逻、电子化监控,推进集镇治安由治标向治本转变,由分散管理向综合治理转变。并在农村深入开展"安全文明村、安全文明单位、安全文明小区、安全文明路段、安全文明户"为主体的"五创建"活动,全面推进治安防范工作社会化。

2. 树立警察良好形象,密切警民关系

枫桥派出所历来注重培养良好的警民关系,近几年来,该所把公共关系理念引入警民关系中,树立警民"零距离"理念,以塑造更好的公众形象,建立更加和谐的警民关系。这方面的主要举措包括:

一是推行"阳光执法",实现警务公开。枫桥派出所对群众关心的办理农转非等问题,实行公开指标、公开条件、公开程序、公开结果等制度,增强了工作的透明度;对窗口办证服务项目、办理程序、收费标准、服务承诺、服务用语以及服务电话等,全部悬挂上墙,主动接受群众监督。该所首创了执法办案"四公开"制度,把各类刑事、治安案件的受理和立案时间、主办民警和调查进展情况、办案程序时限、办理结果和处理依据四方面内容在派出所电子显示屏、社区警务室、村级警务栏三级公开，自觉接受群众的监督。该所公布了监督举报电话号码，聘请了 14 位警风警纪监督员，通过多种方式和途径广泛听取社会各界的意见和建议。另外，派出所领导不定期地走访各家单位、工厂企业、普通群众，认真听取各方的意见和建议，以更好地改进工作。

二是从严治警，严格规范警务行为。枫桥派出所建立了日常工作和生活管理 19 项规定，完善了严格执法办案 10 个方面的总体要求。特别是在全所建立了《一日形象规范》、《岗位服务规范》、《一日工作规范》、《教育培训规范》和《值勤执法规范》五大规范化管理制度。在每个民警岗位上推行了首问责任制、无休息工作制、服务承诺制、上门服务等工作制度，把具体的警务工作责任落到一人、一事、一案之中。

三是优化服务，塑造爱民亲民形象。枫桥派出所始终把爱民、为民、便民、助民融入各项警务活动，坚持从事关群众切身利益的问题入手，从身边的点滴小事做起，用实实在在的工作，换取群众的理解、拥护和支持。该所要求民警对前来办事的群众做到：一张笑脸相迎、一句“您好”问候、一把椅子让座、一片真诚办事、一声“再见”送行、让群众少跑一趟路、少排一次队、少等一分钟。该所推出了社区警务“超市工作法”，就是要求民警在警务工作中积极开展各种为民便民措施，让群众感受到“派出所就在家门口”的优质服务。所里按照酒店管理模式，设立了“大堂民警”，时刻接受群众咨询求助，在每个民警的办公室门口都张贴照片，公布职责，设置留言簿，群众见不到民警可以留言，由民警联系服务，不用多跑。派出所的办证中心 24 小时为群众服务，近年来，又相继推出了预约代办、送证上门服务，并成立“流动户籍室”，开展就近服务。为了方便与群众的联系，该所采取了设立警民联系箱及报警点、向群众发放警民联系卡等措施，使群众有困难能及时与民警联系。

3. 依靠群众抓治安，构筑群防群治网络

坚持依靠群众开展群防群治工作是“枫桥经验”的一大特色。枫桥派出所坚信“警力有限，民力无穷”的理念，提出“人民公安为人民，社会治安众人管”，积极整合各类社会资源，扎实推进群防群治工作：

健全群防群治网络。在派出所的指导和协助下，枫桥建立了一支有事业心和责任感、善于做群众工作的优秀的基层治保调解干部队伍，各村设立“一员两队三会”,即治安信息员、平安志愿者队伍、护村队、老年协会、禁赌协会和计生协会,使公安工作的触角延伸到了社会的各个方面,形成了一张覆盖整个辖区的群防群治网络。

建立治安巡防机制。以交通要道和治安复杂部位为重点,组建了一支由多辆巡逻摩托车和数十名巡防队员组成的专职巡逻队伍,开展动态治安巡逻。此外,还在辖区治安复杂的重点村建立了 6 支联动式巡防队伍,每村每晚组织 10 人开展夜间巡防。

开展“治安预警进社区”活动。枫桥派出所每月以《警务通讯》形式将警务工作情况、治安动态分析、安全防范知识、外地防控经验汇编印发到党政机关、企事业单位、基层社区(村)和学校,发布治安信息、治安动态和防范工作经验。

推进安全文明创建活动。创建工作由村、企业单位等向住户延伸,开展了争创安全文明户活动,使“维护治安、人人有责、同居一地、共保平安”的观念深入人心。另外,组织开展了送法律到家、送服务到家、送平安到家的“三送”活动,增强了辖区群众的安全意识和法治观念,有效地遏制了刑事案件的发生,取得了明显的社会效果。

4. 推行辖区民警责任制,积极落实管理防范工作

枫桥派出所根据人口分布状况、治安复杂程度和地域范围等因素,将辖区内 80 余个行政村划分为 11 个民警责任区,每个责任区指定专人负责。责任区确定后,按照属地管理原则,把管理防范的责任细化为各项具体的工作任务。为确保民警扎根责任区,把工作责任制落到实处,他们采取了三项工作措施:

一是制定责任区工作制度,如规定民警每月下责任区不得少于 15 天,每月走访群众不得少于 30 户等。

二是建立警务点,每个警务点都设在警务区的中心村,责任区民警每周有一天时间固定在警务点办公,主要是接受群众报警、为群众提供有关政策法律咨询、调处一般治安纠纷、受理群众申报户口、代办有关证件等。警务点的设立,缩短了派出所与群众的距离,拉近了警民关系,正如群众称赞的那样,警务点的设立使得“派出所建在家门口,人民警察就在身边”。

三是建立健全考核奖惩制度,以奖惩促进责任的落实。在考核内容上,突

出工作实绩与效果；在指标设计上，以防范为立足点，合理布置分值，引导、促使民警把主要警力投向管理与防范。

5. 加快信息警务建设，建立社区信息工作机制

“四先四早”工作机制中的“预警在先”是新时期“枫桥经验”的一项重要内容。社区警务工作的顺利开展，也以有效的社区信息预警机制为前提和基础。为此，枫桥派出所非常重视信息警务建设，不断强化民警的信息意识，建立了社区信息的收集、整理、传递、管理等方面的制度规范，形成了一个高效的社区信息工作机制。该所在3个重点警务区和6家旅馆配设了基础信息管理电脑，依托省公安厅打防控信息主干应用系统等信息应用平台，开展基础信息化管理工作。该所还不断拓宽社会化信息工作途径，根据治安管理的需要，在辖区内建立了一支由三百余人组成的社会治安信息员队伍，加强对重要场所、重点治安问题的信息收集，要求社区民警每周对基层信息员掌握的各类信息在警务区收集汇总，定期进行分析研判后输录到打防控信息系统，对未安装信息传输系统的旅馆业落实专职人员每天两次上报信息，统一由信息采集室集中输入，力求基础信息采集的广泛性和实用性。

（三）“枫桥经验”对我国社区警务建设的启示

1. 树立警民“零距离”理念，改善和密切警民关系，为社区警务的开展奠定坚实的群众基础

社区警务的主旨在于通过警方与社会的密切合作，协力应对犯罪，共建和谐社区。而警方与社会的密切合作，必然以良好的警民关系为前提。因此，公安机关应改变长期以来形成的自成体系、自我封闭的局面，加强与社区民众的沟通，以良好的公众形象，争取社会各方面的配合和支持：

一是转变观念，强化公仆意识和服务意识，正确定位警察的角色和使命。我国目前正在大力建设服务政府、责任政府、法治政府，这要求政府向管理型向服务型转变，警察机关作为管理社会治安的行政职能部门，亦应随之转变。应当明确，在现代民主法治社会中，警察不是居高临下的“社会治安保护者”，而是为社会“提供安全服务者”。

二是积极推行警务公开，严格规范执法行为，不断提高服务质量，努力为群众排忧解难，从而赢得人民群众的信赖，增进警察的亲和力。

三是大力倡导警力下沉,立足社区,服务社区。

四是经常性开展与社区的互动与交流,及时向群众通报有关的治安信息,宣传、普及治安防范方面的知识,与社区居民共同研究治安情况及对策,鼓励公民参与治安防范,发挥人民群众在犯罪控制中的巨大能量。

2. 努力构建"社区为本"的警务机制

一是建立社区信息工作机制。信息工作是做好社区警务工作的基础性条件。社区民警要强化信息意识,深入群众,随时收集有关治安信息,为社区警务工作的需要服务。同时,要重视信息的反馈,及时向公众发布治安信息,实现信息的双向传递、良性流动。要建立社区警务中的信息工作规范,在信息的收集、整理、传递、积累、管理等方面出台专门制度,严格有关人员的责任和奖惩。

二是加强社区民警的巡防机制。应强化民警在社区的巡逻、巡查、巡访工作,提高社区居民的见警率[1],使群众时刻感受到警察就在身边,从而增强心理安全感。巡防民警在工作中应注意同群众的沟通,及时了解和掌握辖区内的各类治安信息,倾听群众对公安工作的意见和建议,以不断改进工作作风。

三是完善警民共建机制。民众的参与程度关系到社区警务的成败,因此,必须深入开展警民共建,充分发挥民众在预防和控制犯罪中所起的作用。深入社区,开展警务工作宣传以及法律咨询活动,以此增进群众对公安工作的了解,拉近警民距离;健全群防群治网络,动员社区民众参与治安巡逻活动,以提高社区防控能力,弥补专门力量的不足;建立社区治安咨询协商机制,定期召开社区会议,向社区民众通报治安情况,共商治安防范对策。

3. 注重依靠社区化解矛盾纠纷,消除治安隐患,预防违法犯罪

社区警务是一种以治本为导向的犯罪控制模式,主张警察应从被动后发地处置犯罪转向主动先发地预防犯罪,从而取得最佳的犯罪防控效果。"枫桥经验"的一个显著优势,就在于依靠群众及时化解矛盾,预防犯罪发生。因此,在社区警务的推行中,广大公安干警应克服一味跟着案件走的惯性思维,纠正"重

[1] 见警率是社区警务的重要概念之一。提高见警率要求增加巡逻密度,尤其是更多地采用徒步巡逻的执勤方式,其用意一方面在于对潜在犯罪人产生威慑作用,增强民众的安全感;另一方面在于增加警民互动的机会,使警务工作获得民众的信赖和支持。

打击、轻预防”的错误倾向，当某一刑事案件或治安案件发生后，在及时处理的同时，还应注重在社区中寻找案件发生的原因，分析和思考防控此类案件再发生的对策，并借助社会力量发现、化解、消除各类治安隐患，编织一张严密的社会治安防范网络，最大限度地预防和减少违法犯罪行为的发生。

第三节 刑事调解

刑事调解是指在刑事犯罪发生以后，在侦查、起诉、审判和执行各阶段，依托刑事司法机关的职能，在中立的调解人或司法人员的主持下，被害人和加害人进行协商，加害人以认罪、赔偿、道歉等方式取得被害人的宽恕，以达成谅解，协商结果影响到刑事处分措施的制度。〔1〕 作为西方刑事政策主要理论的社会防卫思想，强调受害人权益的保护，主张对某些轻微犯罪行为采取刑法以外的民事、经济、行政等制裁办法或采取社会主义国家通行的调解办法进行解决，推进了刑法的“社会化”，〔2〕倡导犯罪被害人保护、恢复性司法。2000年以后，恢复性正义理论和刑事调解受到司法实务部门和理论界的重视，得到了广泛的探讨和实践。

一、对“枫桥经验”的实证调研：刑事案件如何调解？

（一）枫桥镇人民调解委员会的刑事调解实践

以下是枫桥镇人民调解委员会对一些涉及刑事犯罪案件的典型调解案例：

案例1：钱某故意伤害案

2001年，X村的钱某与两个朋友酒后到某制衣有限公司找自己的女朋友，与门卫发生冲突，三人将门卫打伤，经鉴定构成轻伤。检察院在审查起诉过程中发现，无法查明被害人的伤是由三人中何人行为直接导致，可能最终

〔1〕“刑事调解”是广义的概念，包括公诉案件的刑事和解、自诉案件的和解（调解）、刑事附带民事诉讼的调解等。

〔2〕参见卢建平：《刑事政策与刑法》，中国人民公安大学出版社2004年版，第52页、第81～83页。

影响到对三人的量刑。检察院将这一情况通告给枫桥派出所和综治办。调解人员找到被害人家属,积极促成侵害人真诚承认自己的错误并积极赔偿被害人的损失,被害人表达了不再追究侵害人刑事责任的意愿。枫桥镇人民调解委员会将双方的调解协议转发给诸暨市人民检察院,最终检察机关做出不起诉的处理。

案例2:冯某故意伤害案

2005年,W村在拆除老宅过程中,村民冯甲将本村村党支部书记冯乙打伤,鉴定为轻伤。当时支部书记很气愤,认为如果这个人的责任不追究,工作无法顺利开展下去,一定要追究冯甲的刑事责任。冯甲找到Q村的支部书记,由该支部书记到枫桥镇人民调解委员会表达了调解的意愿。镇人民调解委员会工作人员让其找到冯乙的熟人,先做好思想工作。双方工作做好以后,在镇人民调解委员会和枫桥派出所工作人员的主持下进行调解,最终达成调解协议:冯甲向冯乙道歉并赔偿损失,冯乙向公安机关表示不再追究冯甲的刑事责任。公安机关考虑到冯甲积极投案,并有悔过表现,做出撤销案件的决定,不再追究其刑事责任。

案例3:黄某交通肇事案

2005年9月2日下午,枫桥镇Z村村民高某驾驶摩托车闯红灯,将骑摩托车的黄某撞伤,导致后座黄某的儿子死亡。高某在这场交通肇事案件中负全责。高某被公安机关控制。黄某的儿子刚考取了大学,儿子的死亡使黄某遭受了沉重的精神打击。黄某纠结了数人打听高某的儿子就读的学校,欲实施报复。镇人民调解委员会积极行动,做好被害人黄某和肇事人家属的思想工作。经调解,高某的哥哥与黄某的委托代理人达成调解协议,该协议书由在医院就医的黄某签字。高某赔偿黄某的经济损失55万元,黄某表示不再追究高某的刑事责任,希望司法部门给予此案调解终结。诸暨市交警大队依法将高某释放。

案例4:纺机店工人过失致人死亡案

2005年7月,枫桥镇某村村民陈某到镇上的纺机店购买纺织机,纺织机运到陈某家中,在起吊安装过程中,将陈某的妻子挤压导致肝脏破裂当场死亡。陈某向派出所报案,负责起吊的3名工人被公安机关采取强制措施。纺机店的老板提出，事情出来了，也不是出于故意，先拿出10万元作为赔偿，等调解确定数额后再拿。双方在人民调解委员会的调解下，就赔偿的数额进行了协商，最终确定由纺机店赔偿被害人家属19万元，当面将赔偿款交给了被害人家属，公安机关依照法定程序释放了3名工人。

案例5：何某故意杀人案

2007年6月，H村何甲到堂兄弟何乙家就家事责骂何乙，何乙被何甲激怒，在与何甲推搡的过程中，拿起菜刀将何甲砍死，何乙随即被公安机关刑事拘留。在何乙被司法机关追究刑事责任的同时，何甲的家人到镇政府吵闹，要求镇政府满足他们的要求。镇政府工作人员妥善地做好劝解安抚工作，劝其先回家。随后，人民调解委员会召集双方家属到综治办，向他们说明要依照国家的法律追究何乙的刑事责任，在此基础上，双方就丧葬费等具体事宜进行协商，双方的情绪得到了稳定。开始，何乙的母亲不愿意拿钱出来。调解人员指出，积极赔偿有利于何乙最终的从轻量刑。经过耐心细致的调解工作，双方达成调解协议，由何乙的母亲拿出了2万元，其中有该村主任和党支部书记捐助的2000元，调解的当晚由村民委员会交与何甲的家属。何甲的家属也表示不再对何乙提出别的要求，第二天就去火化尸体。双方家属的矛盾得到了有效的化解，避免了冲突的升级。后来人民调解委员会将双方调解情况的材料转发给了相关的司法机关。

通过上述典型案例，我们发现以下显著特点：

1. 调解的案件范围比较广泛

在以上案例中，有故意伤害案、交通肇事案、过失致人死亡案和故意杀人案，其中既有全国各地普遍进行刑事调解实践的轻罪案件，也涉及了重罪，如故意杀人案件。如在案例5中，加害人与被害人家属间的调解结果最终影响到法庭对被告人的量刑。在此意义上，也可以将其纳入刑事调解的范畴。在我国当前的刑事调解实践中，存在诸多认识上的误区，认为刑事调解只能适用于轻罪案件，对重罪不能适用。不能适用于重罪是因为如下的认识：刑事调解的功能是出罪。轻罪案件社会危害性较小，可以免除侵害人的刑罚。而重罪案件无法免刑自然无刑事调解的空间。实际上，不管是依据我国的刑法基本理论还是国外的刑事调解实践，加害人的真诚悔过和主动赔偿、被害人的宽恕和不追究或从轻对加害人量刑的意愿，都可以成为量刑情节。对于重罪案件，如果双方达成了谅解，虽然不可免刑，但属于酌定从轻量刑的情节。

2. 调解活动与刑事诉讼共存

各国的刑事调解与刑事诉讼活动的关系和衔接各有不同。有些国家的刑事调解活动完全由当事人自行和解或通过完全独立的民间组织进行调解，不受国家刑事司法机关的干涉；有些国家，当事人的和解和民间组织对当事人的调解与刑事司法机关密切相关，刑事案件通过司法机关的分流由当事人自行和解或由民间调解组织进行调解，调解的结果作为定罪量刑的依据；有些国家，刑事司法机关对于刑事案件的调解起着决定性的意义，司法机关一方面承担着刑事侦查、起诉和审判的职责，另一方面，又肩负着劝告侵害人与被害人的调解工作。

在我国，刑事自诉案件的当事人可以自行和解，当事人不起诉，或者在诉讼活动中达成调解协议。对属于公诉的轻罪案件，则多是司法机关对加害人与被害人在第三方社会调解组织（人）的调解下达成的调解协议进行审查，以确定其真实性和自愿性。真实自愿的调解协议可以作为不再追究加害人刑事责任的依据。在案例1、案例2中，我们可以看到镇调解委员会主持的调解活动与公安司法机关存在着密切联系，最终达成的调解协议也成为人民检察院做出不起诉决定、公安机关做出结案处理的重要依据。在枫桥镇，镇人民调解委员会与公安派出所的协作关系最为突出。由于镇人民调解委员会与镇公安派出所都肩负着维护社会稳定的职责，因此，镇人民调解委员会运用自己调解能力强的优势，安抚当事人，消解当事人的过激言行，同时，公安派出所及时对加害人采取措施，避免被害人及其家属的打击报复，有利于双方平心静气坐下来，促成双方调解协议的达成。

对于重罪案件，有学者认为不能调解。我们认为这与刑事法律理论和司法实践是不相符合的。在重罪案件中，双方通过刑事调解达成调解协议的，表明犯罪行为的社会危害性有所减轻。如在案例5中，镇人民调解委员会主持加害人家属与被害人家属进行协商，达成了经济赔偿的协议。这一调解活动有力地化解了社会矛盾冲突，稳定了双方的情绪。在刑罚裁量时，被告人及其辩护人可以依此主张从轻量刑，公诉人也可以在提出量刑建议反映双方的调解情况，审判人员可以将经济赔偿和双方的协商情况作为酌定从轻处罚的量刑情节。既然人民调解委员会的调解活动事实上影响到了司法机关的量刑,我们就没有理由不将其归入刑事调解的范畴。

3. 既及时查清案情,又不轻易定性

枫桥镇人民调解委员会强调证据的收集和保存。他们认为,没有证据,可能出现"公说公有理,婆说婆有理"的不利局面,调解协议也难以达成。所以,证据的采集和固定对于问题的最终解决十分重要。但是,由于刑事调解的目的是促成双方的妥协与谅解,加之,对行为性质的认定从法律上讲是司法机关的职权,因此,镇人民调解委员会在调解协议中,并不轻易定性。比如只提及伤害,而不写是否达到轻伤;只说车祸死亡,而没有明确是否是主要责任。我们可以从以下两份人民调解协议书的纠纷简要情况中看到这一点:

案例6:俞某交通肇事案

纠纷简要情况:2006年7月11日早上6时多,在枫桥镇阳村羊坞岭发生一起交通事故,俞某驾驶拖拉机和蔡某驾驶电瓶车相撞,蔡某经抢救无效死亡,现要求枫桥镇政府出面协调解决。

案例7:徐某与杨某打架案

纠纷简要情况:2006年8月14日中午及傍晚,枫桥镇Z村村民徐某和杨某因故发生纠纷,导致双方冲突,均有伤势,住院治疗,杨某花去医药费13500元及室内财产损失。徐某也有相应的治疗费用。该纠纷经村、协作办、派出所多次调解,因双方的意见不一,一直没有调处成功,经双方申请,镇调委会于2006年10月13日下午调处成功。

对于这些轻罪案件,当事人达成调解协议的,经过公安机关和司法机关的审查,便可以作为不再追究加害人刑事责任的依据。但是,对于重罪案件,需要由检察机关依法提起公诉,由侦查机关和公诉机关查清案件事实。

(二)诸暨市司法机关的刑事调解实践

1. 公安机关积极协助人民调解委员会的调解活动

枫桥派出所把建设一支有强烈事业心、责任感,善于做群众工作,在群众中享有较高威信,具有强大凝聚力、号召力和战斗力的基层治保调解干部队伍作为首要任务来抓，率先开展了“五星级”治保调解组织规范化建设活动。

枫桥镇人民调解委员会调解的许多案件，由公安派出所的民警和人民调解委员会的调解人员共同完成。这一方面，规范了对法律的运用和证据的认定；另一方面，强化了调解主持人的威信，有力地促进了调解协议的达成。

2. 人民检察院将刑事调解与不起诉制度、缓刑制度结合运用

在刑事司法实践中，积极探索对轻伤害案件进行调解结案、对未成年人犯罪案件采取不起诉或建议适用缓刑。司法实践中对轻伤案件以调解方式结案，既增加了被害人的主动权，尊重了被害人的意愿，也兼顾了犯罪嫌疑人的利益，体现了刑法对人权的保护，有效地避免了刑法的负价值，也体现了刑法的宽容性和人道性。

3. 诸暨市人民法院积极推进重伤害案件的刑事调解

诸暨市人民法院还创造性地将刑事调解应用到重伤害案件中，并与缓刑制度相结合。他们认为以下重伤案件可适用缓刑：(1)属偶发、突发的案件；(2)因民间纠纷引发的案件；(3)被告人有自首、立功或其他法定从轻、减轻处罚情节的案件。同时还规定必须满足以下三个条件：(1)民事部分双方当事人已和解或在法院主持下调解解决，赔偿款原则上要求履行完毕，且得到被害人谅解的；(2)被告人犯罪情节一般，主观恶性不深的；(3)如宣告缓刑，具备监管条件的。通过限定适用条件，一方面克服了对重伤案件被告人适用缓刑的随意性，使办案更加规范并富有理性，另一方面也充分体现了“宽严相济”的刑事政策，切实做到不枉不纵，同时也减轻了国家、社会的负担和资源浪费。

包括枫桥和诸暨市司法机关在内的全国各地的刑事调解(和解)实践，为刑事诉讼制度的完善提供了实证基础。立法机关在总结了各地的刑事和解(调解)经验的基础上，在刑事自诉案件的调解与和解、刑事附带民事诉讼调解之外，将公诉案件的刑事和解立法化。2012 年 3 月 14 日第十一届全国人民代表大会第五次会议修正的《刑事诉讼法》在第五编第二章规定了当事人和解的公诉案件诉讼程序。依据《刑事诉讼法》第 277 条的规定，因民间纠纷引起，涉嫌《刑法》分则第四章、第五章规定的犯罪案件，可能判处三年有期徒刑以下刑罚的，或者除渎职犯罪以外的可能判处七年有期徒刑以下刑罚的过失犯罪案件，

犯罪嫌疑人、被告人真诚悔罪，通过向被害人赔偿损失、赔礼道歉等方式获得被害人谅解，被害人自愿和解的，双方当事人可以和解。第279条规定，对于达成和解协议的案件，公安机关可以向人民检察院提出从宽处理的建议。人民检察院可以向人民法院提出从宽处罚的建议；对于犯罪情节轻微，不需要判处刑罚的，可以作出不起诉的决定。人民法院可以依法对被告人从宽处罚。从本质上看，"枫桥经验"中的刑事调解与我国刑事诉讼法中自诉案件的和解（调解）、公诉案件的刑事和解、刑事附带民事诉讼调解等制度的原则精神是一致的，也与近年来实行的认罪认罚从宽制度旨趣相投。

二、枫桥的刑事调解与陕甘宁边区的刑事调解之比较

中国具有悠久的调解传统，这一传统被我党加以继承和发扬，早在"陕甘宁边区"时期，就进行了广泛的刑事调解实践和立法。"枫桥经验"对刑事调解的实践与"陕甘宁边区"的刑事调解实践一脉相承，并有所创新发展。二者同是中国本土刑事调解的代表，但也存在时代的差异。

（一）适用刑事调解的案件范围比较

1943年6月，陕甘宁边区在总结调解实践经验的基础上，制定并公布了《陕甘宁边区民刑事案件调解条例》（以下简称《调解条例》），将刑事调解与民事调解一并纳入法律规范。关于调解的范围，《调解条例》第2条规定："凡刑事，除下列各罪不许调解外，其他各罪均得调解：（1）内乱罪；（2）外患罪；（3）汉奸罪；（4）故意杀人罪；（5）盗匪罪；（6）掳人勒赎罪；（7）违反政府法令罪；（8）贪污渎职罪；（9）妨害公务罪；（10）藏匿人犯及湮灭证据罪；（11）破坏货币及有价证券罪；（12）伪造公文印信罪；（13）破坏社会秩序罪；（14）伪证罪；（15）公共危害罪；（16）破坏交通罪；（17）伪造度量衡罪；（18）妨害农工公益罪；（19）烟毒罪；（20）其他有习惯性之犯罪。"调解范围最大的特点在于：排除了对危害国家和社会利益的犯罪的调解，排除对故意杀人及掳人勒赎等严重侵害个人利益的犯罪的调解，排除了对习惯性犯罪的调解，将刑事案件的调解，严格限制在某些非严重侵害个人利益的范围内。

典型的刑事调解案例如下：

案例8:李高氏自诉养子李锁子遗弃案[1]

被告李锁子犯遗弃养母罪行,本应判处苦役,因其养母当庭请求"希望教育后,保证养活我就好",李锁子亦当庭保证改过,法院审理后认为:被告李锁子系自幼继与自诉人李高氏为子,抚养成人,理应对母孝顺及负养老之责。竟敢任性打骂,而至遗弃不予供养。经自卫军及代表解劝,尚行反抗,本应从重严处,惟该被告李锁子能自悔悟错误,愿改过孝母,又家中需被告李锁子做工度日,故特判决:李锁子遗弃伊母罪,依刑法第二百九十四条与第二百九十五条,判处苦役半年,因其老母妻幼无人抚养,准予具保假释,带罪侍母,如再遗弃,加重处罚。

案例9:高兰英打伤其父刘三毙命案[2]

延长县政府县长呼恩恭于1945年6月14日给陕甘宁边区高等法院的呈文中称:"接贵院三月十八日之批答本县五区三乡郝家村高兰英打伤其父刘三毙命事尚可调解……去找娘家人及户族人来解决此事……经大家一致同意,故调解无事,并给高兰英严格批评,及指出不对,令今后应改正性情,特此呈报仰祈鉴核示遵。"

案例10:某干部打人案[3]

本案发生的具体时间不明,大致是在陕甘宁边区早期,记录于《谢觉哉传》的"初创司法制度"。边区政府一位干部,至延安东关一个姓余的群众家里去借家具,主人不愿借,说了一些不好听的话,这个干部便动手打了对方,引起了纠纷,这位干部被司法机关起诉至法院。当时因打人构成犯罪被判刑的案例,在陕甘宁边区并不少见,对这类案件调解解决的,也普遍存在。对于本案,谢老决定调解处理。他亲自步行至受害人家里,说明情况,代表当事人向受害人道歉。余姓受害人一家很受感动,拿着家具跑来边区政府,要到凤凰山去找毛主席,要

[1] 本案是陕甘宁边区高等法院于1941年7月21日判决的案件,被作为典型判例收录于《陕甘宁边区判例汇编》。参见贾宇:《继承陕甘宁边区成功经验 构建我国刑事和解制度》,载中国普法网:http://www.legalinfo.gov.cn/misc/2007-01/22/content_521198.html,最后访问日期:2008年5月4日。

[2] 同上。

[3] 同上。

求不要处理这个干部。谢老说：“你们同意放了他，我们就放他。”姓余的一家人都表示同意，于是双方见了面，各自认了错，道了歉，言归于好了。

案例11：侯应周伤害案[1]

加害人侯应周与被害人住一村，因为某天担水之故，两家的女同志相互吵了一次嘴。后来侯应周的妇人把此事说给自己的丈夫，侯应周就和他的妇人一起将对方怀孕四个月的女同志打伤，造成流产。事后双方达成调解协议，侯应周付给对方500元养伤费用，以作结束。

案例12：刘聚先盗窃宋作藩粮食案[2]

刘聚先盗窃宋作藩粮食案，经调解双方达成协议。刘聚先赔偿宋作藩700元，并当庭向宋作藩赔礼。刘聚先具保假释，由担保人负责其赔偿，并保证以后不再发生犯罪事情。赔款700元自调解成立之日起3日内赔清。

可以看到，诸暨市刑事调解的范围与陕甘宁边区刑事调解的案件适用范围基本一致。由于时代的变迁和法律概念的差异，二者也存在些许不同：其一是交通肇事案件的调解。交通肇事犯罪案件在过失犯罪案件中占据着相当大的比例，堪称“过失犯罪之王”。由于大多数交通肇事案件肇事人主观恶性不深，被害人和家属的报复心不重，因此，通过刑事调解的途径既可以满足被害人一方经济赔偿的要求，又可以使肇事人免被打上犯罪的标签。其二是对杀人案件的调解。陕甘宁边区的杀人案件的概念内涵较为丰富，既包括现在的故意杀人，又包括过失致人死亡、故意伤害致人死亡。

（二）刑事调解主持人的比较

根据陕甘宁边区《调解条例》第4条、第5条和第6条的规定，“调解的主体可以是双方当事人的地邻、亲友、民众团体，也可以是乡村长或乡（市）政府、区公署，或县市政府，还可以是司法机关”，“乡诉讼调解委员会，由乡长、乡议议长（或乡指导员）、自卫军连长、锄奸主任及群众团社代表组织之，以乡长为主任”。诸暨市的调解主持人主要包括村级和乡镇的人民调解组织和人员。在村一级能够担当治调员的是村子里有一定威信的人员。设在镇综治中心的人民调解

---

[1] 参见陕西省档案馆藏：《陕甘宁边区高等法院案例汇编》，全宗号15，案卷号773。

[2] 同上书，案卷号758。

委员会调解村调解委员会未能调解的纠纷。陕甘宁边区《调解条例》并没有区分刑事案件与民事案件，实践中能够调解刑事案件的是一定级别的人员和组织，如县长、区公署。在枫桥镇，能够调解刑事案件的调解组织是镇里的人民调解委员会。镇人民调解委员会的工作人员都具有长期的调解工作经验和较为丰富的法律知识，在调解过程中容易取得当事人的信赖，进而弱化强烈的对抗意识，调解的引导性提议容易得到双方的重视，为最终调解协议的达成打下基础。但是，对于重罪案件，调解协议的达成只能是司法机关量刑时考量的酌定情节。

（三）刑事调解适用阶段的比较

陕甘宁边区刑事案件的调解可以在案件的侦查、审判、上诉和执行程序的所有环节进行。调解方式最大的特点，是将调解作为解决纠纷的首选途径予以推行，将调解作为贯穿所有纠纷解决环节的重要方式。这与陕甘宁边区强调“调解为主、审判为辅”的工作方法是分不开的。诸暨市刑事案件的调解不仅包括进入刑事诉讼程序的案件，也包括没有进入刑事诉讼程序的案件。人民调解委员会的实践进一步扩大了刑事调解的范围和方式。

（四）调解实体内容的比较

陕甘宁边区的《调解条例》第 3 条规定：“民事及得许调解之刑事，其调解之方式如左（下）：（一）赔礼、道歉，或以书面认错；（二）赔偿损失或抚慰金；（三）其他依习惯得以平气息争之方式，但以不违背善良风俗及涉及迷信者为限。”诸暨市刑事调解实践中，对于如何达成调解协议，也采取了形式多样化的策略，既包括赔礼、道歉、书面承认错误，也包括赔偿损失、支付丧葬费。在调解协议书中，不仅写明双方的赔偿责任，也对预防双方的矛盾纠纷做出了明确的规定，如对于邻里打架斗殴的，写明斗殴根源问题的解决办法；对于获得赔偿一方将赔款捐助社会的，在调解协议中加以说明，等等。

（五）基层调解与保护诉权的比较

陕甘宁边区政府、陕甘宁边区高等法院训令对乡、区政府之权限及调解组织的构成做出了规定。训令规定：“一、乡政府得组织诉讼调解委员会进行调解一般的民事案件及处理一些轻微的刑事案件（如婚姻、土地、债务、烟贼、窃盗、斗殴、侵占之类），倘当事人不服，即准其向司法机关控诉，乡、区政府不得强制执行，亦不得阻挠干涉；人民要求向司法机关控告时，并应发给通行证或其证明文件……"[1]可以看到，陕甘宁边区是极为重视人民的诉权的，这与传统封建社会将一部分刑事案件交与民间并采取压制的手段以达到"无讼"目的，具有根本的区别。

对枫桥"小事不出村，大事不出镇"的口号，确实有人提出可能损害当事人诉权的担忧，对于刑事案件更是如此。而实际情况是，基层的调解人员以自己对人民的忠诚，发挥主观能动性创造性地进行调解活动，而对于当事人不接受调解，或达不成调解协议的，当事人完全享有要求司法机关追究加害人刑事责任的权利。以枫桥镇枫溪村《矛盾纠纷排查调处工作制度》为例，其中规定：当事人申请调解纠纷，符合受理条件的，应当及时受理调解；不符合受理条件的，应当告知当事人按照法律、法规提请有关机关处理或者向人民法院起诉；随时有可能激化的，应当在采取必要的缓解疏导措施后，及时提交有关机关处理。人民调解委员会强迫调解的，调解协议无效。

三、基层社会对刑事调解的期盼：调解与审判同在

（一）政治国家统治方略的抉择

在陕甘宁边区高等法院，对于刑事案件能否调解，哪些案件可以调解，曾经有过不同的意见和争论。一种意见主张，刑事案件无论性质严重与否，社会危害大小，一律不能调解。理由是："司法是政权的主要部分，对于违反法律者，应给予制裁，教育被制裁者，教育群众，若许人民和解，对犯法者未给予有效的教育，则难免有重犯之虞。司法权之行使，恐不易收到良好的效果"，"如果除外患汉奸罪之外，皆许调解，则杀人者可能逍遥法外，造成诉讼减少而社会犯罪行为多"。另一种意见则主张，对刑事案件采取区别对待的态度，"除关乎妨害国家政策，如外患汉奸等罪外，概须调解"。理由是："现行刑事政策采取国家干涉主义，并不能减少犯罪，往往原被告双方自愿和解息诉，亦不可能。致使各走极端，荒时废业，此不仅贻害个人，且使地方失其公共之和平，现吾边区实行新民主主义政治之时，应将此项刑事政策予以变更。刑事案件，许民和解，认为有碍

---

[1] 参见陕西省档案馆藏：《陕甘宁边区高等法院案例汇编》，全宗号15，案卷号10。

国家政策者，仍可为之检举，似此办法，在减少人民诉讼痛苦之中，仍不妨害国家统治权之作用。反驳者或谓‘犯罪不罚’可以和解，不啻奖励其犯罪。不知犯罪之始因，基于政治教育生计之不良，否则，谁又肯为犯罪之事。是刑事许以和解，实无奖励犯罪之意”；“盖犯罪是由于当时社会恶劣的环境所致，防止犯罪的办法，不是严惩的问题，而是如何改造的问题，改善他的生活，改造社会，才是基本办法”。[1] 陕甘宁边区在特定的战争年代严格地区分了敌我矛盾和人民内部矛盾，坚定地主张，对于人民内部矛盾所导致的犯罪应当坚持教育改造，同时注重引发犯罪的社会因素。这些论断即便是在今天对我们仍然具有指导意义。

和谐社会建设依然面临着治国方略的抉择。我们建立的社会主义和谐社会是法治社会，那么，是不是说对刑事案件一定要判决，不容加害人与被害人的和解，或者对他们之间的和解充耳不闻才算得上法治呢？回答是否定的。法治要求市民社会与政治国家的共容，要求犯罪应对政策满足人民群众的根本利益。刑事调解有利于被害人利益的保护和犯罪人的人格改良，同时，审判有利于公平正义的实现，刑事调解和审判都有利于犯罪预防这一国家的整体目标，是当前构建和谐社会的内在要求。调解与审判本身并不是悖反的，二者需要相互补充。

调解在中国具有浓厚的文化传统，但是由于数千年来封建思想的侵蚀，这一文化传统中夹杂着消极的成分，如不依照现代法治理论加以剔除，不仅不利于问题的解决，反而成为侵犯人权的工具。因此，对于调解的文化传统应当在扬弃的基础上加以继承。同时，我们也应当看到，西方近几十年来的刑事调解实践具有与我国不同的文化和制度背景，对于西方的刑事调解理论和立法，不能一味地全盘接受，应当结合中国的调解传统和现状，创造符合中国实际的新型的刑事调解制度。陕甘宁边区高等法院在1944年选编的《陕甘宁边区判例汇编》的序言中开宗明义写道：“中国的法律，摸索了这么几十年了，但搞出来的东西，多半不是洋教条，便是老八股，能够真正适合于中国国情的东西，还是很少见的。这点，虽然边区在历年的努力中，获得了些成就，创立了许多新的、适合中国国情，即符合新民主主义的政治（即革命的三民主义的政治）的东西，但

〔1〕 参见贾宇：《继承陕甘宁边区成功经验　构建我国刑事和解制度》，载中国普法网：http://www.legalinfo.gov.cn/misc/2007-01/22/content_521198.html，最后访问日期：2008年3月6日。

我们并不满足，我们认识到我们的努力还不够，还没有把许多实际的经验，在理论及法令上树立成很完备的一套。"[1]我国的刑事调解制度不仅具有深厚的本土资源，而且正在向西方的实践和理论学习。

诸暨市刑事调解的实践为我们明确调解与审判二者的辩证关系提供了思路。其一，刑事案件的调解不能脱离司法机关的监控。其二，轻罪与重罪的刑事调解应各有所重，采取不同的方式。对于轻罪案件的刑事调解，当前的实践存在内在的矛盾。如人民检察院做出不起诉的决定，这一决定具有定罪免刑的性质。虽然刑免掉了，但行为人还是被打上了犯罪的标记，这一标记将伴随其一生，极不利于再犯的预防。由检察机关做出不起诉决定，不如将一些案件交与人民调解委员会，由人民调解委员会通过刑事调解在刑事诉讼前加以无罪化处理。对于重罪案件，应当建立人民调解委员会与公诉机关、审判机关的协作机制。一些在法庭上的激烈对抗中无法实现的调解意愿，可以交给人民调解委员会加以解决，最终的调解协议书可以作为证据在法庭上出示。刑事调解的达成，应当具有多重的法律效果，既可以当作定罪情节，也可以当作量刑情节。当前的实践多是将其作为定刑情节，否定其作为量刑情节。可以将轻罪案件分流给人民调解组织，只要这些轻罪案件当事人达成调解协议了，就不再进入刑事诉讼程序，这同西方社会案件分流的做法是相似的，也符合基层社会的现状。其三，应当大力倡导教育刑思想。刑法重在犯罪人的教育改造和回归社会，刑事调解可成为教育手段之一。当今，虽然我们的刑法目的是惩罚犯罪与保护人民并重，刑罚目的是犯罪预防，但是，法律报应主义的思想还很浓厚，公正在相当多的人眼中还是刑罚的实现。如不从刑法理念上有一大的转变，刑事调解便不可能得到强有力的支持。"枫桥经验"中的人本主义、人道主义，为刑事调解的成功实践打下了坚实的基础。

（二）市民社会个体利益的诉求

从冲突的社会意义看，在任何一个有秩序的社会中，冲突——即便是纯粹发生在私人间的冲突——都具有一定的反社会性。无论冲突各方是否具有正义的根据，冲突毕竟与社会秩序的要求是相悖的。这是因为，当社会中的利益、

〔1〕 参见贾宇：《继承陕甘宁边区成功经验　构建我国刑事和解制度》，载中国普法网：http://www.legalinfo.gov.cn/misc/2007-01/22/content_521198.html，最后访问日期：2008年2月16日。

权力以及威望通过一定的方式“合理”分配，并表现为一种制度和秩序时，围绕利益、权力以及威望的冲突就不再是对个别主体的侵害。冲突的本质是主体的行为与社会既定秩序和制度以及主流道德意识的不协调或对之的反叛。〔1〕所以，犯罪就成为个体对统治关系的破坏。但是，我们不能忽视的是，犯罪的直接受害者是个人，加害人不仅要通过接受刑罚惩罚来重新坚定法律确信，而且也有义务去直接面对受害人来承担一系列的道德责任、经济责任。忽视被害人利益的刑事司法是有缺陷的刑事司法。

冲突的社会根源是个体与社会结构的紧张关系。在传统的刑事司法系统中，过于强调个体对社会的反动关系，而忽视了对立统一的另一面，即个体与社会的紧密联系与认同。社会对于冲突对立面个体的利益和社会地位的肯定，是消解社会冲突的有效途径。片面地强调个体的独立地位或者片面地强调社会的整体价值观都可能导致冲突升级恶化。

日本学者棚濑孝雄在对人类社会纠纷解决过程进行具体研究和分析后，以纠纷的解决是否基于冲突各方的自由合意为依据，将解决纠纷的过程分为“合意性”解决和“决定性”解决。前者指冲突各方在“合意”的基础上使纠纷得到解决，后者指冲突各方通过第三方的拘束力的“决定”加以解决。〔2〕这种模式化分类并不能将基于合意和基于第三方拘束力的纠纷解决途径截然分开，实际情况是二者往往同时发挥作用。当事人之所以选择调解的途径，与当事人对第三方的拘束力“决定”的预期密切相关。第三方的拘束力并非只存在于解决问题之时，也存在于问题最终解决之前或之后。公正判决的宣告与执行并不等同于冲突的消除和化解，更何况有些“公正的判决”本身有其局限性。刑事审判对冲突消解的天然缺陷需要通过合议性解决途径加以弥补，刑事判决的内容也应兼顾国家强制力之外个人意愿的沟通与共识。

刑事调解与刑事审判的共存共容根本在于我们通过刑事审判无法满足个体的利益，需要通过刑事调解的途径加以修补。“迟来的正义非正义”，冲突的时滞期越长，社会运行的常态受到的影响和破坏就越大。要达到及时、高效地

〔1〕 顾培东：《社会冲突与诉讼机制》，法律出版社2004年版，第3～4页。

〔2〕 参见［日］棚濑孝雄：《纠纷的解决与审判制度》，王亚新译，中国政法大学出版社1994年版，第7页。

解决冲突，不拘泥于某一种手段，而应多样化地运用调解手段和刑事审判的手段。对于一些轻罪案件，运用调解的手段处理更能及时满足个体的利益诉求。上文提到的枫桥镇人民调解委员会的调解案例表明，一些轻伤害案件、过失致人死亡的案件他们可以在一天之内调解，当事人的要求得到充分满足。冲突的解决要求被害人得到公正的赔偿和补偿。严格来说，任何权益的侵害都具有不可补偿性，特别是对非物质性的权益的损害。社会常常根据直接的生活经验以及社会一般价值观确定出具有较高认同程度的补偿准则。符合这种准则的补偿行为，即被认为是充分的、恰当的补偿。[1] 如果纯粹的刑事审判程序无法满足被害人保护的要求，那么，我们很难说这样的刑事司法是十全十美的。而这正是将民事调解的方法运用到刑事案件中，影响到刑事案件的定罪量刑的根源。

对个体利益的满足有利于统治者威信的树立。任何社会冲突都意味着对现实法律统治秩序的一种漠视，所以，解决冲突的实际过程不能不是法律或统治秩序的尊严和权威的回复过程。这种尊严和权威的回复不仅体现于具体权利和义务得以实现以及损失得到补偿，还反映在对冲突主体漠视和亵渎法律或统治秩序的行为做出必要、恰当的制裁。在一定意义上说，法律或统治秩序尊严和权威的回复更主要是通过这种制裁而得到体现的。在某些无法给予权益受害者补偿的情况下，制裁则是维护法律或统治秩序尊严和权威，从而也是解决社会冲突的唯一形式。[2] 但这种唯一的形式显然无法充分满足受害人的利益，并非维护法律和统治秩序的最公正的、最佳的形式。

对个体利益的满足也有利于避免被害人犯罪。个体是趋向于自决的。自决的本质是冲突主体一方或多方凭借于一定的暴力或非暴力的手段，使自己的某种利益得到实现和补偿。其中，包含着古代社会普遍存在的“血亲复仇”，也包括出于妥协而达成的调解。由于现代法治的理念，对加害人的惩罚已经归于统治者，被害人调解的意愿也受到了严格的限制，以防止对公权力的侵蚀。而对于被害人来说，如果经济上的损失和精神上的伤害得不到有效的补偿，那么，私力救济的“复仇”本能便会从魔瓶里飘出，引发对社会秩序更大的破坏。因

---

〔1〕 顾培东：《社会冲突与诉讼机制》，法律出版社2004年版，第28页。
〔2〕 同上。

此,国家对当事人的调解意愿应当加以肯定和采纳,并在赔偿和量刑中加以体现。

(三)基层社会稳定工作的紧迫要求

无论是"陕甘宁边区"的刑事调解实践,还是"枫桥经验"的成功做法,都注重从根本上解决问题。在抗战时期,要化一切消极因素为积极因素,促进边区内部的和平与团结,方能形成强大的合力,与日寇作决死的斗争;而对诸暨市而言,经济的高速发展需要一个稳定的社会氛围,否则发展无以为继。稳定成为政府机关和司法机关,乃至民间团体的共同目标。

如何实现社会稳定,陕甘宁边区高等法院做出了明确的回答:"不管政策也好,法令也好,是在于解决民众具体的问题,而不是以民众的具体问题来洽合政策法令。"[1]"自从政府提出了调解政策后,继之,又强调地提出学习马锡五的审判方式。调解工作,则成了司法工作中被重视的主要工作方式,民事案件,我们是采取调解的,就是刑事案件,除汉奸、反革命比较严重者外,我们也是采取调解的办法。理论上的根据,可以一言以蔽之曰:为了减少诉讼,利于生产,团结各阶级,利于争取抗日战争的胜利,另有专文可参考,这里不再多说,要提出的,是这一政策,在许多实践中,是收获了很大的成就。这是很值得注意的。"[2]

刑事调解要求当事人有明确的利他意识和利他行为,这同刑事诉讼中控诉行为和辩护行为不同。既然犯罪是社会矛盾冲突的必然产物,社会就应当为犯罪的不利后果埋单,建立对被害人的经济补偿制度和对犯罪人的再社会化制度。而对于被害人而言,除要求刑事追究和报应公正之外,对现实社会关系和矛盾的反思,有利于从根本上消解本能的仇恨和痛苦,甚至促进其对犯罪人的谅解。

刑事诉讼程序无法全面地解决社会稳定问题。刑事诉讼要求公诉方和辩护方对抗性的诉讼活动来实现法律的正义,在这种构造下,调解的意愿显得格

〔1〕 蒋安杰、杨傲多:《杰出青年法学家贾宇建议借鉴陕甘宁边区经验创建刑事和解制度》,载《法制日报》2007年1月23日,第2版。

〔2〕 参见贾宇:《继承陕甘宁边区成功经验 构建我国刑事和解制度》,载中国普法网:http://www.legalinfo.gov.cn/misc/2007-01/22/content_521198.html,最后访问日期:2008年3月2日。

格不入。刑事诉讼的目标在于解决加害人的个人刑事责任问题，而与犯罪相关联的一系列家庭、社会问题无法纳入到刑事诉讼内。这些问题的解决需要在刑事诉讼之外去寻求出路。

基层调解组织具有先天优势。村的治调员生活在群众中间，镇人民调解委员会对本地区的风俗和习惯比司法机关更为熟悉，这些调解人员在群众心目中具有相当的威信。调解组织与犯罪案件的发生地最接近，可以及时地进行调解，防止冲突的加剧。特别是对属于中级人民法院管辖的案件，公诉人员和审判人员基本上没有机会与涉案的群众直接对话，有时会导致审判归审判，社会矛盾得不到同时解决。这都需要强化基层调解组织的纠纷化解功能，与刑事案件的审判工作相得益彰。

基层刑事调解工作有利于培养人们的社会责任感。刑事调解与刑事诉讼的协动，将涉及冲突的个体引入到责任认定的过程中，使得被刑事诉讼简单化、模式化了的事实，还原了其复杂性的本来面目。这为人们静下心来，认真全面地思考个人、社会与犯罪问题的内在联系，而不是单纯地沉湎于报复和报应提供了机会。

第四章 “枫桥经验”与民间矛盾纠纷的解决

第一节 纠纷的种类

一、枫桥镇民间纠纷的主要类型

民间纠纷主要是指发生在公民、法人或其他社会组织之间的有关人身权益和财产权益的纠纷，以及轻微刑事违法行为、违反社会公德引起的其他纠纷。[1] 民间纠纷的存在是一种必然的社会现象，是社会矛盾的必然反映。纠纷当事人的意识、心理是非观念、善恶观念、荣辱观念、法律意识、道德品质等个体差异和特点，是纠纷发生的内在因素。社会的政治、经济、文化影响以及时间、地点、环境是纠纷发生的外部条件。由于内在因素和外部条件的互相影响和作用，酿成了复杂多样的民间纠纷。[2]

以往，民间纠纷是指公民之间的有关人身、财产权益之纠纷。民间纠纷的主体范围被限定在公民之间，即夫妻、家庭成员、邻里、同事、职工、居民、群众等社会成员之间。民间纠纷的种类被确定为有关人身、财产权益纠纷，主要包括婚姻、家庭、赡养、抚养、继承、债务、房产、宅基地等纠纷，以及因争水、争土地、争农机具引起的生产经营性纠纷。但随着改革的深入和社会的发展，民事主体日趋多元化，公民与法人之间、公民与其他社会组织之间的矛盾纠纷大量涌现，导致民间纠纷的范围越来越广，内容越来越复杂，表现形式越来越多样化，这些纠纷如果得不到及时化解，其对社会稳定的影响较之以往传统意义上的民间纠纷更为严重。

民间纠纷是一个总的概念，内容复杂、涉及广泛，包括了许多不同种类的纠纷。枫桥镇民间纠纷的种类主要有：婚姻家庭纠纷、邻里纠纷、合同纠纷、赔偿

---

〔1〕 参见江伟、杨荣新主编：《人民调解学概论》，法律出版社1990年版，第160页。

〔2〕 同上书，第183页。

纠纷、劳动纠纷、房屋宅基地纠纷等(见表4-1-1)。

表4-1-1　枫桥镇人民调解委员会2007年度纠纷调解情况

(单位:件)

总数	其中				纠纷分类										
	调解成功	调解后履行	公民之间纠纷	公民与法人及社会组织之间纠纷	婚姻家庭纠纷	邻里纠纷	合同纠纷	赔偿纠纷	劳动纠纷	村务管理纠纷	土地承包纠纷	征地拆迁纠纷	施工扰民纠纷	房屋宅基地纠纷	其他纠纷
288	283	283	247	41	16	55	12	43	57	15	8	7	2	54	19

为了快捷、高效地化解民间纠纷,维护社会的稳定发展,民间调解再次为国家和社会所重视,诚如威格摩尔所言"儒家哲学另外一个值得关注的结果是,调解和互相让步被视为公正的理想要素"。[1] 重新挖掘和利用本国历史的优良传统也大大减少了再造一种新制度的社会成本。改进我国的人民调解制度,充分发挥民间调解的作用,成为一个新的历史课题。

二、婚姻家庭纠纷

该类纠纷基于婚姻家庭产生,和当事人的身份有关,包括婚姻和血缘两个方面。它们虽然属于人身方面的纠纷,但有时涉及财产内容,而且与人身关系存在密切联系。婚姻家庭纠纷属于多发常见的民间纠纷,这些纠纷能否及时、高效地解决,直接关系到人民的生产、生活和社会安定。

1. 婚姻纠纷

根据我国婚姻法的规定,男女婚姻关系的建立和持续,是以感情为基础的,如果感情破裂,婚姻关系就不能维持。但对于感情是否破裂,婚姻能否维持,往往难以认定。与此同时,因离婚而引起的子女抚育和财产分割也随之而来。传统的婚姻观念已经发生重大的变化,离婚仅仅是个人对自己生活道路和方式的

〔1〕［美］约翰·H.威格摩尔:《世界法系概览》,何勤华、李秀清、郭光东等译,上海人民出版社2004年版,第149页。

一种选择。不过,婚姻纠纷可能导致债务纠纷,甚至引发刑事案件。

案例 1:

陈某(男)和骆某(女)于 1990 年 2 月在枫桥镇人民政府登记结婚,婚后生育一男一女。女孩年 16 虚岁,男孩年 13 虚岁。因双方性格差异,常为琐事发生争吵,逐渐感情破裂,双方自愿离婚,并对有关问题经过协商,达成以下协议:(1)自愿离婚。(2)女儿由骆某抚养教育成人,儿子由陈某抚养教育成人,双方均可以随时探望。(3)婚后所有财产、房屋都由男孩继承,暂由陈某代管。(4)债权债务关系,向宣某等借款 4.7 万元整,均由女方骆某负担还清;向高某等借款 1.6 万元整,均由男方陈某负责还清;所有借出款归陈某所有;在兰州经营的生意货物及欠款都归骆某所有;分居期间双方各自的债务各自负责。[1]

在村调解委员会的主持下,不动产的继承,基本上延续了传统的观念,即"子承家业"。村调解委员会的作用主要是起到了中间人和证明人的作用。

2. 分家纠纷

家庭是社会的基础,是生活生产单位。家庭成员的关系极为密切,由婚姻和血缘联结,家庭成员间有互相扶养帮助的义务。枫桥地区私营经济发达,基本上每户人家都有一定的家庭工业,自立门户,发展家庭经济已成为普及化的做法。家庭成员有时因为财产分割导致纠纷。

案例 2:

经父母同意,骆甲、骆乙即日起分家,自立门户,协议如下:(1)现有新屋 2 间、1 个扶梯,所有权归父母,使用权归兄弟俩,其中朝东 1 间归骆甲使用,朝西 1 间归骆乙使用,中间扶梯由兄弟俩建造浴室,后半间归骆甲使用,前半间归骆乙使用。(2)若今后新屋加层,所有权属于本人;老屋由父母保留,父母百年之后,兄弟俩应尽义务相同,所享权利一样。(3)扶梯和楼上,兄弟俩共用,房屋加层,若再建扶梯,谁先造谁先垫付资金,待另一方利用时负担一半,如因加层而引起房屋损坏,由加层方负责。(4)现有骆甲屋内灶头,待妹骆丙结婚后,允许拆除;但在骆乙结婚时,骆甲须在老屋建好临时灶头。(5)父母负担,[2]等骆乙

〔1〕 选自《枫桥镇钟瑛村 2002 年度调解档案》。

〔2〕 这里指对父母的赡养义务。

结婚以后，根据父母经济情况，再作考虑，如不承担应尽义务，父母有权将房子折价变卖。(6)父母医药费，在骆乙结婚以前，一次超过贰佰元，兄弟对半负担。(7)自留地、茶山待骆乙结婚以后，兄弟对半分开。(8)三年以后，骆乙结婚时，骆甲补贴骆乙现金4000元整，若不兑现，由父母以房产作抵押。[1]

在本案中，当事人基本是按照权利义务平分的模式来解决家庭内部问题的。特别是在房屋、自留地、茶山的分配上，体现了绝对的平等。因为在农村社会生活中，这是最基本的生产和生活资料。此外，本案反映了在农村老年人生活保障、医疗保障主要来自子女的照顾。这也显示出了当前我国农村社会保障机制的薄弱性。许多家庭内部的纠纷主要是源于对长辈的医疗和晚年生活照顾。

3. 赡养、扶养、抚育纠纷

赡养是子女对父母生活所负的责任，扶养是夫妻之间互相在生活上的帮助，抚育是父母对子女生活教育所负的责任。由于社会保障在农村地区薄弱，赡养、抚养、抚育纠纷比较普遍。

案例3：

1991年，经人说合，鲁某和屠甲签订了继子母协议：鲁某所有的三间草厂地基转让给屠甲，屠甲孝敬赡养鲁某并“送老归山”。但继子母关系建立几个月，双方矛盾激化，鲁某离开屠甲家之后，双方很少有来往。

2005年年底，屠乙、徐某作为鲁某的代理人，向枫桥镇调委会提出帮助解除继子母关系的申请。经调解，双方自愿达成解除继子母关系协议：(1)鲁某与屠甲在1991年6月19日签订的赡养协议由枫桥镇司法所收回，原协议作废。(2)双方继子母关系解除后，考虑到屠甲在解除前已有些资金投入，故鲁某一次性补偿给屠甲人民币15800元(包括草厂地基上的现有石头、批准手续费及劳动用工报酬等)，补偿款当场付清，以屠甲出具的收据为凭。双方在继子母关系建立期间各种经济进出账项各不追究。(3)鲁某和屠甲之间的继子母关系解除后，草厂地基所有权重新归鲁某所有，屠甲不得再在草厂地基上建造房屋，也不得阻止他人在草厂地基上建房，同时交转原建房批准手续，另外，要配合鲁某做

[1] 选自《枫桥镇枫溪村1990年度调解档案》。

好草厂地基翻建的审批手续。(4)鲁某的财产,包括自留地、山林、堆放在屠甲家的日常用品等,仍归鲁某所有,在 2006 年 3 月 10 日前由鲁某自行清理。(5)该协议自双方签字之后生效,不得反悔。

鲁某与屠甲的赡养关系解除后,独自生活困难,而且在与屠甲解除赡养关系时所产生的一次性补偿款 15800 元由屠丙支付,并达成如下协议:(1)屠丙和鲁某双方自愿建立赡养关系。(2)鲁某的草厂地基如要翻建,由鲁某审批建造,屠丙投入资金,房屋建成之后,留一间归鲁某使用,鲁某百年后,房屋及产权证转归屠丙所有。(3)鲁某支付给屠甲的 15800 元,由屠丙承担。(4)屠丙与鲁某建立赡养关系后,应认真履行赡养义务,负责照顾鲁某的日常生活起居,以及生病治疗费用等,并负责鲁某百年后"送老归山"。(5)屠丙应在签字之日起 15 日内安置好鲁某,有个临时固定住宿房。(6)屠丙尽到赡养义务后,鲁某的所有财产,包括草厂地基、自留地、山林的使用权等都归屠丙所有。(7)该协议自双方签字之后生效,不得反悔。如果屠丙违反协议拒不履行赡养义务,屠丙已支付的 15800 元自负,与鲁某没有关系。[1]

在本案中,当事人鲁某是一个孤寡老人,在一起不成功的继子母关系中成为一个无人照顾的流浪者。考虑到孤寡老人生活极其艰苦,镇调解委员会积极参与纠纷的协调,解除原有继子母关系的协议。不仅如此,调解委员会寻找了合适的对象促成了新的赡养关系的建立,使鲁某能够老有所养。

三、相邻关系纠纷

在枫桥地区,由于人口密度高,房屋之间的间距小,相邻关系纠纷较多。特别是因围墙、开门、开窗、过路、采光、污水排放等引发的纠纷占据总纠纷数的比例较大。此类纠纷与下面所论述的房屋宅基地纠纷存在很多的交叉和重合,成为调解数量最多、难度最大的纠纷。相邻关系纠纷包括两类:一类是工程建设引起的纠纷,另一类是生产生活引起的纠纷。

案例 4:

2003 年 8 月 28 日,枫桥镇孝义村村民骆某、吕某等户来镇调委会反映,某

〔1〕 选自《枫桥镇人民调解委员会 2006 年度调解档案》。

房产开发商在他们住房相邻处建造商品房，因间距近影响采光，而且基础打桩破坏了房子的牢固度，要求开发商停工做出赔偿，言辞激烈。镇调委会在认真做骆某、吕某等户的思想工作，稳定他们情绪的基础上，于第二天调查处理，在调查走访中，调解人员了解到，骆某、吕某等户反映情况属实，房产开发商在建房过程中的确违反了与骆、吕等户的协议，且与城建规划有所出入，房子的结构位置有所改变，对骆某、吕某等户的住房采光、牢固度有不同的影响，还得悉骆、吕等户已几次与开发商发生过偏激行为，双方情绪十分对立。在弄清纠纷原委后，调解人员加紧做开发商的工作，提出了有关补偿建议，同时，详细查阅了该地块出让时的协议、记录资料、规划图纸，进行现场分析。在尊重事实的前提下，调解人员对当事各方提出的要求意见进行了面对面磋商，经过一天的反复工作，房产开发商终于同意补偿给骆某、吕某等户11.2万元作为采光、损修等费用，并形成书面协议，消除了一起一触即发的矛盾纠纷。[1]

本案即因工程建设引起的纠纷，作为强势的开发商采取违法措施，导致矛盾升级。镇调解组织能够坚持中立，在第一时间到达现场调查、取证，查明事实，并提出合理的解决方案，促使双方达成协议。调解组织在纠纷中的正确立场，是矛盾得到解决的关键。

案例5：

钟山村村民周某、冯某，枫一村村民蒋某系邻居，周某在家加工生产圈椅，噪声对邻居的休息造成影响。冯某因房屋装修将一些建筑垃圾、毛竹堆在周某大门口，造成矛盾激化。2007年5月22日，在枫桥镇镇中社区人民调解委员会主持下，三方达成协议如下：

（1）应蒋某、冯某的要求，周某同意在早上7点前、晚上7点后，不做噪声大的工作（包括打电钻、破毛竹等）；

（2）今后蒋某家房屋修理，需出入周某家围墙门，周某应无条件同意出入，并提供方便；蒋某在后西面墙要求开车库门，周某不得干涉；

（3）冯某堆在周某大门口的砖和木板，由周某帮忙拿到指定地点堆放好；

（4）周某如做围墙门，蒋某同意周某在其后墙屋角上打膨胀螺丝，安装一扇

〔1〕参见枫桥镇司法所所长周关穆：《纠纷一触即发　调解及时生效》。

大门；

(5)当事三方表示，今后邻里间一定互谅互让，和睦相处，自觉杜绝各类纠纷的发生。[1]

上述纠纷的调解过程，不仅关注到各方业已存在的矛盾和纠纷，而且在调解协议中，就三方生产和生活中存在的需要互相帮助、协助的实际问题，一并进行了明确约定。

四、房屋宅基地纠纷

房屋宅基地纠纷是因为房屋的建造、使用等引起的纠纷。枫桥地区位于我国人口密度极高的东南沿海发达地区，村民寸土必争的心态，使这类纠纷的处理难度较大。为了有效地抑制此类矛盾，居民每一次维修和翻建基本上要与邻居签订相关协议。另外，政府主管部门也积极探索相应的宅基地分配机制：镇上确定统一的指标，分配给各村。各村指标的分配有两种方式，一是投标，二是抽签。公平、公正、公开的分配机制，有助于预防这类纠纷的发生。[2]

案例 6：

2003 年 2 月 25 日，倪甲与妻子等人来到钟瑛村调解室。认为倪乙在其房屋周围安放污水管、安装落水管和建设临时棚窗，影响其居住环境和棕树生长。次日村调解委员会成员骆甲、骆乙、俞某等一起踏勘现场，并要求兄弟俩第二天一起到村调解室面对面解决。2 月 27 日，村调委会干部会同派出所、司法所干部多人参加调解，经过劝导和说服，双方减少了一些误会。28 日在村调解室，村干部说服了倪乙拆除临时棚窗，并将污水管存放在自己的屋脚，又说服倪甲将自己的落水管接好。达成协议，并签字生效。3 月 14 日，倪甲推翻协议，并将倪乙的墙角撬掉。村调委会立即派干部会同镇司法所干部等三人踏勘现场，并告知双方维持原状，第二天调解。3 月 15 日双方再次进行协商，甲(倪甲方，下同)、乙(倪乙方，下同)双方最终达成协议。约定：

(1)乙方现紧靠甲方的台门在 2003 年 3 月 20 日前，无条件给予拆除；

〔1〕 参见《枫桥镇镇中社区人民调解委员会 2007 年调解档案》。

〔2〕 参见枫桥经验调研组：《枫桥镇全堂村调研记录》，2007 年 8 月 14 日。

(2)甲方自己屋后南面,乙方应剩30~40公分,作为甲方的清水沟;

(3)乙方自己的污水要在自己的金柱脚旁做好管道接出到路;

(4)乙方在甲方屋前的棕树和毛竹地,由甲方将自己的自留地交换给乙方种植,交换日期为2003年6月30日以前;

(5)甲方屋后与乙方金柱旁的空地作为共用地,双方不得堆杂;

(6)甲方如要粉墙、修屋,要进乙方台门,乙方无条件允许甲方进出;

(7)甲方允许乙方在自己的金柱处做台门,但乙方要离开甲方2.1米,乙方为不影响甲方正屋东面后墙窗采光,乙方台门东面砖柱与甲方后墙窗西边对直;

(8)乙方台门门顶(雨棚)间度为1.5米。[1]

房屋宅基地纠纷多发生在族人、邻居,特别是兄弟之间。本案中,村调解人员考虑到案件可能会引发肢体冲突,主动联合派出所和司法所共同调解,既增加了调解的权威性也起到了一定的预防作用。在发生一方反复的情况下,村调解组织继续调解,促成双方最终彻底解决了纠纷。

五、劳动纠纷

枫桥镇是江浙地区私营经济高度发展的典型区域之一,企业数量多,规模不一。既有高度市场化的现代企业集团(如步森集团),又有大量散落于各家各户的家庭作坊式企业,所以外来劳动用工数量巨大,由此引发的劳动纠纷较多。

案例7:

张某家里开办织机作坊,沈某于2007年受雇于张某家为织布工,因系同村村民并未签订任何用工协议。不到半月双方发生矛盾纠纷,沈某离开张家作坊,张家拒绝给付沈某半月工资。故双方申请枫桥镇人民调解委员会进行调解。经过调解,张某付给沈某工资500元,双方约定解除劳动关系。[2]

从枫桥镇的实际情况看,规模企业劳资纠纷少,中小型企业特别是家庭作坊式企业劳资纠纷多。这类纠纷一般涉及金额小,发生频率高,调解难度低。

---

〔1〕 选自《枫桥镇钟瑛村2003年度调解档案》。

〔2〕 选自《枫桥镇人民调解委员会2007年调解档案》。

在涉及外来劳动者时，纠纷可能演化成复杂的局面。所以每年的年底，枫桥镇都要开展较大规模的清理拖欠工资专项活动。

六、债务纠纷

枫桥地区经济发展迅速，特别是民营经济和家庭经济发达。随着经济交往的频繁化，民间借贷比较普遍。亲朋好友之间、个人与集体之间的自由借贷频率高、数额大，由此引发的纠纷较多。

案例 8：

枫桥镇择树下村因生产屋顶的防水材料油膏而出名，围绕油膏的生产、经营、销售，村里出现了一些经济纠纷。34 岁的王甲多年来从事油膏的销售生意，1996 年的一天，王甲向同村的王乙赊购油膏，共计货款 23000 元，言明售货后付款。因该村所生产的油膏原料足、做工好，王甲很快就销售完毕，王乙多次催要款项，王甲总以未销售完毕而加以搪塞。1997 年 9 月，王乙因生意周转，要求王甲从速筹款，王甲还是说未销售完。王乙不信，通过多种渠道打听，得知王甲早已将油膏销售完，并将款借给别人。为此王乙极其愤怒，冲进王甲家与王甲扭打在一起，王甲母亲赶来帮儿子，王乙一拳将她打倒。之后，邻居立即将他们拆开，并将情况迅速告诉村委。10 月 5 日，村调委会受理了这起因经济纠纷引起的轻微伤害案件，对双方进行了批评教育，言明将在王甲母亲伤势治愈后再做调解处理。半月后，王甲母亲因右肾撞伤用去医药费 1200 元，王甲用去药费 274 元。10 月底，村调委会召集双方分别做思想工作，双方达成一致协议，要求王甲扣除医药费，余款 21000 元分期支付，最迟在大年三十付清。时值农历年底，王甲还是没有履行义务。按照乡俗“新年开门莫讨债”，如果正月初一来上门催讨，势必又会引发纠纷。直到大年三十晚 10 点，村调委会干部一直在王甲家做工作，终于使王甲拿出所有的积蓄并连夜向朋友借款，交给调解干部王丙，但还差 500 元实在难筹，为了使纠纷尽快了结，同时减轻王甲压力，王丙当场借 500 元给王甲，使这起纠纷得以了结。春节过后，王甲筹款 500 元，及时还给了调解干部。[1]

---

〔1〕 中共诸暨市委政法委、宣传部：《枫桥经验——高高飘扬的旗帜》，1999 年内部发行，第 39 页。

本案中，当事人之间因为普通的债务纠纷导致伤害事件，使得问题复杂化。村调解组织为了使纠纷彻底解决，做了大量的思想工作，关键时刻还伸出援助之手，帮助当事人还款，使调解协议得以履行。

七、损害赔偿纠纷

损害赔偿纠纷是侵权行为导致的纠纷。侵权行为是非法侵害他人财产权利、人身权利以及名誉权利，依法承担民事赔偿责任的违法行为。从枫桥镇的调解材料看，交通事故、医疗事故、工伤事故、人身损害是损害赔偿案件的主要原因。

（一）交通事故纠纷

枫桥镇位于诸暨与绍兴之间的主要通道绍大线中段，省道在集镇中心穿过，镇与镇之间、村与村之间的交通网络发达，道路交叉点较多。近些年来，随着经济的迅速发展，用于生产和生活的交通用车快速增加，居民购车率较高。此外，外来务工人员集中，人员流动量大，道路交通管理的压力较大。

案例 9：

2007 年 10 月 30 日晚 6:00 左右，枫桥永帅制衣厂职工李某，在横穿大成路时，与诸暨市钟瑛村村民陈某驾驶的农用车相撞，李某被送医院，抢救无效死亡。死者的丈夫杨某希望双方协商处理该交通事故，并申请枫桥镇人民调解委员会调处。2007 年 11 月 2 日，在调解委员会的主持下，双方达成协议如下：

（1）陈某同意一次性赔偿给死者丈夫杨某死者的死亡赔偿金、双方父母赡养金、共同子女抚养费、死者的丧葬费等一切费用合计人民币壹拾五万元整（150000 元）。

（2）死者李某被撞后在医院的抢救、治疗费用，由陈某负担结算。

（3）陈某应付的各项赔偿款，应于双方协议签字后一次性付清，不得拖欠。付款以死者李某的丈夫杨某出具的收据为凭，交通事故做一次性了结。

（4）协议自双方当事人签字后生效，不得以任何借口反悔。协议达成后，杨某同意放弃一切请求（包括法律诉讼请求），否则，由违约方负全部责任。

（5）李某的后事（火化）由其丈夫杨某及亲属处理，与陈某方无关，其间所发生的费用均由杨某自己承担。

(6)该协议一式5份,镇、村调委会、当事双方各执一份,交警事故处理处一份,以作存照。[1]

在事故发生后不到3天时间,人民调解委员会就主持双方达成调解协议,并得到执行,充分体现了人民调解的效率优势。

(二)医疗事故纠纷

农村居民对医疗卫生和保健的需求在上升的同时,村民维权意识也不断增加,容易引发医疗事故纠纷。

案例10:

魏某因患"双眼翼状胬肉"于2005年4月30日到诸暨市第二人民医院就诊,当天在医院进行双眼手术,在5月8日复检时发现左眼有问题。后经绍兴、浙江省两级医学会鉴定都确定为四级医疗事故,当事人要求医院赔偿损失。经调解,双方自愿达成如下协议:(1)医疗事故发生之后,诸暨市第二人民医院负担了魏某在该医院的治疗费用,又暂时付给他2000元用于治疗;魏某自己及时到浙江第二医院进行补救治疗,并在该院花去治疗费7364.63元。(2)经过双方共同协商,诸暨市第二人民医院一次性赔偿给魏某医疗费、误工费、交通费、鉴定费、后续治疗费、精神损失费等共计27000元。(3)赔偿费用27000元,扣除已付的2000元,剩余25000元在双方签字当天付清,以魏某出具的收据为凭。(4)该医疗事故纠纷做一次性解决,双方不得就此事再以任何理由提出任何要求,包括诉讼请求等。(5)该协议自双方签字之后生效,不得反悔。[2]

医疗事故纠纷的调解,节省了当事人举证所花费的时间和精力。本案调解协议明确排除了司法管辖,一次性彻底解决了纠纷。

(三)工伤事故纠纷

枫桥镇规模化的工业企业和作坊式的家庭工业并存,大量的劳动密集型企业也蕴涵了发生工伤事故的必然性。

---

[1] 选自《枫桥镇人民调解委员会2007年度调解档案》。

[2] 选自《枫桥镇人民调解委员会2005年度调解档案》。

案例 11：

宣某为某轻纺企业老板，陈某是其员工。2007 年 2 月 4 日下午，在操作机器过程中，因剪刀落地，陈某弯身去拿，不慎头发被卷入布机，造成伤害。经江东医院治疗，基本康复。镇调解委员会主持双方达成以下协议：陈某共花去医疗费 10700 元，应由宣某承担，现已由宣某向医院付清。陈某的误工费、陪护费及头部伤残费等，经双方协商，宣某一次性再赔偿陈某 20000 元，作为了结。今后受害方不得以任何理由提出任何要求。本协议签字后生效，宣某签字后即付赔偿费 15000 元，其余 5000 元由陈某到厂方向宣某领取。[1]

通过调解方式解决工伤事故，在节约双方时间和精力的同时，对及时、有效保护劳动者的正当权益，具有现实的意义。

（四）人身损害赔偿纠纷

由于邻里矛盾、房屋宅基地纠纷等，容易导致双方发生肢体冲突，引起人身损害赔偿。

案例 12：

1998 年，枫桥镇郭店村骆氏兄弟与周姓邻居因宅基地纠纷争吵，继而发展为两家互殴，导致周妻患有间歇性精神病。民警杨光照接手后，经过调查，根据规定做出了处理意见：骆氏兄弟需暂交 5000 元预交款，但他们拒绝交纳。为达到把矛盾化解在基层的目的，老杨多次上门做双方的思想工作，给当事人讲清因果关系，给行为人讲清法律责任，使行为人逐步有所认识，答应交款。但没有几天，行为人的思想又出现了反复，仍未交款。为了认真化解这起纠纷，老杨又动员行为人的亲戚朋友和其他方面的力量上门做工作，使双方达成协议：行为人和受害人各负担 80%、20% 的医药费。但是，调解后骆氏兄弟又为赔偿费的分担问题发生了争执，老杨再次上门做两兄弟的工作，最终使骆氏兄弟之间也达成了协议，顺利地交了应负担的费用。[2]

本案中，当事人双方系邻居，因宅基地的纠纷引发了斗殴事件，派出所民警在本案中为纠纷的化解起到了决定性的作用。人身损害纠纷容易迅速激化，有

---

〔1〕 选自《枫桥镇人民调解委员会 2007 年度调解档案》。

〔2〕 中共诸暨市委政法委、宣传部：《枫桥经验——高高飘扬的旗帜》，1999 年内部发行，第 57 页。

时会发展成为斗殴甚至刑事案件,这类纠纷的处理难度较大。

八、轻微伤害案件

刑事自诉案件,如果当事人不向法院起诉,或者起诉后又撤诉的,人民调解委员会可以受理。这类纠纷大都属于人身伤害。在枫桥地区,此类纠纷大致可分成两种情况:一是邻里之间为房屋翻建、维修而引发的伤害案件;二是陌生人员之间发生的伤害案件。

案例 13:

1999 年 11 月 30 日,陈某与马某因邻里前后间隔处建造扶梯,引发轻微伤害,陈某向枫溪村调解委员会提出申请。经调解,双方自愿达成协议如下:(1)陈某所建扶梯,未经邻里协商和有关部门批准同意,应当自行拆除。(2)马某在拆除扶梯时造成陈某误伤,陈某在枫桥镇医院治疗共花去医药费 3186 元,由马某负担 50%,计人民币 1593 元整,交镇司法所,待陈某所建扶梯自觉拆除后兑现。(3)本协议于 2000 年 5 月 31 日签名盖章后成立。[1]

本案系邻里之间因为涉及房屋维修而引发的肢体冲突,考虑到双方均有过错,村调解组织联合镇司法所予以调解。由于纠纷系陈某违法修建扶梯所致,双方共同承担责任。为了保证协议的履行,协议约定了支付赔偿款的具体时间和条件。

枫桥镇的民间纠纷有以下几个特点:

第一,民间纠纷的主体多元化。民事纠纷的主体,即发生民事纠纷的当事人,一般是双方,也可以是多方。从枫桥的情况看,纠纷的主体由传统的公民与公民之间扩展到公民、法人和其他社会组织相互之间。传统的纠纷类型如邻里纠纷、房屋纠纷、婚姻家庭纠纷、继承赡养纠纷、债务纠纷等,主要是发生在自然人之间。新型纠纷,如劳资纠纷、工伤事故纠纷、医疗事故纠纷等主要发生在公民与法人及其他社会组织之间。

第二,民间纠纷的客体多样化。民事纠纷的客体,是纠纷主体间权利义务指向的对象。在多数民间纠纷中,当事人之间权利和义务所指向的对象是物。

[1] 选自《枫桥镇枫溪村 2000 年度调解档案》。

在民事侵权行为纠纷中，当事人所指向的对象是行为，包括作为和不作为。

第三，民间纠纷的内容复杂化。枫桥的民间纠纷由过去的房屋宅基地、家庭邻里纠纷为主逐渐扩展到劳资纠纷、伤害赔偿、经济借贷、生产经营等各个领域。在最近的5年中，枫桥镇接受各类民间纠纷共计1466件，调处成功1437件，成功率达98.1%（见表4-1-2）。其中近20%的案件由镇调委会和管理处调委会解决，其余案件在村一级得到解决。

表4-1-2　枫桥镇2004年6月~2008年6月纠纷统计

纠纷的种类	纠纷数量/件	所占比重/%
劳动纠纷	401	27.4
邻里纠纷	312	21.3
房屋宅基地纠纷	217	14.8
伤害赔偿纠纷	207	14.1
婚姻家庭纠纷	150	10.2
经济（借贷）合同纠纷	32	2.2
征地拆迁纠纷	30	2.0
环境污染纠纷	19	1.3
村务管理纠纷	17	1.2
土地山林承包纠纷	16	1.1
医患纠纷	9	0.6
其他类纠纷（包括涉法涉诉案件，如交通肇事赔偿、人身伤害赔偿等）	56	3.8

从上列数据我们可以发现：纠纷主要集中在劳动纠纷、邻里纠纷、房屋宅基地纠纷、伤害赔偿纠纷。其中劳资纠纷的比重上升得较大，这与当地私营经济快速发展导致劳动用工迅速上升有关。邻里纠纷和宅基地纠纷依然占很大比例（这两种纠纷相互交叉很多，总共占36.1%）。另外，新型纠纷也呈现出多样化趋势：因生产与生活排污，织布机噪声而产生的环境纠纷等；因新农村建设过程中道路建设、绿化产生的纠纷；因行政村调整涉及融资、土地征用等引发的村与村、村与户之间的纠纷；因工程承包过程中工程质量、资金、工伤赔偿而发生的纠纷等。其中，劳动纠纷、工作赔偿纠纷、经济合同纠纷、环境污染纠纷等由

于需要必要的专业法律知识且涉及面较广，一般而言由镇一级的调解委员会调处。房屋宅基地纠纷、邻里纠纷、婚姻家庭纠纷等传统纠纷则主要由村一级的调解委员会调处。

第二节　纠纷的调解

一、调解主体

对民间纠纷，枫桥通过调解方式予以处理。一般的矛盾纠纷，都通过调解组织的调解加以解决。法院在审理案件中，重视采取调解方式。而且，法院通过向当事人发出《调解劝导书》的方式，引导当事人通过调解组织，寻求矛盾纠纷的解决。人民法院通过向人民调解委员会指派法律指导员的方式，保证调解活动的质量和效率。

枫桥在矛盾纠纷的分类解决中，优先适用调解方式解决民间纠纷。在调解组织内部，根据具体的矛盾纠纷的对象、性质、影响、发展演化的情况，分别由不同的调解组织进行调处。根据《枫桥镇民间纠纷调处若干规定》："纠纷调处坚持'谁主管，谁负责'和化解矛盾自下而上的原则。调委会对当事人一方或双方要求调解的纠纷及调解人员主动发现可能激化的纠纷以及有关部门移送的纠纷，应当受理调处。……各村辖区内发生的民间纠纷由该村调委会受理，跨村的民间纠纷由调委会协商后共同组织调解，并确定一个调委会主持调解，共同调处有困难的可以移送该村所在办事处，跨办事处的纠纷可以移送司法所牵头调处。"通过"部门协同""镇村联动"等形式，充分发挥各类调解组织之间的相互配合作用。

在民间纠纷的调解中，根据不同纠纷的性质优先调处某些类型的矛盾纠纷。对某些涉及家庭伦理的矛盾纠纷，则强调通过调解方式解决。

二、工作机制

枫桥创造的"四前工作法"、"四先四早工作机制"、"矛盾纠纷的劝导调解机制”、“三级调解组织的联动机制”、矛盾纠纷调处中的“六优先”原则、“调解与审判的联动机制”、调解工作中的“四统一”、“六个心”要求和“案件审理与矛盾纠纷预防并重的机制”，在有效预防矛盾纠纷发生、有效防止矛盾纠纷激化，维护农村社会稳定和发展等方面，发挥了重要的作用。这些机制可以概括为四个方面：

（一）预防机制：“四前工作法”

1. 组织建设走在工作前

预防化解矛盾需要各级组织进行，依靠组织化的管理和推动，落实矛盾纠纷的预防和化解。枫桥镇建立了不同层次的治保调解组织，建立了有效化解矛盾纠纷的治调队伍和治安信息员队伍。[1] 重视村、企业治保调解组织建设，网络健全，力量精干，有人管事。

第一，实行专兼职结合。治保、调解主任一般由村党支部书记或村主任兼任。既可以树立他们的工作权威，也可以减轻集体负担。村支部确定专人分管治调工作，配齐配强治调组织队伍，在聘用治调人员时以自然村、村民小组为基础，把素质好、业务能力强的村民代表充实到村治调组织中来，确保治调组织工作有人抓、有人管、有人干，并充分发挥其应有的作用。

第二，对治调干部进行业务上的指导、培训，使其工作能力不断提高。每年都由公安、司法、法庭等部门针对农村矛盾纠纷的特点，开展经常性的业务指导和法律辅导，不断提高治调干部的业务素质和调解水平。确立了“一、二、四”教育培训制度，“一”是全年召开一次总结表彰会，总结上一年工作，表彰先进，布置任务；“二”是全年召开二次集中培训，邀请公安、法庭、司法系统的领导上课辅导，着力提高干部业务水平，培训后组织相应考试，通过对调解人员的法律知识、业务能力的测试，了解调解干部队伍现状，有针对性地进行教育管理，不断提高调解员队伍的整体素质；“四”是每年进行四次分片活动，以社区为单位交流工作情况，商讨疑难纠纷调处方法与措施，从而提高治调干部的业务水平。通过“一、二、四”培训制度，使广大治调干部明确职责，珍惜荣誉，增强“保一方平安”的工作热情。

---

[1] 治调组织的详细论述，参见本书第三章第一节。

镇司法所还推行了每年二次对基层治调干部和工作30年以上老调解干部的走访活动,了解工作情况,掌握思想动态,熟悉生活状况,收集意见建议,使基层的治调干部真正感受到组织对他们的关心爱护,从而调动他们的工作积极性。

第三,生活上给予关心。对连续担任治调干部10年以上的干部发给荣誉证书,由镇村投保养老保险,解除他们的后顾之忧。每年都要表彰先进,增强他们的自豪感,激发他们的工作热情。镇综治干部每月60元岗位补贴;村级治保调解干部每年不低于2000元津贴;对连续担任治调员30年以上退下来的人员,每年发500元慰问金。鼓励有经验的治保调解员积极奉献,认真工作在调解工作第一线。

2. 预测工作走在预防前

矛盾的预测、预警,是综合治理的前置工作,是矛盾纠纷预防前瞻性、预见性和针对性进行的条件。枫桥镇建立了一个反应灵敏,能及时发现矛盾纠纷的预警体系。镇政府和镇党委通过定期例会制度,由上而下、由下而上地收集治安信息,预测社会治安、不安定因素和矛盾纠纷的特点规律。

第一,定期例会制度。①每年年初召开一次全镇维护稳定工作会议,根据当年经济社会的发展思路、目标、重点,分析全镇社会治安和稳定的总体形势,有针对性地提出维护社会治安和稳定工作的意见。②综治委每季度召开一次综治委成员会议,分析社情民意,研究社会治安中出现的新情况、新问题,提出相应对策措施。③综治工作中心和各成员单位每月召开一次工作例会,分析研究具体治安问题,总结交流专项工作经验,明确有关工作任务。

第二,重点预测和分析制度。①针对第四季度债权债务矛盾纠纷高发的特点,镇综治中心专门组织人员到重点企业了解情况,会同劳管所、工贸、工会等职能部门分析可能出现的矛盾纠纷,帮助企业和有关部门提前解决实际问题,防止矛盾纠纷的产生。②在房屋拆迁、土地征用等工作开展前,农村工作指导员走村入户开展调查研究,做好矛盾纠纷信息的收集、整理、报告和反馈工作,全面掌握和及时化解可能引发矛盾纠纷的因素。③在重大节假日、各级党代会、人代会召开前夕,及时掌握重点对象的动向,及时把握矛盾发展动向,超前制定工作预案。

3. 预防工作走在调解前

坚持抓早、抓小、抓苗头，突出抓好与农民生产、生活密切相关的重点事件的预防工作。

第一，为了减少征地过程中的矛盾，做到合理利用土地与保护村民利益并重，土管城建部门与各村完善了建房审批“四公开四到场”制度，即土地审批计划、审批手续、地点户名和结果公开；审批前、地基定桩、墙体砌砖和建成后验收到场，合理考虑左邻右舍的合理利益，防止房屋建成后产生矛盾纠纷。

第二，“双抢”来临之际，村里几套班子成员都要集体检查一遍电线、沟渠、机耕路和山塘水库，该补修的及早修补，该抢建的及早抢建，防止村民因争水、争电、争路发生矛盾纠纷。

第三，出于预防矛盾纠纷的需要，综合治理工作进入社区，进入校园，进入民营企业。各种喜闻乐见的村落文化艺术活动活跃，企业文化得到发展，“要戴致富帽，先戴安全帽”；“要有好的产品，必须要有好的人品”；“八小时内是企业文明守法的职工，八小时外是社会文明守法的公民”。村落治安信息员队伍，活跃在社会生活的各个方面。矛盾纠纷的预防在推动社会改造，社会发展，社会进步，实现社会和谐等方面，起着弥足珍贵的作用。

4. 调解工作走在激化前

对于已经出现的矛盾纠纷，坚持做到不怕、不推、不拖、不回避，积极开展调解工作，着力化解矛盾，防止激化。

第一，各方联动，健全调解机制。建立健全“部门协同、村镇联动”的工作机制，形成综治工作的整体合力。通过“部门协同”，加强综治组织间的横向联系与配合。通过“村镇联动”，加强镇、社区和村三级综治组织的互动。

第二，因事制宜，采取化解矛盾纠纷的系列措施。针对民营企业占98%，外来人口数量巨大，容易引发劳资矛盾纠纷的状况，枫桥镇在外来人口管理中，突出服务，融入亲情，为他们创造良好的生产和生活条件，使外来人员认同枫桥、融入枫桥、热爱枫桥，有效化解了各类矛盾纠纷。又如，针对失地农民的生活，枫桥在制定政策和工作落实中充分考虑群众的承受能力和接受程度，并通过农村新型合作医疗的推行、城镇职工养老保险等工作，消除群众的顾虑。

第三，责任到位，保证矛盾纠纷的及时调处。枫桥镇把矛盾纠纷调解纳入年度岗位目标责任制,对农村工作指导员实行治调工作绩效考核。实行首办责任人制度,明确第一接待责任人的职责和任务,保证及时处理各类矛盾纠纷,防止推诿。

表4-2-1 1998~2002年矛盾纠纷调处情况

年份	调处数/件	成功数/件	成功率/%
1998	404	388	96.0
1999	322	315	97.8
2000	263	254	96.6
2001	247	240	97.2
2002	318	314	98.7
合 计	1554	1511	97.2

表4-2-2 2003~2007年矛盾纠纷调处情况

年份	调处数/件	成功数/件	成功率/%
2003	302	294	97.4
2004	295	287	97.3
2005	291	287	98.6
2006	290	286	98.6
2007	288	283	98.3
合计	1466	1437	98.0

从表4-2-1和表4-2-2对比不难看出,1998年至2007年的10年间,枫桥镇所发生的矛盾纠纷控制在了404件内,没有出现经济发展与矛盾纠纷呈正比例增长的现象。同样,对纠纷的调解,成功率一直保持在96%以上,为经济社会发展创造了良好的环境。

(二)效率机制:"部门协同,镇村联动";"审判与调解联动"

1. 部门协同,镇村联动

"部门协同"在镇一级主要通过加强政法部门的横向联系与配合,加大、加快矛盾纠纷的调处力度和速度。在管理处(社区)一级主要是综治工作阵地前移,在便民服务窗口建设中同步规划、同步配套警务室、司法工作室和调解室。下派司法助理员、民警、法律指导员,做到司法干部下社区、警务下社区、流动法庭下社区,在社区形成司法、公安、法庭有效合作,就地化解矛盾,使辖区内的社会治安得到有效管理,各类民间纠纷和不安定因素得到及时调处。

“镇村联动”主要是加强镇、管理处、村三级调委会的联系，矛盾纠纷原则上按村、管理处、镇顺序逐级化解，对调处不成或难度较大需移送的矛盾纠纷，必须经调处人员签署意见，填好纠纷移送单，会同有关资料（当事人报告、调处笔录、调处意见、其他附件）一起移送，把纠纷的调处情况用书面形式在每月一次司法所业务会议上进行通报反馈，并把纠纷的接、调、移情况与司法员、包村干部的年度考核挂钩，逐级化解矛盾纠纷。

镇村联动的核心是三级调解组织的联动。枫桥的各类调解组织之间，建立了有效的联动机制，实现相互配合，信息共享，避免重复劳动，保证矛盾纠纷的迅速调处。枫桥的调解组织与其他职能部门之间、有威信的党员群众之间，建立了沟通和联动机制，增强了矛盾纠纷调解中的说服力。

枫桥针对矛盾纠纷的性质、影响范围，将矛盾纠纷进行分类，由不同的机构进行调处。调处包括分级调处、指令调处、直接调处、包案调处和联合调处等形式。一般矛盾纠纷由村和企事业单位负责调处。枫桥镇镇北协作站《规范化建设实施意见》规定：“村、企事业单位负责调处所在地和单位的一般矛盾纠纷。对难以调处的矛盾纠纷，在积极做好稳定工作的同时，填写矛盾纠纷调处工作移送报告单及时向上一级组织报告。”各级调解委员会调处矛盾纠纷，有明确的时间限制。根据诸暨市人民政府办公室转发市公安局、市司法局《关于加强基层治保调解组织规范化建设的意见》的通知，“简单纠纷当天调处，一般纠纷 7 天内调处，疑难纠纷 1 个月内调处。对调处两次以上不能解决的纠纷，要及时用书面的形式上报镇乡综治办和司法所”。镇、协作站、村三级调解委员会联动，要求村、企业、协作站调委会，对矛盾纠纷调解未果的，及时填写矛盾纠纷移送单，报协作站综治工作分中心；分中心调处不成的，按照相同程序报镇综治工作中心。在向上一级调委会移送矛盾纠纷材料时，必须根据已有材料和事实，提出调解方案，作为上一级调委会解决矛盾纠纷的参考依据。预案制度，有助于上级调解组织采取针对性措施，调解矛盾纠纷。针对一些法律政策解释问题，复杂重大的矛盾纠纷，邀请相关职能部门、当事人所在村（单位）的领导和有一定威信的党员群众参加听证，通过协商，制订出完善的调解方案。针对一些牵制了大量精力，当事人不肯诉讼又经过多次调解未果的矛盾纠纷，镇调解委员会经过研究后，做出终结调解的决定，并告知当事人通过法律途径解决。

三级调解组织的联动机制,基本构筑起横向到边,纵向到底的矛盾纠纷预防和调解网络。为了规范治调组织的规范化建设,枫桥镇按照《枫桥镇治调工作考核办法》和《"五星级"考核考评办法》,每月每季度对村、企事业单位的治调情况实行督察,每半年组织一次考核,年终进行全面考核评比,实施奖惩。调委会"五星级"管理考评机制,从组织网络、硬件建设、制度落实、档案管理、防范措施等方面确定考核细则,用百分制计分,按不同分值评定星级标准,成熟一批,考核一批,验收一批,命名一批,及时表彰创建成果。对制度完善、预测有力、矛盾得到有效控制和化解的村,授予"五星级"治调委称号,由镇政府命名授牌,并给予考核奖励。通过考核,一大批先进个人和集体脱颖而出,各治调单位形成良性竞争,学先进、找差距、谋发展、求实绩,使得预测机制作用充分发挥,"考核有力度,预测有广度"。

各职能部门遇到较大疑难案件或调委会移送的重大疑难案件,单凭一个部门的力量难以解决的,可以报告综治办,由综治办召集相关部门负责人分析研究,必要时抽调有关部门人员组成联调小组联合调处。

对影响较大、相对复杂疑难的案件由派出所、法庭、司法所会同相关职能部门联合调处,减少中间环节,提高办案效率。对调处成功但当事人有可能反悔的案件,由法庭按照法律程序制作《调解书》予以确认,强化调解结果的法律效力。调委会和其他调解部门对每起纠纷调处后,应跟踪回访,及时了解调解协议的履行情况,双方当事人的思想情况,做好当事人及其家属和亲友的思想工作,防止纠纷的再度发生。

2. 审判与调解的联动

首先,枫桥人民法庭制作了《调解劝导书》(以下简称为《劝导书》),对没有经过调解直接起诉到法院的矛盾纠纷,劝导当事人首先寻求调解途径,解决矛盾纠纷。

《劝导书》将审判解决矛盾纠纷的局限以及当事人应当慎重行使诉权的理由,概括为:向法院提起诉讼,虽然是解决矛盾纠纷的最终手段,并不是解决矛盾纠纷的最优选择。因为诉讼会吞噬你的时间、金钱、安逸和朋友,况且打官司不一定就会赢。证据是人民法院裁判案件的依据,如果你缺乏证据,会酿成"有理也会输官司"的结果;如果官司输了,你将要承担败诉的全部后果。有的官司会造成世代结怨的结局。同时，如果对方没有财产可供执行，会出现“赢了官司输了钱”的现象。

《劝导书》将劝告当事人首先选择人民调解方式解决矛盾纠纷的理由，概括为：矛盾纠纷解决的手段、方式是多样的，通过友好协商、调解或和解，即人民调解方式，具有简便、快捷、不花费和有利于和平相处、及时化解矛盾的特点，且经人民调解委员会调解所达成的具有债权内容的协议具有民事合同的性质，协议对双方具有约束力。一方届时不履行调解协议，另一方可直接就调解协议的履行向人民法院提起诉讼。经过公证并赋予强制力的调解协议，债权人可以直接向人民法院申请强制执行。

通过劝导，保证民间矛盾纠纷通过人民调解的方式加以解决。一方面，减少了法院受理的民事案件的数量，减轻了法院案件数量上的压力；另一方面，强调了调解协议的效力。民间矛盾纠纷的优先调解解决，并不排除通过审判方式解决矛盾纠纷，枫桥法庭对直接向法院起诉的当事人，发放“矛盾纠纷联系跟踪单”。人民调解委员会凭联系跟踪单受理和处理矛盾纠纷，如经人民调解委员会调解未成，当事人仍可持矛盾纠纷劝导手册向法庭起诉，法庭将依法快速立案受理。

矛盾纠纷劝导手册，破除了法院以受理和审理案件的数量作为衡量政绩的标准。强调民间矛盾纠纷主要通过调解解决。强调矛盾纠纷解决中，充分发挥地方基层群众自治组织的作用。强调基层群众自我管理、自我约束和自我消除矛盾的作用。

其次，枫桥法庭通过加强基层基础工作，加强对人民调解工作的指导：努力把大量的民间矛盾纠纷化解在基层，消除在初发之时。枫桥法庭建立了法律指导员工作制度，确定5名审判员为法律指导员，分片联系辖区镇乡、街道、村民委员会及企事业单位的人民调解组织，并定期对调解干部进行业务培训，定期接受法律咨询，定期到人民调解组织进行实地指导，切实做到指导工作经常化和制度化。

通过“四环指导法”有效地保证了审判与调解的联运。“诉前”环节普遍指导：建立法律指导员工作制度，对人民调解员就典型案例进行宣讲指导，讲解法律知识，提供法律咨询，使人民调解委员会与法庭之间建立起稳定的联系。“诉时”环节跟踪指导:通过建立纠纷告诉引导制度,尽量发挥人民调解的作用,对一些因家庭邻里纠纷、伤害赔偿以及群体性事件等民间纠纷,对群众进行及时妥善的引导,向其讲明人民调解的优点、调解协议的效力,以及诉讼的风险,妥善引导他们选择人民调解方式解决纠纷。“诉中”环节个别指导:如果纠纷进入诉讼程序,建立特邀陪审、旁听制度,实现诉讼与人民调解制度的有机衔接。对经过人民调解委员会处理却没有得到解决的民间纠纷,有的放矢地邀请相关调解员参加旁听,借此提高调解员的业务水平和调解技巧。“诉后”环节案例指导:建立人民调解委员会调解协议审理结果反馈制度,针对人民调解未果、进入诉讼程序的案件,以及调解协议没有履行,需通过诉讼程序确认法律效力的案件,对人民调解组织进行具体的案例指导。

枫桥法庭建立了特邀陪审、旁听制度和案件结果的反馈制度。在审理人民调解委员会调解未果的民间矛盾纠纷时,枫桥法庭邀请相关调解人员到庭旁听,学习审判人员说理讲法的特点和调解技巧,进一步提高他们调解矛盾纠纷的能力和水平。枫桥法庭还通过将一些典型案件的审理结果书面反馈相关调解组织的方式,为他们调处类似矛盾纠纷提供参考。[1]

所有上述制度,加强了法庭与人民调解组织之间的联系,形成了矛盾纠纷处理中的合力,在切实降低矛盾纠纷成讼率的基础上,实现了矛盾纠纷的有效化解,取得了良好的效果。

(三)规范机制:调解过程中坚持“六优先”、“四统一”和“六个心”

1.“六优先”

针对某些类型矛盾纠纷的特点,调解组织在调处矛盾纠纷时,优先安排处理六类需要优先调处的矛盾纠纷。包括:苗头性纠纷优先调处,容易激化的纠纷优先调处,经济纠纷优先调处,“三养”纠纷(父母向子女追索赡养费的纠纷、

〔1〕 在构筑调解与审判的联动机制方面,“诸暨市人民法院地处经济发达地区,随着经济发展,各类矛盾纠纷也增势迅猛,同时由于当地民风民俗等影响,滋生了大量损害赔偿、相邻关系、土地费、劳动用工争议等民间矛盾纠纷,新类型案件不断出现,审判难度也在增大,案多人少矛盾突出。面对困难,该院党委经过充分调研,确立了充分挖掘现有资源,积极开拓诉外矛盾纠纷解决机制,充分利用人民调解化解矛盾时间短、投入少、成本低、灵活性强的优势,及时有效化解矛盾,减轻诉讼压力,提高工作效率的工作新思路,把指导人民调解工作作为一项基础工作和特色性工作来抓”。参见中共诸暨市委、诸暨市人民政府主编:《与时俱进的枫桥经验》,诸暨市富林印务有限公司2003年版,第60页。

子女向父母追索抚养费的纠纷，以及夫妻之间追索扶养费的纠纷）优先调处，有倾向性、牵连性的纠纷优先调处，影响生产的纠纷优先调处。

“六优先”原则充分关注到矛盾纠纷解决中的轻重缓急，及时疏导，是进一步预防和化解矛盾纠纷的条件。将这些类型的矛盾纠纷优先调处，对稳定社会秩序和经济秩序，具有积极的意义。

2. “四统一”

为了规范调解工作，保证调解的质量，保证类似的问题能够得到相似的调处，维护调解的公正性，枫桥对调解工作提出了四个方面必须统一的要求：调解干部调解纠纷时认识要统一；调解程序要统一；法律政策依据要统一；处理方案要统一。“四统一”实现了不同调解组织工作的规范化，在保证调解效率的同时，也保证了调解的质量。

3. “六个心”

为了保证“四统一”真正落到实处，枫桥对调解干部提出了明确具体的要求，即倾听当事人陈述要专心，调查取证要细心，开展疏导要耐心，调处纠纷要诚心，下达结论要公心，遇到反复要有恒心。“六个心”实质属于调解程序的规定，为调解干部树立了较高的工作标准。此外，调委会和其他调解部门对每起纠纷调处后，应跟踪回访，及时了解调解协议的履行情况、双方当事人的思想情况，做好当事人及其家属和亲友的思想工作，防止纠纷的再度发生。

三、效果

首先，民间纠纷的调处解决，有利于节约时间，缩短纠纷从发生到化解的过程，防止轻微的纠纷向严重矛盾的转化，防止矛盾的进一步激化，防止民事纠纷向刑事犯罪的转化，有助于实现民间纠纷的合理彻底解决，有利于实现纠纷解决中法律效果和社会效果的统一。大量矛盾纠纷通过人民调解方式解决，较诉讼而言，大大减少了各种诉讼费用的支出，节约了成本，也缩短了时间，使矛盾纠纷双方尽快从矛盾纠纷中脱身，投入正常的生产和生活。“预防化解矛盾，关键是做到正确疏导、化解得法，突出一个‘快’字。对矛盾纠纷，枫桥的基层组织做到不拖不推，立即受理，闻风而动，雷厉风行；在疏导时突出一个‘细’字，即不

厌其烦,做好说服教育,理清情绪,消除隔阂,达到调解一事、和睦一方的效果。”〔1〕

从枫桥镇枫溪村和钟瑛村的调解档案看,村民之间的主要纠纷是房屋建筑与宅基地纠纷。此类纠纷都发生在一方或双方建造房屋的过程中,法官为了查明案情,需要花费时间和精力。如果法官借助当事人的能力查明案情,“谁主张,谁举证”,可能导致时间的拖延,导致当事人为收集证据而付出不必要的时间、精力和费用;可能为某一方当事人混淆是非留下空隙,法官通过法定程序查明认定的事实,可能与客观事实发生偏离。复杂、耗时的法院诉讼程序,必然导致建筑工程窝工,加剧甚至激化双方的矛盾。通过判决方式解决此类纠纷,难以取得良好的法律和社会效果,因为,法官难以发现双方当事人共同的利益所在,很容易做出损害双方当事人利益的判决,造成“两败俱伤”的结果。民事纠纷的性质,决定了需要进行权衡和比较,需要选择“双赢”方案,但法官的角色和地位,可能阻碍得出正确的选择。

村民自治组织在解决这类纠纷的过程中,可以发挥得天独厚的作用。在发生纠纷后,他们可以在第一时间赶到现场,平息事态;他们有条件提出符合双方利益的调解方案,并监督协议的履行;他们更了解当地的风俗和习惯,说服当事人,化解纠纷和矛盾。当事人的自愿履行,避免了司法判决因为“执行难”,可能带来的诉讼风险。

其次,民间纠纷的调处解决,有利于基层群众自我管理、自我教育、自我服务,有利于基层社会的发育和发展,有利于节约司法资源,减小社会运行的成本。

主要通过调解解决矛盾纠纷,符合民间纠纷自身的特点。司法具有被动性,司法机关不能通过积极的方式,参与矛盾纠纷的预防和化解。相反,人民调解则不同,调委会处理矛盾纠纷的准则是原则性与灵活性相结合。从来源上,调委会受理矛盾纠纷,并进行调处,具有被动的成分,需要当事人的申请,或有关部门的移送。但是,《枫桥镇民间矛盾纠纷调处若干规定》第3条规定:“调委会发现矛盾纠纷有可能激化时,应主动参与,采取必要措施,做好疏导工作,防

---

〔1〕 金伯中:《“枫桥经验”新发展的理性思考》,载《公安学刊》1999年第6期。

止矛盾纠纷激化。"我们可以认为，被动性是调解组织受理案件，进行调解的原则，在特定条件下主动参与化解矛盾纠纷则是例外。

基层自治组织解决村民之间的矛盾和纠纷，表明中国基层群众有能力解决自己的纠纷，管理自己的事务。民间纠纷的调解解决有利于形成中国基层社会的自治，推动中国基层民主的发展。

积极的组织和引导，使大量矛盾纠纷在第一时间得到化解，一些不安定因素及时得到排解的同时，促进了基层自治组织的建设，有利于基层自治组织实现自我管理，客观上推动了基层民主法治建设。枫桥绝大多数矛盾纠纷的成功调处表明，某些地区基层社会的民主发育程度已经达到了较高的水平，"枫桥经验"为中国基层民主法治建设提供了范例。

总之，不同矛盾纠纷解决机构相互之间的配合，尤其是审判机关与人民调解委员会之间的配合，消除了不同部门之间的冲突和内耗。不同矛盾纠纷解决部门之间在处理类似问题上的联动，同类矛盾纠纷解决结果的一致性，有利于树立法律和规则的权威，为社会成员提供生产和生活的准则，在加强了解决结果权威性的同时，也为社会成员提供了行为规范。

第三节 村级调解

枫桥镇村级调解成效卓著，具有鲜明的特点。在此，我们以钟瑛村为实证研究对象对枫桥镇的村级调解加以分析。

一、钟瑛村调解档案和调解案例的概况

村级调解处于化解矛盾纠纷的"第一道防线"，村级调解组织调处纠纷时，人熟、地熟、情况熟，省时、省钱又省力，化解矛盾纠纷的优势十分明显。因为，"人际关系仍带有地方性，纠纷主要表现为大量的人缘纠纷和地缘纠纷，常见的有婚姻家庭纠纷、邻里纠纷等，这部分纠纷涉及的社会关系，对人情、伦理的过分依赖，使其很难为高度规范化、程序化及系统化的国家正式制度所调整，完全

可以由习惯法及民俗、习惯等来调整”。[1]

本书选取改革开放以来(1979~2003年,其中不包括1984年和1995年的相关材料)钟瑛村的相关档案。该村档案保存完好,以1985年的档案为例,如表4-3-1所示。

表4-3-1 钟瑛村1985年调解材料档案目录

案号	案由	当事人姓名		案情摘要	事发日期	调解日期	主办调解员	处理结果
		申请人	被申请人					
85.1	基建纠纷	魏某	骆某	屋前道地发生纠纷	3.2	3.5	余某	同意魏某围墙
85.2	打架案	骆甲	骆乙	口角相争,发生打架	3.5	3.7	余某	骆乙负责药费
85.3	打架案	施甲	施乙	口角相争,发生打架	3.20	3.24	余某	双方医药费各自负责
85.4	建屋纠纷	骆某	陈某	翻建问题,发生纠纷	4.1	4.2	余某	双方达成调解协议
85.5	打架案	高某	吴某	口角相争,发生打架	4.3	4.3	余某	吴某拿出医药费5元
85.6	建房纠纷	叶某	骆某	住房围墙余地纠纷	4.6	4.6	余某	双方达成调解协议
85.7	建房纠纷	王某	陈某	申请人影响被申请人房屋光线	4.8	4.9	余某	申请人滴水在自己处所,被申请人围墙不能影响开窗
85.8	中墙纠纷	骆甲	骆乙	屋前中墙的纠纷	6.10	6.25	余某	按老屋中墙直出为界
85.9	房屋纠纷	陈某	余某	二家房屋相连发生纠纷	8.10	8.10	余某	被申请人翻建时出费用叁佰陆拾元
85.10	房屋纠纷	陈某	骆某	老屋翻建,滴水问题	8.20	8.25	余某	按村干部所订协议,分明界线
85.11	家事纠纷	余甲	余乙	房产和财产落入问题	8.21	8.28	余某	房产土改时为准,存下财产由申请人所有
85.12	分家案件	骆某	五个儿子	分家纠纷	10.2	10.2	余某	申请人一切生活费由第四个儿子负责
85.13	建房纠纷	毛某	楼某	建房时出路问题	10.10	10.11	余甲、余乙	达成调解协议
85.14	赡养老人	母亲	陈某等五个儿子	儿子赡养母亲纠纷	11.7	11.8	骆某、陈某	五个儿子应全部负责老人的一切生活费
85.15	建房纠纷	仇甲	仇乙	建房自留地所有权	11.19	11.20	余某	达成调解协议
85.16	基建纠纷	骆甲	骆乙	基建与开窗光线	11.29	11.29	余某	申请人老墙剩一块,被申请人开窗一公尺

〔1〕 孙冕:《诉讼解纷机制在乡土社会遭遇冷落的原因分析——来自苏北乡村法制建设的社会调查》,载《连云港师范高等专科学校学报》2005年第2期。

续表

案号	案由	当事人姓名		案情摘要	事发日期	调解日期	主办调解员	处理结果
		申请人	被申请人					
85.17	基建纠纷	魏某	骆某	二家老屋相连，翻建协议	12.1	12.7	余某	达成调解协议
85.18	房屋纠纷	王甲	王乙	兄弟二人老屋要合并	12.13	12.15	余某等	屋前自留地归被申请人，大土弄自留地归申请人

表4－3－1为钟瑛村1985年的调解材料档案目录，下面统计数据不包含案例11，其属于司法调解。

在1979年枫桥镇下发给村里的调解文件中明确规定村调解委员会的任务是：负责调解本村民间纠纷，配合镇调处与本村有关的村外民间纠纷。主要调解公民之间有关人身财产权益和其他日常生活中发生的民间纠纷。民间纠纷指的是：婚姻纠纷，生产经营纠纷，宅基地使用纠纷，房产纠纷，继承纠纷，赡养、抚养、扶养纠纷，家庭纠纷，债务纠纷，伤害纠纷，赔偿纠纷等。而在2002年《人民调解工作若干规定》中，人民调解委员会调解的民间纠纷，包括发生在公民与公民之间、公民与法人和其他社会组织之间涉及民事权利义务争议的各种纠纷。这一范围较之1979年规定的范围有所扩大，对于公民与法人和其他社会组织之间的纠纷也可以进行调解。根据档案，2004年至2007年钟瑛村调解的村民之间、村民与法人和其他组织之间的纠纷的数目与百分比，见表4－3－2。

表4－3－2　2004～2007年钟瑛村纠纷主体分类

年份/年	总纠纷数目/件	村民之间的纠纷		村民与法人或其他组织之间的纠纷	
		数目/件	百分比/%	数目/件	百分比/%
2004	8	4	50	4	50
2005	6	4	67	2	33
2006	5	3	60	2	40
2007	11	6	55	5	45
合计	30	17	57	13	43

根据性质，该村所调解的民事纠纷的类型主要表现为自留地、宅基地四界不清、互换的纠纷，房屋新建与翻建中所引起的纠纷，相邻关系的纠纷，婚姻、分家、赡养及父母兄弟不和等家庭纠纷，以及因父母去世或夫妻一方去世而发生

的继承纠纷，等等，详见表4-3-3。

表4-3-3　1979~2007年钟瑛村纠纷性质分类表

（单位：件）

年份/年	宅基地和房屋纠纷			家庭关系纠纷			继承	其他
	土地纠纷	房屋建造翻修纠纷	其他	离婚及相应财产分割等	分家赡养	家庭成员纠纷		
1979	0	1	0	2	0	0	0	0
1980	0	4	1	1	0	0	0	1
1981	1	9	2	1	0	0	1	2
1982	0	4	0	0	0	0	0	0
1983	0	5	1	4	0	0	0	0
1985	3	8	0	0	1	1	1	1
1986	0	13	3	0	0	0	0	0
1987	5	20	3	0	0	2	0	0
1988	1	1	0	0	0	0	0	0
1989	2	5	0	1	0	0	0	0
1990	4	12	2	1	0	0	3	0
1991	3	13	2	0	0	0	0	1
1992	2	12	0	1	3	0	0	0
1993	1	19	0	1	1	0	0	0
1994	1	16	0	1	0	0	0	0
1996	0	4	0	1	0	0	0	0
1997	0	8	2	2	0	4	0	6
1998	2	8	3	1	0	2	0	3
1999	2	14	1	0	0	1	1	0
2000	0	6	0	0	1	1	1	0
2001	3	2	0	1	1	1	0	1
2002	0	9	0	3	0	0	0	2

续表

年份/年	宅基地和房屋纠纷			家庭关系纠纷			继承	其他
	土地纠纷	房屋建造翻修纠纷	其他	离婚及相应财产分割等	分家赡养	家庭成员纠纷		
2003	0	5	3	0	0	0	0	0
2004	2	2	1	0	1	2	0	0
2005	1	1	1	0	1	0	1	1
2006	1	1	1	0	1	1	0	1
2007	0	8	0	1	0	0	0	2
合计	34	210	26	22	10	15	8	21
百分比	9.8%	61%	7.5%	6.4%	2.9%	4.3%	2.3%	6.1%

注：该表根据枫桥镇钟瑛村调解档案制作。

二、钟瑛村的典型调解案例

随着社会经济的发展，土地作为重要的生产资料逐渐成为极其稀缺的资源。土地纠纷作为乡村社会中最为复杂的纠纷之一，是乡村社会中各方矛盾的焦点。钟瑛村的土地房屋纠纷，是调解委员会所调处的数量最大、最普遍的纠纷类型。这类纠纷长期居高不下的原因，一方面源于历史遗留问题，如土地划分界线不明；另一方面人口的不断增加，重新调整土地的过程，因土地四界、房屋重建等问题较易引起矛盾和冲突。房屋建设纠纷主要指双方因房屋建造、翻建而产生的纠纷，如中墙、围墙、开门、开窗、过路、采光、污水排放等。

有学者指出，土地作为一种重要的生产生活资料，一种不可再生的稀缺性自然资源，在国家的经济、社会生活中具有举足轻重的基础性作用。因此任何国家都必然运用法律这一强制性规范来对其调整。[1] 但笔者在整理档案材料时，发现该村的土地、房屋纠纷基本上都申请到村调解委员会进行调解。

双方当事人就某些具体的事项协商一致，既可以有效预防纠纷，也可以最大限度满足双方的需求。

〔1〕 陈利根：《土地法学》，中国农业出版社2002年版，第15页。

案例1:土地纠纷

为解决三里店内小水池走路问题,甲方(胡某,下同)和乙方(何某,下同)特签订如下自留地与道地界线协议书。双方争议焦点如下:甲方以围墙角为依据;乙方以种植蔬菜地为依据。双方争执不休,互不让步。

经村调委会根据现场实际调查,及查明村自留地档案,并邀请双方当事人所在生产队的队长经当场实际丈量,对照结果,乙方在册数为5.2×5=26平方米,其中乙方自留地除走路80公分外,实际复量数为5.5×5.3=29平方米。经双方生产队长讲明道理,说服双方当事人,以公正协调办法,双方各退让80公分,合计通行走路为1.6米,确保畅通无阻。村、队、乙方三方均同意甲方建筑围墙,内作道地面积为:10×3.6=36平方米。[1]

案例2:房屋建造开窗纠纷

骆甲与骆乙、骆丙开窗协议:上列当事人因钟瑛村原村民骆甲在老屋靠西侧弄堂开窗与骆乙、骆丙兄弟纠纷一案,经调解,双方自愿达成协议如下:

(1)骆乙、骆丙同意骆甲开窗(窗在平面内);

(2)骆甲以后在北侧后墙不得开窗,现有弄堂走路,双方需维持原状;

(3)骆乙老屋如今后原址翻建,骆甲无异议,但建房必须坚固,对因不坚固而对骆甲造成的损失应负责任。[2]

案例3:房屋采光纠纷

因骆某建筑圈墙与邻居陈某住宅光线纠纷一案,双方于2000年4月3日向枫桥镇钟瑛村调解委员会提出申请,经调解,双方自愿达成协议如下:

(1)骆某住宅后面有余地一块,为卫生和安全起见建造围墙,须与陈某协商。骆某围墙在陈某屋前,门和窗直出处拆底同陈乙窗下口线一样平,缺口处用铁杆做栅栏,栏杆相距为0.15公尺。

(2)骆某在栅栏内不准堆放柴草遮明杂物。

(3)骆某栅栏经协商要求在4月20日完成。[3]

---

〔1〕 选自《枫桥镇钟瑛村1991年度调解档案》。

〔2〕 选自《枫桥镇钟瑛村2002年调解档案》。

〔3〕 选自《枫桥镇钟瑛村2000年调解档案》。

案例4：房屋建造引起的相邻房屋间距纠纷

甲方（骆甲，下同）与乙方（骆乙，下同）关于屋前中墙的事项协议：

（1）甲、乙双方屋前道地各按自己老屋中墙金柱直出为界。

（2）甲、乙双方如各在屋前道地建造房屋时，各方都应按中界线向自己方向移进15公分。双方各剩余墙弄为滴水弄，但双方屋檐距对方屋沿10公分时，双方都不能开窗。

（3）如甲、乙双方只在屋前道地建筑围墙，高度不高于1.80米。不搞建房基建。双方商定各按中界线向自己方向移进5公分，并围墙滴水都滴自己方向。

（4）如乙方在屋前道地建房后，甲方应保留已筑围墙。

（5）甲、乙双方门前道地泄水，都各按自己余地范围内泄出，双方都互不影响。[1]

案例5：房屋建造引起的走路纠纷

因倪某新建房屋需要，要求将沈某的出入行路作为屋基，为了不影响沈某的走路，又将骆某的自留地改为走路。现经三方共同商议，签订协议如下：

（1）沈某为了支持倪甲造屋，将原来的出入行路（宽3米以上）无偿让给倪某建房，但新作的出入行路宽不得少于2米，并仍需直路，不能走弯路。

（2）倪某新做的房屋沿屋角与骆某的墙角距离按村干部划定为准。

（3）倪某的猪栏小屋必须在砌砖墙前拆除，并做通新路。对拆除后的猪栏屋，不得另行改建。

（4）关于骆某无偿提供的自留地，一方面为了照顾倪某造屋，另一方面为了照顾沈某走路，因此倪某必须按协议要求做好新路。如果违反协议要求，骆某有权收回无偿提供的自留地，沈某也随之有权收回无偿让出的原出入行路。

（5）以上协议经三方共同商议后一致同意，任何一方不得任意违反，如有一方违反，一切后果及损失由违反者承担。

---

〔1〕 选自《枫桥镇钟瑛村1985年调解档案》。

三、钟瑛村重视民间调解的原因

民间调解具有悠久的历史文化传统，“中国民间调解传统植根于中国民众的心理之中，它流传至今，并且越过人类数千年的漫长历史，说明它适应人性的实际，它有自己生存的空间和存在的价值”。[1] 钟瑛村重视民间调解，具有如下三方面的原因：

1. 深厚的文化土壤

枫桥经验数十年的持续发展，离不开其独特的文化环境的支撑。“虽然，传统法律文化作为一种整体文化形态在中国已不复存在，但传统因素无时无刻不对现代法制产生影响。传统法律文化是中国法制现代化的历史起点和逻辑前提。”[2]民间调解作为一种独特的纠纷解决方式，是中华民族生活智慧的结晶，也是其生活经验的表达，集中反映出中国传统文化的独特性质和风貌。以“和合”为特征的传统文化，在中国广大农村具有深厚的基础。对这些文化资源的重视、利用、发掘、倡导，在乡村治理中具有重要的意义。

钟瑛村成功推行调解的因素之一，是该村具有浓厚的传统文化底蕴，“以和为贵”的处世哲学，互谅互让的道德风尚，在村民中根深蒂固。尊老爱幼、团结协作、和睦相处等传统美德，受到人们的重视。“退一步海阔天空，让三分心平气和”，深厚的传统人文资源，成为建立和睦人际关系的纽带，也成为钟瑛村推行调解的深厚文化土壤。

上述钟瑛村的调解案例中，案例1：通过双方各自退让，留出1.6米的通道，使双方通行便利，过道“畅通无阻”，取得了双方均满意的结果。调解协议通过双方的退让，实现了双方的利益。案例2：不仅明确了开窗、通行、老屋翻建等问题，而且对这些问题的解决，约定了符合三方利益的明确、具体的要求和标准。反对斤斤计较，在不影响自己正常生产和生活的同时，尽最大努力为他人提供便利，是乡风淳厚，乡邻和睦的前提条件。

调解对传统文化的肯定和维护，赢得了广泛的道德和舆论支持。在快速、便捷解决纠纷的过程中，调解促进了和睦的乡邻关系的建立，有效维护了村民

〔1〕 秦国荣：《人民调解制度的现代意义分析》，载《新疆大学学报》（社会科学版）2002年第2期。

〔2〕 刘敏：《论传统调解制度及其创造性转化》，载《社会科学研究》1999年第1期。

的长远利益,倡导了普遍、公认的价值观,实现了社会和谐、稳定。

2. 悠久的调解传统

解放以来的钟瑛村调解档案表明,该村各项事务管理非常细致,各种文件资料保留完整,档案资料受到村干部和村民的重视,成为成功推动调解的重要因素之一。调解档案长期保留,调解协议和方案就必须能够经得起时间的考验。调解人员、双方当事人没有只看眼前,而是放眼长远,重视从根本上化解矛盾纠纷。另外,健全的调解档案,也为纠纷的有效预防,创造了条件。原有纠纷一旦复发,或者一旦发生与原有纠纷有关联的纠纷,档案材料成为调解人员的得力助手,成为再次调处的有力根据。

档案材料也为新的纠纷的处理,提供了参照。充分参考已有同类调解案例调解纠纷,使相同的情况得到基本相同的处理,保证了调解的公正性,在这一过程中,调解档案发挥了重要的作用。正是通过大量的、对同类纠纷的一致性调处,民间的规则和制度得到了强化,村民的生活得到了规制,调解的地位也不断巩固。

上述调解案例中,案例3:双方对围墙建设、栅栏设置以及环境卫生、建造时限等都做了明确约定,在体现一方便利时,充分尊重对方的利益。民间调解中,倡导互利互让,反对损人利己,体现了传统美德。案例4:对中墙建造过程中的界址、滴水、开窗、高度、围墙滴水、道地泄水,进行了明确的约定,达到了双方"互不影响"的效果。协议体现了人们生活的经验,方便了双方的生活。民间调解在长期发展过程中,形成了尊重习俗,维持现状,立足建立当事人和睦关系的原则,为维护调解协议的效力,创造了条件。调解档案的有效保护,使当事人之间的关系得到了长久维系。

3. 牢固的群众基础

村干部的支持、广大村民的信赖,是钟瑛村成功推动调解工作的又一重要因素。几十年来,钟瑛村形成了自己独特的调解员和调解主任选任模式:由德高望重、为人正派、办事能力强,在村里享有较高威信的村民代表,担任调解员。调解主任则一般由退休的村支书担任。村支书一般有担任村主任的工作经历,村支书任期届满,在身体允许的条件下,从事调解工作,都能赢得大家的尊重和信赖。因为,实践证明,他们有能力、有公心、有经验,热心公益,服务群众。钟瑛村公正、及时、有效的村级调解,在长期发展延续中,得到了不断强化。

上述调解案例中,案例 5:虽然三家互相提供给邻居便利,但是,协议内容明确、具体,体现了不能损害他人权益的原则,违约责任严厉,有利于预防新的矛盾纠纷的发生。规范化的村级调解,是钟瑛村数十年的良好传统,通过长期的实践,调解解决纠纷,已经深入到干部和村民的心中。遇到纠纷寻求调解解决,成了人们的习惯思维。调解方式解决民间纠纷的地位,得到了牢固的确立。

总之,调解是村民自己解决自己纠纷的最有效手段。与诉讼不同,在调解过程中,重视的不是证据而是情理,调解人员通过与双方当事人讲道理的方式,分清是非,区分责任,化解双方纠纷,从根本上消除矛盾,达到和睦乡邻的目的,取得了良好的社会效果。钟瑛村的调解实践表明,村级调解具有广阔的发展空间,具有强烈的村民自治色彩,适合民间纠纷侧重预防、化解的诉求,对和睦人际关系,树立文明新风具有重要的意义。

第五章　“枫桥经验”与基层民主法治建设

第一节　新农村建设中的基层民主与村民自治

“枫桥经验”在产生之初是依靠群众通过说理斗争教育改造“地、富、反、坏”分子,实现人民民主专政的经验。在改革开放的新时期,“枫桥经验”在继承其精神实质的基础上,已发展成为搞好社会治安综合治理、维护社会稳定、促进社会经济和谐发展的经验。“枫桥经验”成功探索了中国基层社会治理的一种模式。基层社会治安综合治理是基层社会治理的重要方面,基层社会的治理离不开社会治安的综合治理。基层社会治安的综合治理有力地促进了基层社会的治理。枫桥社会治安综合治理的模式与枫桥农村社会的治理模式是统一的。枫桥人民为搞好农村社会治安,实现农村的根本稳定,采取了加强农村基层民主政治建设,充分发挥党政组织作用,抓好农村文化设施建设提高农民文化素质,对失足青年进行帮助教育,大力发展和壮大集体经济等措施。枫桥的社会治理模式不仅对中国社会治安综合治理具有典型的示范意义,而且对中国农村基层社会治理以及新农村建设也具有重要的启示意义。中共中央、国务院《关于推进社会主义新农村建设的若干意见》提出,要加强农村民主政治建设,完善建设社会主义新农村的乡村治理机制。枫桥的成功治理,就为我们探索出了一条农村民主建设和新农村乡村治理的成功道路。

农村基层社会治理是以农村社区为单元的社会事务的管理,包括政治、经济、文化、教育、治安等各个方面。在我国城乡二元分治的社会结构模式下,农村社会治理经历了公社化的政社合一治理模式和改革开放后的政社分离模式。在公社化的治理模式下,农村社会事务包揽于公社,公社既是政权组织,又是以政权组织力量直接组织经济文化教育活动的社会组织。社员通过大队、生产队集中组织起来从事政治、经济、文化、教育活动。公社以政治挂帅思想领先,强调把无产阶级专政的任务落实到基层，社员在大队、生产队的组织下统一劳动，统一分配。公社能够有效地组织开展政治和文化活动。在这种模式治理下，发动和依靠群众，通过说理斗争教育改造“四类分子”的“枫桥经验”当然地与公社治理模式相吻合，成为公社工作内容的一部分，公社能够在多项政治运动中，有效地组织群众开展对“地、富、反、坏”分子的批判斗争，能够将“四类分子”置于集体劳动之中，在群众监督之下劳动改造，所以就收到了很好的效果。

在改革开放的新的历史时期，农村社会治理模式发生了重大变化，在农村基层社会实行国家政权与民间社会的分治。在原公社一级组织范围的政权基础上成立乡镇人民政府，作为基层政权组织。而在大队一级集体组织的基础上建立村民自治组织——村民委员会，实行村民自治；在生产队一级集体组织的基础上建立村民小组，实行村民自治。乡镇政权与村民自治组织的关系由直接的领导关系变成了指导关系，意味着国家政权要在农村社会治理中适当退出；但是由于制度运行的惯性，基层政权并未完全退出其应当退出的农村社会治理领域，退出对村民自治组织的领导。乡政府习惯于将自己作为村民委员会的上级领导，对村民委员会进行行政干预。村民委员会的干部也习惯于仰仗乡镇领导，习惯于对上负责而不对下负责，真正的村民自治难以落实。

但是，乡级政权对农村的控制明显被弱化。加之在经济组织方式上实行了农民以家庭为单位从事个体的分散劳动和直接收益，集体的村民委员会、村民小组就失去了有效组织农民开展集体活动的基础，许多村、组不再具备集体经济的性质，村、组缺乏集体的公共积累，失去了有效组织农村集体活动和村组社会保障的财力支持。在取消了农业税和禁止集体组织向农户收取费用和集资的情况下，村、组集体组织更是失去了对农户的有效组织手段，也失去了对农户的管理兴趣。农民在一家一户的分散经营状态下，其弱小、分散、自私的缺陷进一步凸显，因此，目前农村社会治理处于一种严重的弱组织状态。这样不仅依靠群众进行社会治安综合治理有了客观上的难度，而且更为严重的是农村社会经济发展出现了一系列问题。从经济发展来讲，农村公共物品的供给困难，农业基础设施缺乏和落后，一家一户小规模经营的农业生产能力难以提高，农民增收缓慢。从政治上来讲，村民自治仅仅有民主选举的形式意义而无自我管理、自我发展的自治实质内容。从其他社会事务讲，农村文化活动开展困难，农民精神生活贫乏。这样就加剧了城乡的两极分化，严重影响小康社会的全面建设、社会的可持续发展，影响和谐社会的建设。社会主义新农村建设正是在这一背景下，被提到了国家的议事日程。

新农村建设不仅要使农村生产发展、农民生活改善，而且要提高农民的政治社会地位、丰富农民的文化和精神生活，改善人际关系等。因此，在新农村建设中要完善农村社会治理模式，就应当依靠农民、有效地将农民组织起来，发挥农民在社会主义新农村建设中的主体作用。而枫桥在新农村建设中积累下来的良好的基层民主与村民自治经验，为中国农村基层社会民主与自治建设，提供了有益的启示：

一、发挥党政机关和村民自治组织的基础作用

新农村建设是一个系统的社会工程，需要社会各方面的参与，就像维护社会治安需要社会各主体广泛参与一样。在当前社会主义新农村建设中就如何组织农民的问题上，有观点认为，为了减轻农民负担应当精简机构，减少人员，让乡村组织退出农村基层社会，而由农民在自愿基础上发展起来的农村民间合作组织，例如农民合作经济组织取代它的功能。某些省市就进行了取消村民小组长、合村并组、撤乡并镇、精简机构、减少人员的工作。从而使农村基层社区的范围扩大、人员增加，管理机构减少，管理人员减少。但合作经济组织的产生需要一定的条件，一是农民要有合作的需要，二是要有合作的思想。在合作思想和合作需要的基础上，还需要有人积极组织集体合作，才可能产生合作经济组织。由于乡村原有组织的弱化和新的合作组织在短期内不能自发产生，就使得农村基层社会处在弱组织化状态。一方面难以有效地组织集体经济活动，自力更生提供农民所需要的公共物品；另一方面国家财政转移支付农村的资金也难以通过村落组织对接，由国家给农村提供公共设施和公共物品。

因此，建设社会主义新农村，必须尽快培植、建立和完善乡村组织体系。而乡村党政组织和自治组织就是组织农民的最直接、最有效的主体。社会治安综合治理意义上的“枫桥经验”中的首要一条就是加强基层党支部的战斗堡垒作用。枫桥的社会治理，充分依靠的是农村党支部、村委会、村民小组这些基层组织，许多村的治保会、调解委员会的主任由支部书记、村民委员会主任兼任。这

些基层组织上连基层人民政府和政法专门职能机关，下接人民群众，形成了“党政联手、警民联防”的综合治理模式。借鉴“枫桥经验”，中国社会主义新农村建设和基层社会治理中，应当加强基层党组织和基层自治组织，不断提升农村基层党组织的社会凝聚力和创造力，充分发挥农村基层党组织的领导核心作用，为建设新农村提供坚强的政治和组织保障。只有依靠农村基层党组织，才能有效动员和组织农民，把农民群众的创造力同国家的组织、扶助和支援结合起来，增加农业基础设施建设和农村公共物品的供给；才能对农民进行政治教育、文化教育、技能培训，焕发民众精神；才能高效地建立农民合作经济组织和各种农村社会化服务组织。而任何弱化基层党政组织和村民自治组织的做法都不利于新农村社会治理结构的完善，不利于新农村建设。

二、坚持将村民自治作为农村社会治理的基本制度

农村社会是农民的社会，农民以行政村、社区为单位实行民主自治，依法管理自己的事务。村民委员会是农民自我管理、自我教育、自我服务的基层群众性自治组织，实行民主选举、民主决策、民主管理、民主监督。村民自治是由《村民委员会组织法》确立的当代中国农村社会治理的最基本制度。但在现实运行中，在许多地方村民自治制度没有得到很好的贯彻和落实。有的基层政权组织和领导将村民委员会视为其下级行政组织，任意干预村民自治权的行使；有的村民委员会干部在被选举当选后即忽视村民的民主权利，不再依靠村民进行民主决策、民主管理、民主监督，村民个人又无力与基层组织相抗衡，争取自己的民主权利，因而使得村民自治的民主性，只是局限在形式上的民主选举。甚至有的干部还借口农民文化素质不高、民主法治意识不强，剥夺村民的民主权利。

“枫桥经验”则是依靠人民群众，成功开展村民自治的典范。“枫桥经验”的成就表明，我国村民具有民主自治的优良传统，富有民主自治的智慧。早在20世纪60年代，枫桥人民群众就创造了通过民主说理斗争和民主监督将“四类分子”改造成社会主义新人的奇迹。在改革开放的新时期，枫桥人民群众又通过民主管理社区事务、预防纠纷、化解矛盾、自我服务、维护社会治安的方式创造了“矛盾少、治安好、发展快”的和谐社区局面。比如在社会治安的综合治理中，枫桥镇的各个村民委员会，组织村民召开村民代表大会，审议制定符合国家

法律、反映民众要求、顺乎社情民意的村规民约、护林公约、禁赌条约等，通过民主引导广大人民群众自我教育、自我约束，从而达到预防纠纷、解决矛盾的目的。为了确保村民对村干部的民主监督，枫桥镇政府规定每年3月28日为村务公开日，对涉及集体项目招标、宅基地审批、计划生育指标、水电费收缴等村民比较关心的事务都要向村民公开，接受村民监督。

通过村民的民主监督既调动了村民参与农村公共事务民主管理的积极性，又增强了村干部的廉洁性和管理公共事务的责任心。这些事实证明在农村基层社会治理中充分发扬民主，切实实行村民自治，是必要的、可行的和有效的。在当前社会主义新农村建设中，在完善乡村治理模式中，最关键的是要贯彻落实村民自治，保障和落实村民的各项民主权利。村民的民主权利不仅体现在民主选举中，更重要的还体现在选举后的民主决策、民主管理和民主监督等各个环节。村民委员会组织法虽然明文规定了村民的各项民主权利，但村民民主权利的实现程序和保障措施尚不能明确，因而村民的民主权利难以真正实现。目前应当着重完善村民行使民主权利的具体形式、程序和保障制度，包括完善村务公开和民主议事制度，让农民群众真正享有知情权、参与权、管理权、监督权。

三、多元化地发展农村民间基层组织

枫桥在发展中，注重建立健全综合治理组织。健全、高效的组织体系，确保了枫桥社会治理目标的实现。在农村社会治理中，村民自治的日常组织形式就是村民委员会。村民委员会在选举成立后，应当办理本村的公共事务和公益事业，调解民间纠纷、协助维护社会治安，向政府反映村民的意见、要求，并可提出建议。村民委员会有义务尊重和维护村民民主决策、民主管理和民主监督权利。实践中，一些地方民间自治组织的发育不完善和村民委员会的准行政化，导致了村民依靠个人力量难以形成对村民委员会干部的有效监督，村民的民主决策和民主监督权无法实现。例如，一些村民委员会对应当经村民大会讨论表决方可办理的事项不经村民大会讨论表决就擅自决定和办理，对于应当公开的村务不予公开。新农村建设中，如果建立了新型社会化服务组织、农产品行业协会组织、法律服务等中介服务组织、农民合作经济组织、农民协会组织和其他民间组织，村民则可以通过组织的力量，监督村民委员会，确保民主权利的

实现。

有了多元社会组织的监督，村民委员会就会主动地加强自律，尊重村民的民主权利，增强责任性，自觉履行职责，维护村民集体利益。因此，在完善村民自治组织的同时，通过政府引导和支持农村民间组织的建立，实现农村组织的多元化是确保农村社会民主自治的重要方面。

四、坚持农民群众的主体地位

“枫桥经验”在发展中，始终坚持以农民群众为主体，充分发动和依靠农民群众、妥善处理社会矛盾，维护社会稳定。社会主义新农村的建设，包括政治、经济、文化和社会公共事务的管理等各个方面。社会主义新农村建设，在政治上要确保村民自治，推动民主政治；在经济上要确保村民集体对土地等生产资料和集体财产的所有权及其对集体所有权的民主行使，确保集体成员个人对土地等集体财产的承包经营权的自主行使，确保集体成员发展各种专业合作经济的权利；在发展农村文化和社会公共事务方面，也要明确规定农村集体与村民个人的权利、义务。

强调在农村社会治理中农民群众的主体地位，就是强调农民群众的自主作用和能动作用，就是尊重人民群众的聪明智慧，尊重人民群众推动历史前进与发展的主导力量。在新农村建设中只有把农民组织起来，通过其自力更生的劳动创造、互助合作，才能把国家扶持农村的财政转移财产同农民的力量结合起来，改善农村社区的水利、道路、桥梁、电力、文化、卫生设施，有效增加公共服务，改变农村的落后面貌。为此，要完善一事一议制度，健全农民自主筹款的机制和办法，引导农民自主开展农村公益性设施建设。如果只是片面强调工业对农业的反哺义务和国家对农村的财政转移支付的扶持责任，而忽视了农民的自主地位和能动作用，新农村建设就难以取得良好效果。只有在加大国家对农村扶持力度的同时，充分发挥农民的主体作用，才能加快新农村的建设步伐。如果农民只是向国家伸手，只是等、靠、要，就是被动的享受者，而不是能动的新农村建设者，就不是自己解决问题而是上交社会矛盾。

“枫桥经验”给我们的启示就是要在新农村建设和农村社会治理中充分发挥群众的主体作用。这样才能依靠群众妥善处理新农村建设中的各种矛盾，就地解决矛盾,不上交矛盾。而确立农民在乡村治理中的主体地位,就应当切实维护农民的民主权利,增强农民的民主法治意识,提高其依法行使民主权利和履行义务的自觉性。

五、专门机关的职能作用同农民群众的主体作用紧密结合

“枫桥经验”在发展中,始终坚持乡镇党委、政府领导,注重发挥专门机关维护社会稳定中的职能作用。专门职能机关在乡镇党委政府的领导下,依托农村基层组织,发动和组织人民群众,开展社会治安综合治理。公安派出所发挥了其治安主力军的作用,法庭、工商所、税务、土地管理等政府职能部门也在其职能范围内积极主动、各司其职、密切配合、齐抓共管。在政府职能部门的主导作用下,群众的主体作用和基础作用才得以发挥。从而在枫桥构筑起了严密的社会治安防控体系,开创了“矛盾少、治安好、发展快、社会文明进步”的良好社会发展局面。

公安机关的职能延伸到农村,在农村社会治安中发挥主导作用。同样道理,要发展农村文化事业,文化部门就必须下到农村履行其职能。要改变农村医疗卫生条件差,解决农民看病难,卫生行政主管部门就必须下到农村肩负组织和领导责任。枫桥在农村社会治理中,能够把职能部门的主导作用和人民群众自治的主体作用和基础作用紧密地结合起来。枫桥注重落实村民自治,但政府并不是对农村社会放任不管。基层政府机关应当加强对村民自治的指导和监督,尊重和保障村民的自治权利和民主权利,不干涉村民民主自治权利的行使。但同时,政府必须认真履行对农村的法定职责,各职能部门要发挥其在农村社会治理中的职能作用。

在新农村建设中,国家应当实施工业反哺农业,增加农村公共物品的供给,改善农村基础设施的投入。但农村公共物品的供给,农村基础设施的改善不可能由国家包揽,而必须有农村集体的参与,发挥农民的主体作用和基础作用,把国家的外部援助和集体内部的自力更生紧密结合起来,在国家的主导作用下,把农民的积极性调动起来,这样才能改善农村的落后面貌。否则,新农村建设中,仅仅是政府主动,而农民消极等待;或者农民积极,而国家不予大力支持,都难以形成新农村发展的合力。

农民群众身上,蕴藏着建设社会主义新农村的巨大力量和热情。但其“弱、贫、散、私”的特点,决定了新农村建设,必须由政府来主导。政府应当通过良性政策调动和引导农民发展的积极性,通过财政转移资金的投入来对接农民集体组织、农民合作经济组织、文化组织和各类民间组织,形成农村公共物品和农业基础设施建设的供给体系。在党委和政府的领导下,基层政府职能部门,如财政、农业、土地管理、文化、教育、卫生、广播电视等职能部门,都要将其职能延伸到农村,实现与农民自治组织和民间组织的对接,对口指导和支援农村的基础设施建设和文化、教育、卫生、广播电视等社会事业的发展。坚持党政领导、职能部门积极主动,各负其责,充分发动农民群众、尊重和支持群众的民主自治、发育各类民间组织,把国家支持与农民自力更生紧密结合,这既是农村社会治理的重点,也是新农村建设的有效模式。

第二节 民主法治村

一、枫桥建设民主法治村的背景

枫桥镇把各项工作纳入民主化、法治化轨道,积极推进基层民主法治建设,促进了社会的稳定和经济的发展。“随着民主法治建设的逐步完善,农民要求参与经济社会事务管理的意识大大增强,能否满足农民的民主要求,保障民主权利,直接影响农村的稳定。枫桥党委政府十分重视基层民主政治建设,以此推进依法治镇乡、依法治村、依法治厂。村级依法自治,充分尊重群众的民主权利,实行民主选举,民主决策,民主管理,民主监督,让群众选人,选群众信任的人,使民情、民意、民智真正在决策和管理中得到体现。依照国家法律、法规和政策,通过村民代表大会审议,制定上符国家法律、下合民情社意,简单明了、具体实用的村规民约、护林公约、禁赌条约等,充分依靠群众实行自我教育、自我管理、自我约束,运用道德力量调节家庭成员之间、群众之间、干群之间的矛盾纠纷。同时,严格依法行政,依法办事,全面推行政务村务公开,接受群众监督,‘给群众一个明白,还干部一个清白’,既消除了群众的疑虑,调动了群众参与村务管理的积极性，又加强了廉政建设，减少干群矛盾，密切干群关系。”[1]基层民主法治的发展，是民主法治村建设的基础；民主法治村建设，是基层民主法治建设的有效组成部分。枫桥镇的基层民主法治建设主要内容包括：

（一）抓科学的决策

乡镇一级的决策，大量涉及群众的切身利益，所以更应注重决策的民主性，体现“民本”的理念、法治的理念。枫桥镇建立完善了深入了解民情、充分反映民意、广泛集中民智、切实珍惜民力的决策机制，推进决策科学化、民主化。建立了社情民意反映制度、重大事项社会公示制度和社会听证制度，完善专家咨询制度，实行决策的论证制和责任制，防止决策的随意性。

枫桥镇重大事项决策包括以下环节：（1）提出环节：责任部门提出决策意见，经书记办公会议讨论，形成初步方案。（2）调研环节，对初步方案进行深入调查研究，听取专家、学者的意见，可行性论证形成基本方案，确保决策的科学性。（3）民主环节：就基本方案，通过各种途径征求群众意见，可根据实际情况，分层次召开座谈会（如人大、政协代表座谈会，村干部、党员座谈会，涉及利益的相关群众座谈会等）、发放征求意见表、问卷调查表等形式，了解民情、收集民意、集中民智，使群众理解支持决策，把镇党委、政府的意见转化为广大群众意愿。（4）听证环节：对经过民主环节完善的决策方案，再组织人大和政协代表、基层干部、专业人士、相关群众进行听证，同时，对决策的内容进行合法性审查，使决策更趋科学、合理、合法。（5）决定环节：对经过上述环节形成的决策，召开党政联席会议讨论研究，然后提交镇人民代表大会研究表决，由人民代表大会做出决定。（6）公开环节：设立重大政务公开栏，做到决策前公示，供群众讨论，征求群众意见；决策结果及时公开，保证群众的知情权。

（二）抓透明有序的监督

透明有序的依法监督是基层民主法治建设的保障，枫桥镇通过政务、财务两公开，建立健全民主监督机制。其中，财务公开包括实行财务公开日制度，对村级大笔开支、村干部报酬、接待费用实行明细公布，让群众看得懂，并建立民主理财小组，实行民主监督。

---

〔1〕 金伯中：《“枫桥经验”新发展的理性思考》，载《公安学刊》1999年第6期。

1. 深化政务公开制度

政务公开不仅公开工作职责、办事审批程序、收费标准，而且要公开上级的政策性规定和规范性文件等行政管理的依据，特别是对涉及群众利益的规定，及时公开，方便群众查阅，提高政府管理透明度。在实施村级会计代理制的基础上，全面实施会计电算化。建立村“民主理财小组”，制定完善各项村级管理制度，加大对村级财务的监督力度。每一笔开支严格按“讨论—签字—审核”的程序操作，并做到一月一申报、月月公布细账、年年公开总账。

2. 建立政务监督的工作机构

设立镇级政务监督小组，人员由人大代表、政协委员、纪检部门和村、企业等基层组织的代表组织，负责对群众举报情况的查实，向举报人反馈查处结果及日常的政务监督。推行定期政务监督制度，各站所定期对政务工作进行自查，监督小组定期进行抽查，对存在的问题及时整改，问题严重的要追究有关人员责任。同时，在已成立镇集体资产管理委员会的基础上，又成立了枫桥镇招投标分中心，对凡是涉及镇村集体资产处置、建设工程项目预算的审核、招投标、施工监管、工程验收、资金支付等都由管委会和招投标中心严格按程序操作，实施两条线监管。

3. 深化民主评议干部制度

在对镇级机关党政班子及其成员的工作进行每年一次的评议和民主测评的同时，每年选择两个站(所)，组织各级人大代表、政协委员、村(企业基层干部、群众代表)进行述职评议，接受各方面的监督。

4. 广开群众监督的渠道

建立行政投诉制度，明确凡是群众对镇机关干部的管理、服务不满的，都可进行投诉，镇设立专门的投诉箱和投诉电话，接受群众的监督。对群众提出的好建议及时采纳，对工作中存在的问题及时整改并及时反馈，提高群众对政府工作的满意度。

(三)抓扎实有效的教育

对广大群众进行普法教育，是开展基层民主法治建设的重要内容。对镇、村干部以及企事业单位中层以上干部每年进行3次以上的集中法治教育。镇、村两级和企事业单位普遍建有以企业经营者和外来务工人员为重点的法制学校、以在校学生为对象的青少年法制学校、以农村干部群众为重点的村民素质学校，筑起了覆盖全社会的法治宣传教育阵地。

1. 注重以文育人

通过创建文化特色村，加强农村文化阵地建设，用浓郁的乡土文化和特色文化，陶冶群众情操，丰富群众文化生活。

2. 注重以法律人

坚持从提高干部群众的法律意识入手，通过举办镇、村、企业法制学习班，开展送法进村、法律咨询、法制文艺演出等活动，营造全民学法、懂法、守法、用法的良好氛围。

3. 注重以情感人

牢守舆论阵地，依托法制学校、《今日枫桥》等宣传阵地，提高人民群众的思想道德素质。在矛盾纠纷调处中，努力做到以真情感化人，以道德规范人，充分调动民间的力量，建立共同的道德标准，在公平、公正、守法的基础上，解决矛盾纠纷。

二、枫桥建设“民主法治村”的实践

（一）民主法治村建设的目标

首先，扩大农村基层民主，完善村民自治。民主选举、民主决策、民主管理、民主监督制度更加完善，村民参与管理公共事务和公益事业的权利得到切实尊重和保障，村民自治机制得到加强。

其次，完善基层法治。农民群众的法律意识增强，法律素质进一步提高，农村干部的依法决策、依法管理、依法办事的能力进一步增强，各项管理制度健全，农村的法治化管理水平逐步提高。

最后，社会秩序更加稳定，物质文明、精神文明和政治文明协调发展。人民安居乐业，经济更加发展，文化繁荣，干群关系更加密切。职业道德、社会公德和家庭美德发扬光大。

（二）民主法治村建设的主要措施

民主法治村建设的主要措施有以下几个方面：

1. 建立和完善村级组织统一协调的工作机制，进一步加强以村党支部为核心的村级组织配套建设。建立和完善由村党组织主持的村党支部和村民委员会联席会议制度,规范村级事务决策程序。健全村民委员会、村民会议、村民代表会议、村民小组等村民自治组织,正确处理相互关系。

2. 深入开展村民自治,建立健全"四个民主"制度。具体包括:(1)完善村民选举程序,建立健全民主选举制度。坚持按期直接选举,坚持公平、公开、公正原则,真正把那些坚持党的领导、依法办事、公道正派、勤劳实干、热心为村民服务的人选进村级领导班子。(2)完善民主议事程序,建立健全民主决策制度。凡涉及村级经济、政治、文化发展的重要事项,尤其是重大的政务和财务,都要依法召开村民会议或村民代表会议讨论决定。规范村级重大事务民主议事、决策的范围、程序和方法。(3)完善村民自治章程,建立健全民主管理制度。着重建立健全村级财务管理制度,依法建制,以制治村,民主管理。制定和修改村民自治章程等村级公共事务管理制度,把村级各项事务纳入制度化、规范化管理的轨道。(4)完善公开办事程序,建立健全民主监督制度。民主监督的重点是村务公开,村务公开的重点是财务公开。积极推行民主评议干部制度,建立健全村干部任职、离职审计制度和过失责任追究制和赔偿制度,使村干部切实受到教育和约束。抓住人民群众对村务、政务工作普遍关注的知情权、参与权、监督权"三权"问题,推行村级财务"会计电算化"制度。全面实施"阳光"工程。成立镇集体资产管理委员会,按照"公开、公平、公正"原则,负责各项工程招投标、质量监管验收、款项支付和资产处置;实行重大事项听证会和票决制,保证重大事项的民主决策、民主监督;开展"三公开二恳谈"制度,严格做到党务、财务、村务公开。把重点转向村民各项民主权利的实现。

3. 建立健全各项规章制度,明确规定凡涉及部门职责内解决的问题自行解决,需要其他部门协助的必须联动解决,有权处理的部门必须直接受理解决。深入开展法治宣传教育,着力提高干部群众的法律素质。法治宣传教育的对象是一切有接受能力的公民,重点对象为村、组干部。以法制学校为阵地,对干部群众进行法治宣传教育。

4. 加强社会治安综合治理,全力维护农村社会稳定。进一步健全完善矛盾纠纷排查调处机制,充分发挥人民调解组织作用,积极预防和妥善处理群体性事件,认真做好村民来信来访工作。依法打击农村犯罪活动,加强归正人员的衔接帮教和重点防控协调工作，防止重新犯罪。

(三)民主法治村建设的方法步骤

第一个阶段为思想发动和组织建设阶段。通过成立领导小组，召开两委会、党员、村民代表大会，统一思想，制订规划。

第二个阶段为制定各项规章制度，组织实施阶段。根据“民主法治村”的标准要求，根据本村实际制定完善各种规章制度。并按规定在支部大会、两委会、村民代表大会上分别通过，按照不同对象上墙、入户，使这些规章制度成为干部群众的工作标准和行为准则。

第三个阶段为检查验收阶段。通过自查自评，查漏补缺，争取检查验收一次通过。

附：民主法治村建设中制定完善的主要制度

1. 村党支部主要职责
2. 村党支部工作制度
3. 村党支部党务公开制度
4. 村民委员会主要职责
5. 村民委员会工作制度
6. 村民委员会向党支部报告工作制度
7. 村两委会联席会议制度
8. 村民代表会议制度
9. 村务公开制度
10. 重大事项决策制度
11. 财务管理制度
12. 财务监督制度
13. 村干部离任审计制度
14. 矛盾纠纷排查调解制度
15. 归正人员安置帮教制度
16. 村民自治章程
17. 村民公约
18. 法制教育实施计划

19. 法制学校章程
20. 村民代表会议制度
21. 村妇代会工作制度
22. 村团支部工作制度
23. 村卫生管理制度
24. 村水源保护措施

上述制度规定了党支部在村级组织中的核心和领导地位,全面、系统地规范了村级各类组织的职责和工作程序。实现了村级社会管理与国家政权管理的对接,建立了农村社会管理的新模式。具体如何实施?枫桥镇枫溪村于2004年6月公布印发的“民主法治村”《制度汇编》可供借鉴:

首先,落实党支部对村各项事务的领导。党支部的领导地位和组织职能,主要通过《村党支部主要职责》、《村党支部工作制度》、《村党支部党务公开制度》、《村民委员会向党支部报告工作制度》、《村两委会联席会议制度》和《重大事项决策制度》等各项制度加以规范。其中:《村党支部主要职责》明确规定了“组织本村经济建设、组织实施本村经济社会发展规划”,“领导村民委员会、村经济合作社和共青团、妇代会、民兵等群众组织,支持和保证这些组织依照国家法律法规及各自章程充分行使职权”;“搞好党员教育、管理”;“负责对村干部的教育、管理”等职责。《村党支部工作制度》主要明确了各项议事原则、议事形式和内容,明确了各项具体的工作制度,诸如党员大会制度、支部委员会制度、工作通报制度、民主生活会制度、民主评议制度和联系群众制度等。《村党支部党务公开制度》通过规定定期公开和即时公开党务的形式,实现党内民主和党内监督。《村民委员会向党支部报告工作制度》、《两委会联席会议制度》和《重大事项决策制度》等,通过村民委员会向党支部报告“贯彻执行上级党委、政府的有关指导和决定情况;村委会任期目标和年度工作计划;发展村级经济的规划措施,村重大投资项目、大额投资项目和大额资金使用方案及本村公共事业和公益事业的计划;需要提交村民会议和村民代表会议讨论决议的事项;需要由上级党委、政府采取措施或协调解决的提议;村务管理中的重大事项以及村民关注的热点、难点问题的处理方案和结果”等重大事项,坚持党的领导、村民自治和科学、高效的管理。

其次，严格村级财务管理制度。通过建立健全各项财务管理制度，达到“财务收支透明化、票据管理规范化、民主监督全程化”。财务管理是村级基层社会管理的核心内容。村级财务管理中，强化了镇政府的领导和监督、财会人员独立履行职务以及村民的监督等环节。《村级财务管理制度》规定：“村级财务管理工作在镇政府的领导下，接受农经行政主管部门和财政部门的指导监督”；“村设置财会机构，配备财会人员，包括会计、出纳和保管员。会计、出纳和保管员之间不得相互兼职，但可以兼任其他工作。村主要干部及其亲属或近亲属不得任本村的财会人员”；“会计、出纳和保管员应经过专业培训学习，能胜任业务工作。财会人员应坚持相对稳定，无正当理由，任何单位和个人不得随意调换会计、出纳。如需变动的，必须经村两委会集体讨论提出意见，由村提出书面申请，经镇乡农经站考核同意，再经村民大会或村民代表大会讨论通过，镇政府批准，报市农经行政主管部门备案”；“村财会人员有权参与本单位各项财务计划的编制和参加有关生产、经营管理的会议；有权对单位有关资金的筹集、使用和财产保管等方面的工作提出建议和进行检查监督；有权向上级有关部门报告村经济合作社的财务收支情况，反映财务管理方面的问题；有权不办理违反财务制度的收支；对认为是违反财务制度的收支，应立即制止和纠正；制止和纠正无效时，应立即向村经济合作社社长或镇乡农经站报告，请求查明原因，做出处理”。

最后，民主理财、民主监督。成立村民主理财小组，由村主要领导、村财会人员和村民代表5～7人组成，村主要领导任组长。由村民代表3人组成财务监督小组。村民主理财小组和财务监督小组任期与村民委员会相同，其人员任免由村三委会集体提出人选，报镇农经站审核同意后提交村民代表大会或村民大会讨论通过。定期开展由民主理财小组组长召开的民主理财活动，对本村的收支票据逐笔审核，对符合制度、手续完备、内容真实的凭证由村财务监督小组组长加盖村财务监督章，对手续不规范或开支不符合规定的凭证，退回有关人员。有异议的，村财务监督小组有权上报镇裁定，并由镇财务公开领导小组和纪委监督落实。设置固定的财务公开栏，定期按季度公布账目，上墙公布的时间统一确定为下季度第一个月的10日。每个会计年度结束时，要对村的收支账目、债权债务、财产物资、现金存款、有价证券以及各种承包合同的履行等做一次全面清理。清财结果上墙公布,确定统一日期为下午3月28日。财务公开按照规定的格式和程序进行,公布底稿要经过村社长、会计(出纳)、财务监督小组组长和镇农经站人员审核。上墙公布稿应与底稿内容一致。

三、枫桥建设"民主法治村"的经验

(一)民主法治村建设为新农村建设提供了契机

在建设新农村中,除改善公共基础设施,促进农村公益事业发展外,重要的是增强民主法治观念,推动民主政治进步。经济社会发展与民主法治建设是相互促进、相辅相成的关系,民主法治建设是保证改革方向,保护改革成果的重要途径。把新农村建设引向民主法治的轨道,推动中国基层社会的自我管理和自我约束,从根本上增强农民的法治观念和学法、知法、守法的自觉性,形成人人崇尚法律、事事有法可依、各方依法办事,对在广大的基层农村实现政治文明进步,具有重大的历史意义。

民主法治村创建的主要工作完成后,需要持续不懈的长期坚持和建设,需要群众的广泛参与和充分的思想发动。民主法治村建设与基层法治建设紧密相关,与基层群众普遍的法律意识的提高、与中国基层社会的长远发展等,都具有直接的相互推动关系。除了基层政府和基层自治组织的积极推动,中央和地方政府也应当对这一具有历史意义的工作,从宏观上给予支持和引导。法学界对这一活动的关注和研究,也十分紧迫。

民主法治村将新农村建设,从思想、文化和观念等方面,推进到了一个新的高度。

(二)民主法治村建设丰富了国家法治

国家和地方立法,往往由于其概括性强,很难照顾到基层社会千差万别的实际情况。基层社会缺乏明确具体的规则,尤其缺乏程序性的操作规则,使宪法和法律赋予公民的实体权利,缺乏实现的程序和保障,导致法律权利被虚置。民主法治村建设,通过补充规则的形式,提供了适合当地社会政治、经济和文化发展状况的规则,实现了国家法治与基层社会的对接,填充了基层法治的空缺和缝隙。中国的法治建设,不仅需要通过国家和地方层面的法律法规,明确各项权利,完善实现权利的各项程序和途径,更为重要的是需要基层社会根据当地的特点，通过制定具有针对性和适应性的具体制度，为权利的实现提供保障。基层法治更加强调法律与当地社会的适应性，强调司法机关与其他部门的分工配合，强调司法活动的社会效果。

但是，民主法治村建设在制度层面仍然任务繁重：国家立法中所出现的制度本身的技术困难，在民主法治村建设中同样存在。由于基层民主法治需要更多地结合当地的实际状况，基层法治具有与国家法治不同的要求。国家法治具有宏观性，基层法治则必须体现具体性。各项符合实际的制度，需要不断得到完善。涉及的一些理论问题，需要进行研究和论证。不同制度之间，需要相互的衔接。不同制度相互之间需要体现配合，最大限度地避免不同制度相互之间的冲突。

民主法治村建设为国家法治深入乡村，为乡村社会的发展提供了有效的渠道，也为国家法治提出了新的要求。

（三）民主法治村建设进一步推动了农村基层民主

村级党组织和村民委员会建设，是基层组织建设的重点。通过民主评议制度、述职制度、年度考核制度、罢免制度等民主管理机制，稳步推进基层民主政治建设，真正让人民群众当家做主，调动了广大基层干部为群众服务、对群众负责的积极性、主动性和创造性，有助于全面推进农村的经济、政治、文化、社会等全面发展。

民主法治村建设作为一项局部推进活动，只能在所限定的地域发挥作用。但是，枫桥的民主法治村建设提供了一个完善中国基层民主的视角，并从实然的角度丰富了社会主义民主的内容。

第三节　村规民约

村规民约是农村社会进行自我调整的一种社会规范。近些年来在国家深入开展法治建设和新农村建设的历史性进程中，村规民约建设再度成为关注焦点。枫桥镇注重村规民约的制度建设，有效地填补了国家制度的某些空白，满足了枫桥镇经济社会发展的迫切需要。村规民约在枫桥镇经济、社会、文化发展中，起到了重要的作用。

一、现代法治视野下的村规民约

中国当前的城乡二元分化严重，基于城市的国家立法，适用于农村社会时，不可避免地出现了法律不切合实际和缺乏可操作性的情况，影响了法律在农村的适用，也影响了农村的法律治理。[1]

村规民约是指生活在一定区域内的村民通过民主协商而制定的共同遵守的行为规范。相对于立法程序严格，具有强制力的国家法而言，村规民约主要依靠村民的自觉得到遵守和实施。村规民约伴随着1998年《村民委员会组织法》的颁布而取得了实质性发展。它在一定程度上宣示，村民有创制、实施和维护规范的权利，成为村民自治权利的组成部分。村规民约最大的特点就在于其作为一种地方性知识而无普遍适用性，由于涵盖农村生活的各个方面，村规民约的内容经常超出国家法律所包容的范围，而且由于村规民约主要反映的是村民自身的利益，不可能在内容、范围上与国家法达到完全重合。国家法因为自身的局限性(法仅仅是社会调整方法的一种，法的作用范围是有限的，法有滞后性，法的运行需要巨大的成本)，不可能把乡村的社会生活完全纳入其所指引的轨道，因为乡村社会有其自身的自主性发展逻辑。因此，村规民约的建设显得尤为重要：

作为村民自治的重要内容，《村民委员会组织法》第27条规定，村民会议可以制定和修改村民自治章程、村规民约，并报乡、民族乡、镇的人民政府备案。国家法明确的规定是村规民约建设的根据，村民自治章程、村规民约以及村民会议或者村民代表会议的决定不得与宪法、法律、法规和国家的政策相抵触，不得有侵犯村民的人身权利、民主权利和合法财产权利的内容。宪法和法律以村规民约为载体，将其基本精神贯彻到中国基层社会。

基于一定地缘和人群所建立的村规民约具有先天的亲和力，这为国家法的导入创造了良好的契机。特别是在村规民约的创制过程中吸收国家法的精神

〔1〕 参见梁治平：《在边缘处思考》，法律出版社2003年版，第56页。

和规则，比如将与村民生活密切相关的人身权利法（特别是婚姻家庭继承等法）、经济权利法（特别是土地法、物权法、合同法）、政治权利法（特别是宪法、选举法）简明扼要地导入村规民约之中，这可以将权利观鲜明地烙在村民心中。将法律内化到村民的实际生活中去；村规民约需充分发挥法律导入村民生活的载体作用。通过村规民约这一乡村社会有效的社会规范来传播国家法将大大减少国家法进入乡村社会的难度，从而使国家法深刻地影响村民的生活，进而推动农村社会的法治化进程。

村规民约可以弥补国家法的不足之处，同时为国家法的制定提供合适的参考性规则，有力地推动法律的发展；使法律更加体现村民的利益，更加贴近乡村社会。村规民约作为村民自主制定的自治性社会规范，可以有效地为纠纷的化解提供一种现实依据；村规民约可以促进农村社会的有序管理（特别是相应组织性、管理性规定的存在，可以在农村建立完善的综合治理网络），提供农村纠纷解决机制（贴近村民实际生活的相关调解制度）。因此，完善的村规民约可以有效预防纠纷的产生并为纠纷的解决提供了丰富、具体的规则和依据。

二、枫桥村规民约的范本

（一）《1997 年枫桥区檀溪公社泉四大队治安公约》

早在 1977 年，枫桥地区的一些村庄就着手制定了一系列治安公约，当时的干部认为："要搞好治安，总得有个大家遵守的章程。于是在党支部的领导下，针对本大队存在的问题，讨论制定了八条公约。"当时干部群众已经意识到："乱罚款、乱处罚，不合政策不合法，看着厉害实际松，使违法的人内心记私仇，脸皮撕破横竖横，今后不能采用这种办法。经过讨论，明确了公约内容做到两个清楚。就是提倡什么，反对什么，是非清楚；守法、违法，界限清楚。执行公约要做到两个为主，就是要以表扬遵纪守法为主，对违约的以耐心说服教育为主。"以下是这部公约的具体内容：

1. 拥护党中央，严格按照新宪法和国家政策法令办事。

2. 提高革命警惕，不听信谣言，不收听敌台广播，发现反动言行和可疑迹象，立即报告。

3. 按照党的政策，严格监督和教育改造"四类分子"。

4. 自觉维护治安秩序,做好对违法犯罪人员的帮助教育。

5. 保卫社会主义公有制,不糟蹋庄稼,不偷砍山林,不外流,坚决同贪污盗窃、投机倒把活动作斗争。

6. 做好防火工作,维护交通安全。

7. 执行安全防范制度,加强对粮食、现金、票证、农机、农药、耕牛等安全管理。

8. 增强人民内部团结,不准打人骂人。

9. 加强对青少年的法纪教育,坚决同阶级敌人的腐蚀活动作斗争。

10. 尊重社会公德,发扬社会主义新风尚。[1]

乡村社会需要自身创造规则来实现自我管理和自我保护,人民群众具备自我创造规则的力量和智慧。该公约主要涉及的是农村地区的社会治安,表明了安全生活是群众最迫切的需求,也显示了加强农村地区的社会稳定与安全是这个时期最重要的任务之一。该公约自创立之日起便得到了人民群众的高度认可,其中的一个重要方面是它以教育说服为主,体现了更多的人文关怀。这也说明枫桥地区在社会综合治理和乡村自治方面有着优良的历史传统。

(二)《1999 年枫桥镇枫溪村村规民约实施细则》

村民自治,为村规民约的发展带来了良好的契机。《1999 年枫桥镇枫溪村村规民约实施细则》的主要内容是:

1. 在党支部、村民委员会的统一领导下发挥广大党员、干部的积极性,带领群众走共同致富的道路。

2. 村内工作实行各线专管,分工落实,互相协作,积极完成上级下达的各项工作任务。

3. 村属沙地,村经联社直接与农户签订承包合同,承包款必须按合同规定一次性交清不得拖欠,在合同期内承包者不得挑沙取泥,允许种植水果等经济作物。如遇村建设需要,需服从村建设需要。

4. 农业:

(1)各户要切实种好口粮田,严禁抛荒,否则按上级文件规定处罚。(2)年

[1] 陈善平主编:《枫桥经验三十年》,1993 年内部发行,第 77~81 页。

终下拨款:50%按当年人口,50%按口粮田分配。体现量化承包户的经济权益。人口变化出生、死亡、迁入、迁出不足半年算半年,超过半年零一天按一年算。婚嫁女保留半年村待遇,日期按办理结婚登记发证日为准。

5. 山林管理:自留山、集体山林实行专人管理,按片界定职责、定报酬,平时村民用树,须先打报告,由村主任审批。到会计处交纳一定的育林费用,凭批准书、交款单到管山员处,方可上山砍伐。砍伐时须由管山员陪同,如发现无批文、无交款单上山砍伐者,作为偷窃论处,并对管山人员处以扣除管山工资10%。集体山林统一管理砍伐。

6. 村内重大基建先造预算,经两委会讨论,提交村民代表会议决定,公开招标。实行监督制,竣工后由村派员验收,合格后方可付款,会计专项列账,其款项在公益金中列支。

7. 村内道路,包括机耕路的修建,村内道路修建,以集资为主,谁受益,谁出资。如修建水泥路面,需先打报告,造预算,经村两委会讨论核实,其经费村付30%,机耕路的修理由村统一负责。

8. 村组干部及误工计酬:全年误工工资为每天20元,村内基建及野外作业为每天25元,实行男女同工同酬,因公外出补贴以镇政府规定支付,村干部工资按月结算,书记、村主任、会计工资按镇政府规定发放,支部会议、村民代表会议期间工资当日付清。各组长除实误实记外,每人每年补贴100元。村干部年终考核费,按镇政府规定办理。现役军人在村待遇与本村村民同等享受,如在部队提干,不得享受上述待遇。

9. 烈军属、困难户,在年终按本户实际困难,经两委会讨论给予适当补助。提取全年村总收入的3%,作为对先进工作者、烈军属、复退军人的年终纪念品费用。村民老年享受,男年满60周岁、女年满55周岁,村年终发一定补助,上述支出在公益金列支,其经济来源以每年总收入利息的50%提取,补助公益金。村成立慈善会,其经济来源为两块,一为当年公益金中提取20%,二为社会集资。所需开支,需经慈善会组成人员集体讨论。

10. 村级财务由经联社社长一支笔审批,重大经济支出,需经村民代表会议讨论通过。年终分配当年总收入,除当年总支出,提取积累18%为下年度生产费用,多余部分由村直接分配到农户。村级经济一律不出借。

11. 计划生育,按上级政府有关规定政策执行,育龄妇女在一年两次查环中拒不查环,取消全年村下拨款。

12. 水利设施负担,当年的放水费,按受益田负担,经费由村垫付,年终转账到户,山塘水库村负责修复后,交承包者使用,在使用年内,一切修理费用,由承包者自负。埂面严禁种植作物。放、引水渠由村统一清理、修复。经费由村负担。

13. 土地管理:凡本村村民需新建、翻建房屋者,都必须先打报告给村土管组。土管组根据上级规定的时间内,实施丈量。土管组在审批过程中做到四到场一公开,即审批丈量到场,放样打桩到场,地基做平到场,竣工验收到场;一公开即审批户名、地名、数字公开。申请翻建农户必须严格按程序办事,即在接到书面批准通知书方可动工,严禁未批先建,一经发现,报上级土管部门查处,一切后果自负。在审批过程中向上级部门交纳的一切费用均由农户自负。

14. 治调:严禁赌博,人人有责,促进社会安定,本村村民有纠纷发生,需由村调解者,须先打报告给村调解小组。根据报告内容,村调解小组通过调查,摸清情况,约请双方当事人进行调处,任何一方不得借故缺席,经双方当事人达成协议,一经签字生效,不得反悔。经村调解小组多次调解无效,达不成协议,由村调解小组出面,打报告给镇司法办,交镇司法办解决。如村民越级上告,村调解小组不予签具意见。

15. 丧葬:按市政府规定实行火化,骨灰安放在村公墓。安放骨灰需按村规定,不得任意乱放,存放骨灰费用在开具死亡证明时一次交清。严禁另外寻地土葬,一经发现,严肃处理。本村村民公墓以原定价格 8 折收费。

16. 土地属集体所有,任何承包者都不得私自买卖,不得做砖烧窑,不得私自出租。自留地按 1995 年已抽多补少计算,不再抽调。如村镇规划需要,须服从需要,村作适当补贴,在沙地承包年满后,再作补调。

17. 村属房屋包括营业房,按所订合同办理,租期年满,村必须公开招标出租。当年房屋租金在签订合同时当场付清。租房者中途不得退租,否则押金没收,村有权另行出租。

18. 凡向村经联社签订所有经济合同者,所付经费都必须按合同规定时间内交纳,不得拖欠。否则,村有权终止合同,另行招标承包。

19. 今后凡本村的重大事情都必须经村民代表会议讨论决定，大的工程项目招标，签订合同，竣工验收按合同条款逐项验收。在施工过程中，实施监督制度。

20. 户口管理：凡本村村民农嫁非，可在本村落户，子女随母申报。外来挂靠户口，一律不再办理。

21. 环境卫生，人人有责，村内道路、晒场边严禁倾倒垃圾，违者处以500元以下罚款。

22. 在年终给予抗洪抢险、见义勇为者一定的经济奖励。

23. 以上村规民约，如与上级有关文件政策、法律、法规相抵触，按上级有关文件政策、法律、法规执行。

本村规民约由村民委员会负责解释。[1]

从内容上看，上述文本涉及两委会工作分工、集体土地承包经营、农业生产、水利建设、山林管理、基础设施建设、经济收益分配、治安调解、计划生育、宅基地使用、环境卫生等与村民日常生活密切相关的领域，基本符合我国现行法律体系和道德指向。但其总体涵盖面还是太小，比如很少涉及村民政治权利的具体落实以及村两委会详细的分工。

（三）《枫桥镇新农村招赘协议书》

当前，枫桥的部分村庄在急剧的城镇化过程中已积累了雄厚的经济基础，特别是部分村庄高额的土地征用补偿金和相应的村民福利对本村或者外村的居民都有巨大的诱惑力。“本村村民不愿离村、外村村民千方百计要进村”，其中一个敏感的问题就是招赘女婿的问题。因为在乡村社会生活中，男性村民身份相对固定，而女性村民在乡村社会生活中主要是出嫁他村；女性村民留在本村的办法只有两个：一是嫁给本村的男性，二是招赘非本村男性。前者因为本村的男性数量有限，加上本村多为同姓居民，血缘关系近，所以选择后者的更多。但是村里的资源是有限的，招赘的主体必须明确限制。针对这种情况，枫桥镇部分村庄制定了极富民间特色的《招赘协议书》。该文本如下：

甲方：新农村村民委员会

---

〔1〕 选自《枫桥镇枫溪村2002年度综合档案》。

乙方：×××　×××　×××　×××（该户十八周岁以上的家庭成员逐一签名）

依照《中华人民共和国婚姻法》《中华人民共和国继承法》的规定，以及传统习惯，结合我村实际，经村两委会讨论决定，凡只生育女儿的户，允许其中一个女儿招赘入户，应签订如下协议：

1. 经全家商量，确定×××女儿，招入男性伴侣×××（系××省××市××镇××村）入户为婿。

2. 女婿落户后，应承担本家庭的日常生活琐事，完全负责父母的赡养责任（包括医疗、护理）及安排父母过世后的善后事宜。

3. 落户后，完全拥有父母遗产的继承权，并有对该财产的处置权。

4. 招赘落户后，充分享有本村村民的各种民主权利（包括政治的、经济的），并应承担各种义务。

5. 今后因就业或其他原因迁移户口的（除升学以外），一律退还在本村居住期间所享受的一切经济款项以及由村统一上交或支付行政、农业的有关费用，方可办理迁移手续。

6. 本协议必须由该户十八周岁以上的家庭成员逐一签名。本协议一式二份，甲、乙双方各执一份，双方签字后生效。[1]

该协议书体现了法律和风俗的充分结合，尽管其中蕴涵着农村妇女相对男性而言存在事实上的身份等差，但总体而言是对村民家庭和婚姻的一种平衡保护。协议对所招赘的女婿提出了家庭管理和赡养责任方面明确的要求，所招女婿在村里的各方面权利和义务还是平等对待。只是蕴涵了一种潜在的制约，第5条就规定了“就业或其他原因”迁回户口的处理办法，主要是针对因婚姻关系瓦解引发的户口变动，这对于招赘女婿是一种限制。之所以设计这样的规则，主要是考虑到农村地区老年人的养老问题没有国家的保障，只能依靠子女来解决，对于没有儿子的老年人来说，女婿对于家庭是否忠诚和爱护关系到他们年老时的实际生活，他们需要子女的赡养和照顾，体现了独特的农村社会实际情形。

---

〔1〕 选自《枫桥镇新农村（现为陈家村）1999年度档案》。

（四）《枫溪村慈善协会章程》

众多资料显示，农村地区的社会保障极其薄弱是引发纠纷的重要原因，特别是老年人的赡养和弱势群体的生活方面。即使在东部发达地区的村庄同样存在这些问题，为此枫桥的部分村庄正在积极地摸索相应的解决办法。

枫桥镇枫溪村两委会认为应该强化社会保障底线，毅然于2002年首创建立“村慈善协会”。新制定的村慈善协会《章程》规定：每年提取村公益金的20%（约8000元）投作慈善协会基金；协会随时吸纳社会捐助（当时的村党支部、村委干部和一批青年积极分子曾带头义务献血，把发给自己的200元营养补助费作为第一笔捐款转赠给村慈善协会）。村慈善协会规定专款专用，随时对病贫灾祸及突发事故的当事人实施救助。与村中以往的扶贫拨款相比，村慈善协会显现了以下三大优势：一是应急快。省掉了许多“临时抱佛脚”的申请、讨论、批准等烦琐手续，随时实施救济，300元以下救济款可由慈善会班子成员当场决定。二是筹款顺。村慈善协会适于常年性、日常性地吸纳社会捐助资金；而且以“慈善”名义吸纳，更易于被社会各阶层所接受，更具有人情味。三是保障大。由村常年提留20%的公益金作底，专款专用，基金充实。该村村民骆甲，因早年近亲结婚，三个儿子一哑一瘸一残疾，常年领受救济；他第二个儿子骆乙2001年患胆结石，生命垂危。村干部得知这一情况后，连夜紧急召开村两委扩大干部会议统一思想，先由村慈善协会出2000元，急送市人民医院抢救，第二天村干部分头上门捐款，共捐助资金一万多元。由于抢救治疗及时，手术后骆乙已恢复健康。村民们纷纷赞扬说：“当今村干部确实为民所急，为民所需。”[1]

上述材料表明，枫溪村在农村社会保障方面进行积极探索。以村公益金为基础吸收社会力量的捐助，使村慈善协会在应急救困中发挥积极作用，在社会保障资金的积累方面走出了一条新路。

三、村规民约在枫桥的适用

（一）土地纠纷案例

近年来，东部地区经济迅猛发展，土地资源空前紧张，土地价值迅速上升，

〔1〕 选自《枫桥镇枫溪村2002年度综合档案》。

土地补偿金分配纠纷增多。一些土地被征用的村在向村民发放土地补偿金时，经全体村民代表讨论，相继出台了一系列分配方案和办法，由于这些方案涉及村民婚迁后户口的去留与权益的分享，成为当前农村疑难矛盾纠纷的焦点。[1]

案例1：

进农村村民陈甲，早年离异，有子女3人，其中男孩跟随前妻，两个女儿由陈甲抚养。2000年陈甲次女陈乙嫁到杜黄桥村，但户口没有迁出。陈甲向村里要求把女儿的户口保留，并享受村民待遇（进农村比较富裕，村民福利较高）。村民委员会认为：进农村曾于2005年12月4日召开村民代表大会，通过了《进农村大田承包人员增减实施方案》，根据实施方案第7条规定："凡农嫁农并不符合本村保留户口条件者，户口一律外迁，若坚持不迁出的，作挂靠论处，但不能享受村民待遇。"根据进农村的实施方案，陈乙应到杜黄桥村落户。陈乙向镇调委会反映，镇调委会规劝陈乙接受村民委员会的处理意见。

案例2：

钟瑛村村民骆甲反映：其女儿骆乙婚后户口一直在该村未迁，并生有一子，户口也申报在该村，但该村没有为母子二人分配土地补偿金。具体事实是：骆乙在1985年元旦与杜黄桥村王某结婚，1985年9月1日办理结婚登记手续。该户原属钟瑛村第十五生产队，该队在1984年街道开发时被征用部分水田，并分别在1984年、1985年按当时人口分配土地补偿金1535元（其中1984年8月每人405元，1985年3月每人500元，1985年5月每人630元），该队以骆乙已婚嫁为由，决定不予享受上述土地补偿金，骆甲不服。1989年5月19日镇人民政府做出《关于骆乙要求分给土地征用费的调处结论》：钟瑛村第十五生产队应负责筹集现金400元，付给骆乙作为征用土地费补偿；第十五生产队付给征用费补偿后，骆乙应将户口迁去杜黄桥村落户。骆甲仍不服，2006年镇调委会重新处理如下：钟瑛村原十五生产队所分配的征用土地补偿费，处于骆乙结婚登记日以前，骆乙具有与其他村民的同等享受权利，原十五生产队应将已分配的每人1535元土地征用补偿款和至今的利息款1800元，共计3335元，作为骆乙当年土地征用费补偿；骆乙应主动将母子两人的户口迁到杜黄桥村落户。

[1] 本书所用案例均选自《枫桥镇信访调解档案》（2000～2005年）。

案例1争议的焦点在于出嫁女的户口安置问题，当事人试图通过保留户口享受村民待遇，镇调委会肯定了村规民约的效力。案例2则直接涉及土地补偿金的分配问题，由于对骆乙结婚时间的掌握和判断不同，导致了前后不同的处理结果：钟瑛村第十五生产队没有区分三次分配的不同时间，剥夺了骆乙结婚前应当获得的分配收益，骆甲不服。同样，骆乙结婚的时间，根据法律的规定，应当以结婚登记日期为准。但镇调委会1989年的调解意见，以双方举行婚礼的日期作为结婚日期。由于这样的认识与法律规定明显有抵触，2006年的调解意见采纳了法律所规定的标准。

根据枫桥镇村规民约，对于出嫁妇女的权益分配的普遍做法是：(1)多女户(指无儿子的农户)应与村签订协议，同意一女一婿及婚生子女在村落户，享受各种待遇，其他女儿婚嫁后概不享受本村待遇。(2)本村女性农嫁非的，要求与村签订协议，并规定只能参加一次福利分配，以后不再享受各种待遇，如户口无法迁出的，还应承担相应的村镇各类规费。(3)本村女性嫁外村的，一律不享受村内各种生产资料和福利分配，户口不迁出的，还应负担各类村镇规费。(4)本村妇女离婚后不外嫁的，各种待遇维持不变，如再婚外嫁的，村不再保留其户口，取消各种待遇，婚生子女除外。(5)离异有小孩的男方婚娶已有子女的外村妇女，村只同意女方落户，拒绝所带子女在村落户。

以上办法、方案的实施，规范了村民农嫁非、农嫁农和离婚妇女再婚后的户口去留，影响到相关村民的子女教育、生产资料分配、福利待遇分享等实际利益。村民代表会议制订的方案成为处理相关争议的依据。

(二)侵权赔偿纠纷案例

枫桥地区是我国人口密集区域，村庄之间间隔很近，邻村之间经济和生活交往密切，其中蕴涵的矛盾也很多。由于村庄之间的矛盾极易扩大成为群体性事件，这类纠纷的危险性更大。

案例3：

2005年8月4日晚上，肇事车撞断了路边悬空横跨2号公路的一棵大枫树(属于魏家坞村)，因车被卡住，车主叫来在石料矿作业用的挖掘机(系象山村石料矿承包者所有)来帮忙，结果大树被毁坏而倒掉。事后，一些魏家坞村的村民为大树被毁而心痛，要求承包象山村石料矿的承包者和车主赔偿损失，并拦截装载石料的运输车。事件发生后,镇党委、政府对此事高度重视,专门成立了一个由公安、交警、法庭、综治办、协作站、工办等有关负责人员组成的工作组调处此事,并会同派出所、交警、协作站每天做村干部、群众的思想工作。由于双方赔偿额度差距较大,不断有拦车的情况发生。此事引起了象山村的不满,因为该村在发包该矿时与承包方有协议,有义务协调好运矿石时的道路畅通,否则村要补偿经济损失。对此象山村也采取了相应的举动,于8月14日上午拉了两车泥土将魏家坞村几户村民进出的路也堵塞了。事发当日下午经过与两村和肇事方再三协调,工作组做出了以下处理意见:(1)到15日上午11时前,象山村将堆土清除使道路畅通;(2)魏家坞村应从15日早上开始做好思想工作,杜绝拦车行为发生;(3)肇事方应在15日上午把赔偿款2.8万元一次性付给魏家坞村(其中车主2万元,承包方0.8万元)。结果是从15日早上开始,魏家坞村没有发生村民拦车情况;赔偿款2.8万元也于15日上午交给了协作站长宣同志暂收;象山村由于其他一些原因,直到下午2时左右做好了工作,由镇政府派铲车等工具,把两车泥土清除掉。到16日,在赔偿协议上魏家坞村的村支书、村主任已签了字,但因为象山村个别村干部认为他们两村之间还有前几年的一些其他账目没有算清,肇事方不敢签字。工作组认为,肇事方与魏家坞村是事故当事人,与象山村没有关系,终结了调解活动。两村之间前几年的账目问题,17日开始由协作站牵头调解。

从案例3我们可以发现,两村在历史上积累的矛盾已经很深,某些简单事件一经扩大就会导致群体性事件。本案中一起并不严重的交通事故撞断了一棵大枫树,原本属于简单的交通纠纷在两村卷入的情况下显得异常复杂,结果肇事车主和前来帮忙的挖掘机车主赔偿了常人看来超高的损失。表现了农村矛盾纠纷的特殊性。

四、村规民约在枫桥的作用

乡村社会纠纷主要源于村民日常生产和生活,如户口以及土地利益分配纠纷、山林承包纠纷、邻里纠纷、婚姻家庭继承纠纷等。从纠纷解决的角度来看,当地政府和村民自治组织更多的是选取调解的办法来解决。值得注意的是由村民代表大会通过的村规民约在乡村社会生活中起到了极大的作用。

（一）村规民约与国家法律

公民的基本政治、经济和文化权利，宪法进行了明确的规定。村规民约对这些权利的行使，不得予以限制，但可以进行规范。例如，民事诉讼法规定，公民享有诉权，在符合法律规定的条件下，将自己的纠纷起诉至法院，寻求国家的保护。村规民约对村民之间的纠纷，要求首先经过村民自治组织的调解，这是对村民诉权的规范，而非限制。因为调解不成，当事人有权提起诉讼。

村民自治组织调解解决纠纷，无论时间、效率，与诉讼相比都具有优势。诉权的行使，必然影响到其他当事人和诉讼参与人的活动。原告在行使自己的诉权时，应当考虑便利对方当事人和其他诉讼参与人的原则。首选调解，是对诉权行使的必要规范。况且，国家对诉权的保护，也是为了保护原告的实体权利。在不影响原告实体权利保护的情况下，要求纠纷首先提交村民自治组织调解，不构成对诉权的限制和侵犯。

（二）村规民约与风俗习惯传统

村规民约在我国具有悠久的历史，同时在国家的稳定和谐方面起到极大的促进作用。因此，在现阶段的村规民约建设中，我们应该大力吸收传统文化资源：诸如诚实信用、孝敬长辈、尊重他人、尊重劳动的善良风俗等。有学者指出：国家法的局限性需要村规民约这些承载村民价值观的社会规范来弥补，同样，这种弥补应当具备一定的自主性、独立性。这种自主性和独立性主要表现在：首先，在赋予村民创制村规民约的基础上激发村民的主动性。其次，承认而不是忽视村民长期社会生活所积累的传统、经验、习惯。最后，科学地规划这种自主性创造。[1]

婚姻法规定“男女平等”是一项原则，结婚时可以女到男家，也可以男到女家，双方自愿。但是，现实生活中乡村土地资源的有限性，往往导致村规民约对男到女家的限制。这一限制性规定，是否构成对公民合法权利的侵犯，需要结合乡村社会的现状和中国婚姻的传统。实践中，村规民约区分了国家法律所没有涉及的不同情况：区别对待有儿户和无儿户，无儿户才能允许男到女家；区别一女和多女家庭，多女家庭，只能选择其中一人男到女家，其余女儿不能再招

---

〔1〕 参见梁治平：《在边缘处思考》，法律出版社2003年版，第36~45页。

赘。上述规定既考虑到了国家法律的原则,允许一定条件下男到女家,且没有对多女家庭哪个女儿招赘进行限制,将选择权赋予给具体的各个家庭。所以,这些规定是对公民合法权利的规范而非限制。毕竟,女到男家,是中国的婚嫁传统。当然,在城市中,婚后实行男到女家还是女到男家,当事人具有充分的选择权。在选择中发生纠纷时,尊重婚嫁传统仍然是一项有效的规则。

(三)村规民约与村民自治

村规民约是村民自治的具体体现,村规民约的制定过程,是村民自治组织通过村民代表大会,协商并确定规则的过程,本身属于立法活动,具有立法的性质。只有通过自治组织,进行充分的协商,村规民约才能得到广大村民的认同,取得法律效力,具有生命力。

村规民约是村民自治的表现,村民自治则是村规民约取得法律地位的前提。在村规民约制定过程中,充分发挥村民的积极性和创造性,保证村民广泛的参与权和讨论权,是保证村规民约具有民主性的重要方面。同样,在村规民约的实施过程中,需要对其进行细化和解释,在这个过程中,村民的参与和讨论,同样必要。村规民约需要广大村民的自觉履行,村民通过村规民约的形式,参与自治过程,享有自治所带来的成果。

正因为村规民约是村民自治的结果的体现,国家宪法和法律赋予了村规民约必要的效力,给村规民约留下了自己独立的不受国家干预的调整领域。在国家法律许可的范围内,村规民约在村民自治中具有"宪法"的地位,是村民自治的最高规范,应当受到尊重和贯彻。维护村规民约的法律效力,实际上是在维护村民自治的宪法原则,是维护宪法的效力。

第六章 “枫桥经验”对基层社会治理的启示

第一节 “枫桥经验”与基层社会的法律治理

一、基层法律治理的逻辑起点

我国《宪法》第111条对村民委员会和居民委员会的性质、产生方式、职能做了概括性规定,《村民委员会组织法》和《居民委员会组织法》在此基础之上进行了系统的规定。尽管上述法律规定了村民和居民实行自治,但并不等于村民和居民自治法。正如徐勇所言,“现阶段的村民自治制度体系不是以村民自治为起点围绕这一原则展开,而是以村民自治组织法为起点并由此展开的。尽管村民自治组织法体现、贯彻了村民自治本身,但突出的是村民自治组织,而不是村民自治本身。由于村民自治的原则精神不突出,致使一些地方和农村制定的相应法规和制度,并不能充分体现和贯彻村民自治的原则”。[1] 比如,目前村民委员会选举中界定选民资格的依然是户口,致使许多人无法正常地行使民主权利;村民自治体制与乡镇行政管理体制的衔接问题,虽然法律规定乡镇人民政府与村民委员会之间是指导关系,但如何指导尚待从法律上和政策上予以明确;选举经费和村干部培训经费没有列入财政预算,经费无着落,也影响了职能部门指导工作的力度和村民自治活动的开展;对违法行为的查处缺乏刚性措施,违背《村民委员会组织法》的行为难以查处,损害农民民主权利的案件法院难以受理,影响了法律的权威,制约了该法实施。

要不断提高村民自治的质量和效果,应注意处理好这样几个关系:一是村民自治与发展经济的关系。村民自治的目的是引导农民积极参政议政,

---

〔1〕 徐勇:《中国农村村民自治》,华中师范大学出版社1997年版,第75页,转引自何泽中:《当代中国村民自治》,湖南大学出版社2002年版,第340页。

调动农民群众发展经济的积极性。因此，要积极动员群众提意见，提建议，并将他们的意见一一消化，从而形成整体合力，推动各项工作开展。二是村民自治与农村稳定的关系。村民自治的内容大多是群众关心的热点、难点和焦点问题。因此，首先要保证合情合理、合法公正，既要公开问题，又要消除误解、误导，化解群众的不满情绪，促进农村稳定。三是村民自治与加强农村党政组织建设的问题，为能更好地塑造党政组织的良好形象，这就要求我们各级基层组织、职能部门，勤政廉政，真正为人民谋利益，努力推进村民自治的制度化，为法治在农村的实现打下坚实的基础，创造良好的条件。

"枫桥经验"重视制度建设，"充分发挥基层政权的作用，依靠群众自治、就地处理好治安问题。以公社为单位，建立三级调解组织，把大量纠纷和治安事件解决在萌芽状态"。[1] 反过来，良好的制度建设也保障了基层自治的民主性与广泛性。在基层法治建设中，必须始终要以村民自治中的"四民主两公开"为重心，遵循依法建制、以制治村、民主管理的原则，不断建立和完善民主选举、民主决策、民主管理、民主监督、村务公开、财务公开制度。

1. 完善村民委员会换届选举制度。大山村的张建新连续两届被村民选为村民委员会主任，他很自信："我参选不发一支烟，不打一个电话，村民一定会选我！"凭什么这样自信？他说："因为我办事公正、明白，是真心实意为大家的。"为了做到公开公正，村里大事小事都与大家商量。大到道路建设，小到一个老年活动室的管理员招聘，都由村民代表投票决定。村干部站得正，在村民中威信自然高。大山村家家户户都有村干部的电话号码，有了纠纷第一个想到的就是村干部。6月3日，张建新一晚上接了3个电话，共调解了夫妻吵架、邻里不和、家庭经济纠纷3起纠纷。为了房屋产权跟兄嫂闹矛盾的齐某，经村干部出面解决了问题。他说："村干部有求必应，事情办得公正，我们相信他们。"[2]

---

〔1〕 陈善平主编：《枫桥经验三十年》，1993年内部发行，第183页；浙江省公安厅：《公安工作简报》第7期。

〔2〕 《枫桥经验旗帜更艳》，载浙江在线：http://www.zjol.com.cn/gb/node2/node138665/node138776/node228776/node228784/node235303/userobject，最后访问日期：2018年2月16日。

2. 完善村民大会和村民代表会议制度。明确规定村民代表会议每季度召开一次，有1/3以上代表提议，可临时决定召开，来决定关系全村、村民利益的重大事项。以《村两委会联席会议制度》来贯彻落实上级党委、政府布置的工作任务及完成任务的办法措施；制定本村新农村建设的目标、规划和措施；讨论涉及村民利益的重大事项。对于涉及本村及村民利益的重大事项成立了《重大事项决策制度》，[1]重大事项决策实行决策咨询制度和民主集中制原则，实行民主科学决策，规范决策程序。

3. 完善村民自治制度。根据村民委员会组织法和有关规定，结合本村实际，制定了《村民自治章程》[2]和《村规民约》。[3]

4. 完善"两公开"制度。确立《村务公开制度》通过召开村民会议、村民代表会议、张榜公布、发资料、有线广播等灵活多样的形式，在本村的适当地方建立专门的公开栏，全面推进村务公开，增强工作透明度，财务收支每三个月公开一次，规定每年3月28日为村财务公开日，接受群众监督。为保证公开的透明性，加强了村务监督，专门设立了监督小组监督、全体村民监督、上级监督三种监督途径。[4] 为加强村级财务管理，加强村级财务规范化管理工作进程，确立了《财务管理章程》，使财务收支透明化、票据管理规范化、民主监督全程化。[5]同时为保障财务收支的正常使用，由村民代表会议选举产生财务监督小组，每月(季)对村级财务预决算、各项收入支出、各种税费、债权债务、工程资金运行等情况进行一次检查审核。[6] 枫桥镇全面推行了党务、村务、财务公开，定期举行镇、村民主恳谈会，使社情民意及时体现到党务、政务、村务中。近几年来，

---

〔1〕《重大事项决策制度》，载枫桥镇新农村两委会编：《枫桥镇新农村"平安村"创建工作资料汇编》，2005年内部发行，第36、37页。

〔2〕《村民自治章程》，载枫桥镇新农村两委会编：《枫桥镇新农村"平安村"创建工作资料汇编》，2005年内部发行，第55～61页。

〔3〕《村规民约》，载枫桥镇新农村两委会编：《枫桥镇新农村"平安村"创建工作资料汇编》，2005年内部发行，第61、62页。

〔4〕《村务公开制度》，载枫桥镇新农村两委会编：《枫桥镇新农村"平安村"创建工作资料汇编》，2005年内部发行，第34、35页。

〔5〕《财务管理章程》，载枫桥镇新农村两委会编：《枫桥镇新农村"平安村"创建工作资料汇编》，2005年内部发行，第37～45页。

〔6〕《财务监督制度》，载枫桥镇新农村两委会编：《枫桥镇新农村"平安村"创建工作资料汇编》，2005年内部发行，第46页。

镇、村两级通过民主恳谈，征询群众意见，落实整改事项257件，调整出台政策措施31条。

可见，只有遵循一定的程序原理和制度要件，政治活动才是"民主的"。也只有这样才能排除舞弊、恣意，使人民的意志得到正确的反映和贯彻。所以葛泽维奇说："民主是一种行为模式，一种义务承担。没有这种限定，宪政方法就是软弱无能的。"[1]

二、基层法律治理的组织保障

(一)村民委员会、村党支部在基层法治建设中的地位和作用

《村民委员会组织法》第2条规定："村民委员会是村民自我管理、自我教育、自我服务的基层群众性自治组织，实行民主选举、民主决策、民主管理、民主监督。村民委员会办理本村的公共事务和公益事业，调解民间纠纷，协助维护社会治安，向人民政府反映村民的意见、要求和提出建议。"从该条就可以看出村民委员会的性质和职能、管理方式以及沟通村民和基层政府的桥梁作用。

通过村民自治，实现农民群众自我管理、自我教育、自我服务，大大激发了农民群众的主动性、积极性和创造性，增强了他们当家做主的责任感，为建立农村新秩序、稳定农村社会提供了组织保证。通过村民自治，村民运用民主和法律手段来处理自己的问题，协调各种利益关系，将各种矛盾化解在基层，构建了良好的农村社会秩序，保障了农村社会的稳定。这样，基层自治便起到了整个社会的减压阀和稳定器的作用。通过基层自治，广大群众的民主权利及利益诉求得以实现。

基层组织建设当中核心要处理的是两种关系：乡村关系（乡镇与村的关系）、"两委"关系（村民委员会与村党支部的关系）。枫桥的党政领导始终认为：农村工作千头万绪，要维护农村稳定，更是千头万绪，与其眉毛胡子乱抓一气，不如首先抓好班子。为此，他们一直把以党支部为核心的村级班子建设，作为农村基层政权建设的重中之重来抓，配好支部成员，选好致富的带头雁。

枫桥镇"民主法治村"创建基本条件规定了组织建设内容，具体做法就表现

---

〔1〕 转引自季卫东：《法治秩序的建构》，中国政法大学出版社1999年版，第54页。

在以村党支部为核心的村级组织配套,能充分发挥各职能部门的作用,能互相配合,共同战斗(治调组织、妇联、民兵、共青团、老年协会)。[1] 另外从党支部的主要职责来看也表现出党支部在基层农村的绝对领导地位,即"领导村民委员会、村经济合作社和共青团、妇代会、民兵等群众组织,支持和保障这些组织依照国家法律法规及各自章程充分行使职权"。[2]

从"枫桥经验"的实际做法来看,村民委员会和村党支部的关系主要表现在两个方面:第一,村民委员会坚持党的领导。村党支部领导村民委员会,支持和保证村民委员会按照法律、章程充分行使职权;村民委员会在依法行使职权、开展工作时必须有利于加强党对农村工作的领导,有利于维护村党支部的领导核心地位。村里讨论决定重大事项必须贯彻先党内、后党外的原则,村民委员会召集村民会议或村民代表会议应事先向村党支部汇报。第二,党支部积极支持村民自治。村党支部要积极支持村民委员会依法履行自治职责,对村民委员会报告的事项,党支部要认真研究讨论,对意见一致和形成决议的事项,村党支部要支持村民委员会开好村民会议或村民代表会议,教育引导党员、群众按照法规做出正确决定并支持村民委员会认真组织实施。[3]

(二)乡镇政府在基层法治建设中的地位和作用

乡镇人民政府是我国政权体系中最基层的政权组织,同人民群众的接触最经常,联系最直接,利益最相关,是依法管理、依法行政的前沿阵地。《村民委员会组织法》第5条规定:"乡、民族乡、镇的人民政府对村民委员会的工作给予指导、支持和帮助,但是不得干预依法属于村民自治范围内的事项。村民委员会协助乡、民族乡、镇的人民政府开展工作。"

加强领导和协调,形成合力推进村民自治的工作局面。贯彻《村民委员会组织法》、推进村民自治是一项系统工程,涉及农村政治、经济、文化等方方面面,涉及党委、政府多个部门。做好这项工作,必须进一步加大工作力度,加强领导,加强协调,调动社会各方面的积极性,形成党委领导、政府负责、人大监督

---

〔1〕 枫桥镇新农村两委会编:《枫桥镇新农村"平安村"创建工作资料汇编》,2005年内部发行,第16页。

〔2〕 同上书,第17页。

〔3〕 参见《村委会向党支部报告工作制度》,载枫桥镇新农村两委会编:《枫桥镇新农村"平安村"创建工作资料汇编》,2005年内部发行,第24、25页。

保证、各部门密切配合、社会各界共同参与、齐抓共管合力推进的领导体制和工作机制。贯彻落实的关键在县、乡两级。

有学者认为,加强乡镇政权建设可考虑采用以下对策:党政必须完全分开;理顺条块关系;完善和加强人民代表大会制度,加强乡镇人民代表大会的自身建设;转换政府职能;乡镇机构改革要与人事制度改革同步进行,引入竞争机制,完善选、用人机制;加强政府公务透明度,切实贯彻政务公开。〔1〕

从乡村关系举例来说,按照法律规定,乡村关系目前已经由过去的“领导”关系调整为“指导”关系。但是,目前所有的法律对于什么是“指导”关系并没有明文规定,这样便造成了指导关系与领导关系混淆不清的现象。实际上由于传统“领导”关系要比“指导”关系容易实行,绝大多数的乡镇还对村实行着领导关系。由于乡镇与村有着直接的利益关联,乡镇政府不仅干预村民委员会的选举,而且干预村民委员会的自治事务,并认为这种干预是理所当然的,使村民自治有其名无其实。这些情况说明,以上诸多关系的理顺必须借助于法律制度的明确规定。鉴于目前制定全国性的调整上述关系的规范性法律文件的时机还不成熟,可以考虑在某些具备了条件的省先行立法试验,制定相关的地方性法规或规章,积累经验,再在全国范围内推广,直至条件成熟时制定全国性的法律文件。由于宪法和法律对乡镇和行政村的关系规定得比较概括、原则,乡镇政府在村民自治中仍然起着决定性的作用。就枫桥镇的具体做法,在乡镇关系上仍然是一种“领导关系”。村民委员会主要职责“……传达和贯彻上级政府的有关指示和决定,认真协助镇政府开展工作;向政府反映群众的意见、要求和提出建议;讨论和处理上级交办的其他事项”。〔2〕

从枫桥镇整合资源,健全联创网络的举措来看,在维护社会稳定工作中始终围绕抓基层基础,抓责任落实,抓协调配合,抓联合创建,把辖区内政法部门、行政执法部门派驻机构和有关部门、主要企事业单位负责人都吸收到社会治安综合治理委员会和平安创建工作领导小组中去,做到统一力量、统一办公、统一运作。镇党委、政府高度重视矛盾纠纷排查工作,将其列入镇党委、政府的重要

〔1〕 参见李昌麒主编:《中国农村法治发展研究》,人民出版社2006年版,第390~393页。

〔2〕 枫桥镇新农村两委会编:《枫桥镇新农村“平安村”创建工作资料汇编》,2005年内部发行,第22页。

议事日程，党政一把手负总责定期召开专题会议"有针对性地研究部署工作，权责明确，赏罚分明"增强了各部门、各单位的责任感，确保了各项工作顺利开展。

三、基层法律治理的重心

"枫桥经验"植根基层，是广大基层干部群众最大限度地把问题解决在基层、化解在萌芽状态，维护治安平稳、维护社会稳定的经验。枫桥镇法治建设的各项工作无不围绕着"化解矛盾"这个工作重心而展开。

（一）加强法治宣传，提高村民法治意识

实现法治的一个重要前提条件是所有公民的法治观念、法律意识的全面提升，这就需要法律的宣传和教育，也即是我们今天的"普法教育"。良好的法律意识是法治社会的精神前提和基础。矛盾纠纷的预防，只是社会预防的一个方面，但是如果各个单位、个人都具有了自防意识，那么必将得到事半功倍的效果，可以形成专门机关预防与社会化预防良性互动的整体预防网络。

根据《村民委员会组织法》第9条的规定，村民委员会应当宣传宪法、法律、法规和国家的政策，教育和推动村民履行法律规定的义务、爱护公共财产，维护村民的合法的权益，发展文化教育，普及科技知识，促进男女平等，做好计划生育工作，促进村与村之间的团结、互助，开展多种形式的社会主义精神文明建设活动。在该条当中就可以看出，村民委员会有一项很重要的工作：普法。

毛泽东在1963年指出："你们公安部，日常的具体工作很多，但最后的一条是如何作群众工作、教育群众、组织群众，做一般性的群众工作。……从诸暨的经验来看，群众起来之后，做得并不比你们差，并不比你们弱。你们不要忘记发动群众，群众工作做好了，可以减少反革命案件，减少刑事犯罪案件。"[1]群众路线是中国共产党的"三大法宝"之一，提高群众的法律意识，具有深远的意义。

枫桥镇党委、政府一班人清醒地认识到只有全面提高公民的法律意识、法律素质，才能从根本上有效预防各类矛盾纠纷。他们专门针对普法教育，出台了《法制教育实施规划》。[2] 不仅在机关、企事业单位、村两委会成员中通过法

〔1〕 陈善平主编：《枫桥经验三十年》，1993年内部发行，第152页。

〔2〕 《法制教育实施规划》，载枫桥镇新农村两委会编：《枫桥镇新农村"平安村"创建工作资料汇编》，2005年内部发行，第63、64页。

制讲座、形势教育等开展了法律知识的学习培训，而且加大经费投入开展了多层次、全方位的法治宣传教育。枫桥镇每年投入法治宣传教育的经费达二十余万元，以群众喜闻乐见的形式普及法律知识。他们举办了枫桥镇企业家法制与经济管理学习沙龙，以企业经营者和外来务工人员为重点的法制学校，以在校学生为对象的青少年法制学校，以农村干部群众为重点的村民素质学校，形成了浓厚的氛围。从而增强了工作人员依法办事的能力、提升了管理的法制化和民主化水平。只有村民法制观念增强了，自身素质提高了，才能从源头上减少社会矛盾。

村村建立法制宣传窗，群众需要什么就宣传什么；群众不懂什么就解答什么。枫桥每年组织一次大型的群众性知识竞赛。村设立平安宣传栏，定期宣传平安创建动态和各方面的平安知识；组建村民平安宣传队，深入宣传平安创建工作。同时还提高了村民的学法守法护法意识，引导村民按程序、依政策、用法律维护自身合法权益。着重完善"七有"工作平台，即有一个工作计划、有一所法制学校、有一个法律宣传栏、有一个法制服务咨询日、有一名法制宣传员、有一本法制教育登记簿和有一套法制宣传资料。充分运用法制宣传栏大力开展交通安全、消防安全和禁毒、禁赌、反邪教等宣传教育。利用法制学校，有针对性地组织青少年和村民骨干参加集中学习，传授法律知识，提高村民法律素养，进一步推进村级民主法治建设。

（二）化解纠纷、预防矛盾

1. 发挥人民调解委员会的调解职能

人民调解委员会是基层群众性自治组织，它的主要任务就是调解民间纠纷，并通过调解工作宣传国家法律、法规、规章和政策，教育公民遵纪守法，遵守社会秩序，遵守社会公德。

当前民间纠纷表现出许多新的特点，原有的人民调解工作范围、组织形式、队伍素质等已不能完全适应新形势的需要。人民调解工作必须与时俱进、开拓创新，认真总结几十年来的成功经验，借鉴其他地区的先进经验、有益做法，建立新的机制，不断研究新情况，解决新问题。人民调解工作要扩大工作领域，完善组织网络，提高队伍素质，规范工作程序，增强法律效力。同时要将人民调解工作与基层民间政治建设相结合，与社会治安综合治理相结合，与人民群众来信来访相结合,使人民调解工作在社会主义民主法治建设中发挥更大的作用。

人民调解组织调解纠纷可以邀请公安派出所、土地管理所、民政、综治办等有关单位和个人参与调解,被邀请的单位和个人应当支持。《枫桥镇民间纠纷调处若干规定》第3条第2款规定:“各村(居、企业)辖区内发生的民间纠纷,由该村(居、企业)调委会受理,跨村(居、企业)的民间纠纷,由各方调委会协商后共同组织调解,并确定其中一个调委会主持调解,共同调处确有困难的,可以移送该村(居、企业)所在办事处调处,跨办事处的纠纷可以移送司法所牵头调处。对未经基层调委会调解,直接反映到有关部门的纠纷应当劝说当事人先通过村(居、企业)调委会进行调解。法律、法规、规章和政策明确规定由指定部门处理的纠纷,应当告知当事人向指定部门申请调处。”

人民调解工作的方针是“调防结合,以防为主”。几十年来,枫桥各级调解组织认真贯彻这一方针,积极在“防”字上下功夫,在工作实践中摸索总结出一些行之有效的预防民间纠纷的措施。主要有:(1)因时预防。人民调解组织根据民间纠纷发生具有时令性的特点,在每个阶段或季节到来之前,对纠纷进行分析预测,抓住重点,采取积极稳妥的措施,把时令性民间纠纷减少到最低限度。(2)因地预防。人民调解组织针对民间纠纷发生、变化的地域性特点,采取措施,预防和控制民间纠纷发生。(3)因人预防。调解组织在预防工作中,必须因人而论,分别对待,掌握不同人的思想动态,深入细致、主动及时地把纠纷的疏导和预防工作做在前面。(4)分类预防。分类预防可以使调解组织掌握本地区在一定时期、一定范围内,多发性纠纷的种类和容易导致激化的纠纷的特点和规律,确定一定时期、一定场合、一定范围内的预防纠纷的重点。(5)重点预防。人民调解组织对本地区易发生纠纷的重点人、户、事、场所等,进行分析预测,实行重点控制,以预防和减少民间纠纷。(6)普遍预防。人民调解组织通过在群众中开展普遍性、经常性的法治宣传和教育活动,着眼于治本,从长远考虑出发,逐步增强群众的法律意识和道德观念,以及对纠纷的自我控制、解决能力,以预防和减少民间纠纷。普遍预防是人民调解组织经常性的工作,也是人民调解组织参与社会治安综合治理的有效途径。

为了更好地做好调解工作,早在20世纪80年代初期,枫桥镇就成立了三级治安调解组织,形成了村(居、企业)调委会、协作站(办事处)调委会、镇调委会相互支撑的调解体系。在民营企业内部建立治安、调解组织，成为“枫桥经验”解决民间纠纷的显著特色。

2. 建立矛盾化解机制

首先，规范制度，确保有章可循。“枫桥经验”的实际做法是重点规范了矛盾纠纷排查调处、信息工作情况报告、案件移送、首办责任人和工作例会等制度。建立起矛盾纠纷的定时定期排查、区别案情归口受理、一般纠纷包案调处、重点纠纷联动化解、疑难案件依法处理的工作机制，要求每个季度由管理处包村干部和社区民警开展一次矛盾纠纷的基础排查，重点时期和敏感时期开展集中排查，对排查出来的矛盾纠纷，通过两级综治工作中心反馈到相应的村、企业和包村干部，属于一般性的民间纠纷由村干部包案调处，涉及多种因素或跨村（部门）的重要矛盾纠纷由综治中心组织力量协调解决，调处情况与干部的考核相挂钩，通过两次以上调解不成的，书面建议当事人通过诉讼途径解决。而对于普通的治安矛盾纠纷，由管理处综治工作分中心组织社区民警、司法干部、村干部联合开展现场调查，就近就快处理。根据不同性质分别落实责任单位，实行分级调处、联合调处、直接调处、指令调处或包案调处，统筹解决经济社会生活中的矛盾纠纷，突出抓好不稳定因素的源头治理，有力改善了社会和谐稳定的大环境。

其次，规范流程，确保有序畅通。枫桥镇规范了矛盾纠纷排查调处工作流程、应急事件处置流程。规定综治工作中心对重大矛盾纠纷调处落实情况进行协调督办并及时反馈和上报处理情况，从而明确了责任，促进了矛盾的就地化解。

最后，规范执法，确保有法必依。实行执法程序公开制、执法责任追究制、首办人责任制和执法监督制，严把事实关、证据关、程序关和法律适用关，做到程序公正、实体公正、形象公正；注重法律效果、行政效果和社会效果相统一，促进社会公平公正。

“预防化解矛盾纠纷”是“枫桥经验”的一个核心经验，也是做好基层基础工作的重要环节。一方面积极调解，及时化解民间纠纷，努力把可能激化的矛盾纠纷减少到最低限度。另一方面尽可能把出发点和落脚点放在“预防”上，科学地把握民间纠纷产生演变发展的规律，对民间纠纷产生的原因，如何防止民间纠纷激化，及时化解民间纠纷的法律依据、政策依据等进行深入研究。在全社会加强社会主义法制和道德的宣传教育，提高全体人民的思想文化素质是预防民间纠纷的根本措施，是从宏观上预防控制纠纷的长远战略。

(三)针对重点人群加强治理

在新的时期，影响社会治安稳定和产生矛盾纠纷的主要因素在于重点人群。为此，运用"枫桥经验"教育人、转化人、帮助人的基本精神，积极采取区别对待、不同管理、注重效果的工作方法，加强对重点人群的管理和预防化解矛盾纠纷的工作。

枫桥制定的《归正人员安置帮教制度》[1]要求做到安置帮教工作的组织、制度、措施三到位，对归正人员采取"思想上帮心、生活上帮扶、经济上帮富"的帮教办法，帮助其正常工作生活，对未成年人帮教对象实行村、学校、家庭"三位一体"帮教办法，加强对其进行正确的人生观、世界观教育；对无固定职业的帮教对象，主要是帮助解决生活出路问题；对"法轮功"等邪教组织成员，积极引导其崇尚科学、远离邪教，促使帮教对象尽快转变思想观念，融入社会，脱离邪教桎梏。近几年来，枫桥两百多名刑满释放人员中，绝大部分人已成为自食其力的劳动者，改好率达99.15%，有的人成了致富能手，有的人还入了党，当上了村干部。[2]

外来流动人员(简称外来人员)，是指进入本行政区域，无本区域常住户籍的外省、自治区、直辖市以及本省非本行政区域的人员。《外来人员管理制度》[3]要求村建立外来流动人口工作小组，配备外来流动人口协管员，依法做好外来流动人口的管理、教育、服务、维权工作，进一步提高外来流动人口管理水平。加大对重点地区、场所的治安管理力度。对外来人员集中居住和活动的城乡接合部、公共场所、建筑工地等治安复杂地区和场所，要经常组织有针对性的清查行动，对外来人员密度较高的地区、行业及案件多发季节、多发地段，加

〔1〕《归正人员安置帮教制度》，载枫桥镇新农村两委会编：《枫桥镇新农村"平安村"创建工作资料汇编》，2005年内部发行，第54、55页。

〔2〕《法治聚焦：创新"枫桥经验"维护社会稳定》，载新浪网：http://news.sina.com.cn/s，最后访问日期：2004年6月11日。

〔3〕《外来人员管理制度》，载枫桥镇新农村两委会编：《枫桥镇新农村"平安村"创建工作资料汇编》，2005年内部发行，第52、53页。

强经常性的专项整治。充分发挥社区干部、物业管理人员的作用，协助公安机关加强对“三无”人员、“高危”人群、复杂场所的重点管理。枫桥镇还针对外来务工人员推出新的管理模式，统一为外来员工解决住房和子女入学等问题，每年还评比“十佳外来优秀青年”，授予中、高级人才以“荣誉镇民”称号。[1]

（四）法庭的调解与劝导

调解是我国司法工作的优良传统和成功经验，实践证明搞好调解具有重大意义。(1)调解有利于迅速彻底解决纠纷。民事调解是人民法院对当事人进行法治宣传和说服教育工作，是双方当事人在平等自愿基础上达成协议，解决纠纷。同时，由于以调解方式结案，不存在上诉问题，减少了诉讼程序，节省了人力、物力和时间，可以提高人民法院办案效率。(2)有利于安定团结和生产建设。民事调解是在查明事实和分清是非的基础上进行的，在调解中，人民法院通过对当事人进行法治宣传和思想教育，可以促使当事人提高思想认识，消除隔阂，增强团结。(3)有利于执行。调解协议是双方当事人在自愿协商的基础上达成的，一般都能主动履行，而无须人民法院强制执行。(4)有利于加强法治教育。调解的过程就是向当事人和人民群众宣传国家法律和政策的过程。在调解程序中，灵活运用多种形式，摆事实，讲道理，较之于审判，更适合双方当事人的参与，从根本上化解矛盾和纠纷，实现法律效果和社会效果的统一。

但我国现行调解制度缺乏调解人和诉讼参与人必须遵循的程序性规范，对于调解所应遵循的自愿、合法原则等也规定得过于笼统，实践中不易于操作，调解制度本身的缺陷及弊端日益暴露。枫桥法庭结合“枫桥经验”和当今社会解决纠纷的实际需要，规范调解制度，制定出便于操作的调解程序性规范，真正把自愿、合法原则落到了实处。主要体现在诉前和诉时的环节上：

1. 抓住“诉前”环节，实行《法律指导员工作制度》：(1)指导调解组织在合法、自愿的基础上调解各类民间纠纷；(2)协助有关部门开展对调解人员的培训，规范调解工作，提高调解质量和水平；(3)通报辖区内典型案例，宣传法律、法规、规章和政策等；(4)接受调解人员和辖区群众的法律咨询，并认真做出答复；(5)对重大、疑难民间纠纷协助调解人员理顺法律关系，提供调解思路，尽量

［1］《法治聚焦：创新“枫桥经验”维护社会稳定》，载新浪网：http://news.sina.com.cn/s，最后访问日期：2004年6月11日。

把人民内部矛盾解决在初始阶段；(6)对审理中涉及调解协议的确认结果及时通报给人民调解委员会，并可视情况邀请人民调解员旁听庭审；(7)定期分析辖区内纠纷特点、规律，向有关组织积极提出司法建议，减少纠纷发生。

2. 抓住"诉时"环节，实行《民间纠纷劝导制度》：(1)法庭确定专人为"劝导员"，负责民间纠纷劝导工作；(2)如该纠纷属于人民调解组织受理范围内，由"劝导员"详细告知人民调解优点、协议的效力，以及诉讼的程序、风险等内容，对当事人选择通过人民调解或诉讼解决纠纷进行指导；(3)经劝导，如当事人同意选择人民调解解决的，由"劝导员"向其开具《纠纷联系跟踪单》，当事人持单到指定的人民调解委员会接受处理，并确定一名法律指导员负责跟踪指导；(4)调解组织要求法律指导员业务指导的，及时提供业务指导。

但同时也不放松诉中和诉后的环节：抓住"诉中"环节，实行《人民陪审员陪审、人民调解员旁听制度》。抓住"诉后"环节，实行《人民调解委员会调解协议审理结果反馈制度》。

四、基层法律治理的人文环境

所有的政治法律制度都离不开自身的文化传统。从根本上说，制度是人的主观见之于客观的反映，一方面，制度是依据人的主观认识来制定的，一项制度制定的好与坏，与其制定者的认识水平和能力有很大关系；另一方面，制度所调整的社会关系(所要解决的问题)又是客观的。因此，制度建设必须从实际出发，深入调查研究掌握第一手材料，不能从本本、概念出发，不能搞土教条，也不能搞洋教条。

托克维尔认为，维护美国民主制度的因素有三，即自然环境、法制和民情。但是，若按贡献对它们分级，他说"依我看，自然环境不如法制，而法制又不如民情"，"最佳的地理位置和最好的法制，没有民情的支持也不能维护一个政体；但民情却能减缓最不利的地理环境和最坏的法制的影响"。[1]

"从基层上看去，中国社会是乡土性的"。[2] 有学者指出"中国为宗法社会

---

〔1〕 [法]托克维尔：《论美国的民主》，董果良译，中文版序言，商务印书馆1988年版。

〔2〕 费孝通：《乡土中国　生育制度》，北京大学出版社1998年版，第6页。

氏族组织,实历三千年而未变",[1]由于宗族制度渗透到中国的农村社会,已代替法律规范着人们的行为。时代发展了,但历史是无法割断的,观念的延续是社会历史发展的必然现象。我国的社会现实表明,尽管过去农村的宗族势力经过历次政治运动以及市场经济的冲击,已失去了维持和调整农村秩序的功能,但民间文化、宗教信仰、传统社会组织等并没有消失,而是不断表现出强大的生命力。"法治秩序的建立不能单靠制定若干法律条文和设立若干法庭,重要的还得看人民怎样去应用这些设备。更进一步,在社会结构和思想观念上还得先有一番改革。如果在这些方面不加以改革,单把法律和法庭推行下乡,结果法治秩序的好处未得,而破坏礼治秩序的弊病却已先发生了"。[2]

特定地区、特定时期的法律制度,只有与当时的社会现实紧密结合,才能有效发挥作用。我国传统诉讼文化能够在乡土社会中绵延数千年,从某个侧面证明了它的合理性,也充分体现了"法律就是地方性知识"。[3] 在此背景下,我国的农村法治进程切勿急功近利,应考虑农村经济、社会、文化现状,尊重并吸收农村中的"可利用资源",使法律与"本土资源"相互支持相互利用,相得益彰。

"枫桥经验"的精神实质一方面在遵循法治、倡导法治的理念下进行管理,另一方面充分结合了中国传统法律文化中的"礼法兼治"的社会综合治理模式,制定法与民间法并列的"混合法"模式、"无讼"价值观下节约成本的社会矛盾调解机制,真正地做到了现代法治文化的本土化。"枫桥经验"的创举,充分体现了中国基层群众的智慧,是中国传统文化与现代法治文明的有机统一。枫桥大量的、切实可行的各类制度和规范,成为国家法律的有效补充。

要做好基层法治建设工作,必须善于对复杂的社会现实及个案进行全面的分析和把握,以从中抽象出普遍使用的规则。另外,任何普遍规则都有例外,要在确立普遍规则时,妥善地规定例外,以保持制度的适用性。而枫桥恰恰为我们提供了一个很好的分析事例。

---

〔1〕 钱穆:《现代中国学术论衡》,岳麓书社 1986 年版,第 212 页。

〔2〕 费孝通:《乡土中国 生育制度》,北京大学出版社 1998 年版,第 58 页。

〔3〕 [美]克利福德·吉尔兹:《地方性知识:事实与法律的比较透视》,邓正来译,载梁治平主编:《法律的文化解释》(增订本),生活·读书·新知三联书店 1998 年版。

第二节　治理的困境与治理方式的转型

“枫桥经验”中值得总结的理论很多,比如,党的领导、人民民主、经济发展和落实科学发展观,等等。但是“枫桥经验”更重要的贡献在于,它为有效解决当代中国的社会矛盾和问题,对中国民主与法治建设,探索了新路径,提供了新启示。

一、中国社会治理的困境:社会矛盾与纠纷态势的变化

从社会治理的角度来看,当下中国的社会治理存在诸多难题。这些难题有的是老问题,有的则是转型时期出现的新问题。这些问题主要以社会矛盾和纠纷的方式反映出来,也可能以制度化缺陷的方式外显出来。例如,伴随着民工进入城市而出现的社会安定问题;伴随着高校扩招的社会失业问题;伴随着经济产业化和老龄化而来的社会保障问题,以及城乡二元发展格局下的“三农”问题等。这些社会问题,许多直接威胁着社会的安定,比较有代表性的如大量的上访族、各地不断增多或持续存在的犯罪,以及中国在社会转型时期出现的社会两极分化等。如何应对这些社会问题,尤其是如何应对以显性冲突方式显现出来的社会矛盾,是当下中国社会治理的一大难题。

1. 上访与抗争

当下中国,存在四种利益表达机制:集团诉讼、集体上访、诉诸媒体和就地抗争。除了集团诉讼属于司法解决方式以外,其他都属于非司法的救济方式。现实生活中,老百姓把上访与诉讼都作为权利救济的手段。[1] 为了解决各种问题而奔走于社会基层和各级国家机关的人,被称做“上访族”。虽然几乎所有的党、政、司法等国家机构和一切有组织的国有单位,都设有相应的信访机构。但是,仍然无法满足上访者的需求。尽管无法得到信访人数的确切数据,但是

---

〔1〕 应星:《群体利益的表达行动与社会稳定》,载徐昕主编:《司法》(第一辑:纠纷解决与社会和谐),法律出版社2006年版。

可以肯定其数量庞大,并且可能是给社会造成变数的因素之一。[1] 信访制度本来有三个功能:信息传达、政治参与和纠纷解决,其中的纠纷解决功能是最次要的功能,但是从20世纪80年代中期以来,由于社会矛盾的增多,加之既有的纠纷解决机制(如诉讼机制、执行机制)存在诸多不足,因此,信访人数大量增加,信访成了许多人赖以解决纠纷的重要路径。

信访工作是新时期党和政府联系群众的重要渠道,信访工作对于维护社会和谐与稳定,促进社会经济协调发展具有重大意义。信访工作是维护社会稳定的关键,因为"稳定在基层,稳定在平时、稳定在政策、稳定在沟通"。信访制度存在的意义在于:(1)在法律实施的领域里,实现了便捷的群众参与,上访者可以在无须遵守程序的情形下,参与司法过程,甚至改变司法结果。(2)信访制度的运作,可以实现党政权力参与法律决策的合法性。信访体制的存在,群众可以通过启动信访机制,从而使党政权力影响司法成为一种合法的活动。(3)是党和国家反腐败斗争的模式之一。中华人民共和国成立以来,我国的信访存在三种模式:中华人民共和国建立之初的政治动员型、20世纪80年代初的拨乱反正型和80年代以后的安定团结型。2007年5月,中共中央、国务院下发了《关于进一步加强新时期信访工作的意见》,表明中央对基层化解纠纷的重视和基层社会稳定的重视。(4)信访还是我党密切联系群众、倾听民众呼声、了解民情民意,沟通中央和地方、上级和下级的重要的信息沟通渠道。

但是,由于缺乏健全的规范和准确的定位,在实践中,信访也遭遇了许多难题。主要在于:大接访以来,一些老上访户,以上访为名,经常出现缠访、闹访的问题,这不仅给政府以及公安机关增加了工作压力,也直接影响了国家机关正常工作的开展,有些人甚至为了达到自己的目的,拒不通过正常渠道和法律途径解决问题,长期缠访,甚至赴京上访,成为影响社会稳定的一大隐患。缠访的特点主要表现在:(1)要求的无理性。有的上访者漫天要价,一旦达不到目的,就会借上访给政府施加压力。(2)行为的挑逗性。部分上访人在上访的时候,故意用语言挑逗接访的民警,故意找碴或者抓住接访人的讲话漏洞,断章取义,大肆宣扬和指责。(3)手段的煽动性。如利用一些群众真相不明、贪图小便宜

〔1〕 李宏勃:《法制现代化进程中的人民信访》,清华大学出版社2007年版,第5页。

的弱点，捏造假新闻，进行煽动。甚至利用一些群众和党委、政府存在的矛盾或者认识分歧，煽动诱惑群众，制造群众上访，激化事态发展。(4)动机的不良性。有些上访人通过串联，借题发挥、从中敛财、牟利。(5)时间的择机性。不少上访人，利用敏感时期、重要会议或者重大政治活动、领导视察工作时期等(如“两会”期间、国庆元旦期间)，拦路拦车信访。[1] (6)一些老的信访户，“生命不息、信访不止”。信访数量不断攀升，集体上访、重复上访、越级上访和赴京上访增幅大、人数多、规模大、持续时间长、行为激烈、信访案件最终得以解决的比例较低。现实表明，当代中国的社会矛盾复杂尖锐，冲突激烈，群体性社会治安事件也不断增加。实践表明：虽然信访制度曾经并且还在发挥着巨大作用，但是，信访却日益充满困惑、日益陷入困境。面对越来越多的上访群众和他们合理或者不合理的期望，国家日益感到难以承受其重，各级政府日益承受着巨大压力。规模庞大的上访族对于社会稳定与和谐社会建设，在一定意义上是一种潜在的威胁。

问题还在于，将社会矛盾全部提交给信访部门，导致的结果是，我们治理社会的主要方式不是预防纠纷而是事后的解决纠纷，不是着眼于在基层化解社会矛盾，而是将大量的矛盾提交给上级或者中央。从社会治理的角度来看，这不是一种有效的治理模式，只能导致社会更加不稳定，社会矛盾的扩张。更为严重的是，无法形成一种程序化、制度化、规范化、形式化的社会秩序的安排，无法将我们的社会安定建立在持久有效的社会结构上来。

信访“不能承受之重”的社会现实告诉我们，不能将社会的稳定和秩序的维护建立在上级处理纠纷的方式上，否则，将大大小小的矛盾都提交给上级或者是最上级才能解决的话，我们的整个社会结构安排就是无效益的、非理性的、危险的。冲破这种社会困局的主要方式就是，要相信人民群众的智慧，倡导矛盾纠纷解决在基层。

2. 群体性事件

群体性事件是指一方或者双方人数众多的纠纷。其中，规模较大、突发性强、造成一定社会影响、干扰社会正常秩序的激烈冲突被认为是群体性事件。

---

〔1〕 江文华：《涉法缠访、闹访问题的特点、成因及对策》，载《信访与民情》2007年第8期。

中国社会科学院《2005年社会蓝皮书》的统计数字表明,1993～2003年间,中国100人以上的群体性事件数量由1万起增加到了6万起。参与人数由73万人增加到了307万人,年均增加17%。[1] 2008年发生的代表性事件有:(1)贵州瓮安县打砸抢事件。事件起因于少女李树芬溺水死亡,由于家属对于死因鉴定结论存在疑问,加之社会流言的影响和黑社会组织的参与,在2008年6月28日16时30分许,一批游行人员到瓮安县公安局办公楼前聚集。公安民警拉起警戒线并开展劝说工作,但站在前排的人员情绪激动,在少数人的煽动下,一些不法分子用矿泉水瓶、泥块、砖头袭击民警,并冲破民警在公安局一楼大厅组成的人墙,打砸办公设备、烧毁车辆,并围攻前来处置冲突的公安民警和消防人员,抢夺消防龙头,剪断消防水带,消防人员被迫撤离。20时许,不法分子对瓮安县委和县政府大楼进行打、砸、抢、烧,一度冲击邻近的县看守所,整个过程持续近7小时。后经公安机关的初步侦查发现,直接参与打砸抢烧的为首人员中,已发现多名当地恶势力团伙成员,至2008年7月1日,公安机关已抓获犯罪嫌疑人五十余人。[2] (2)2008年8月4日中午,云南丽江市华坪县兴泉镇兴泉村8组至13组村民因环境、水源污染等问题与该县兴泉镇境内的高源建材公司发生群体性突发事件,双方约三百人发生冲突,造成6名村民受伤和13辆汽车受损。事发后,华坪县迅速果断采取有效措施,及时平息事态,当地公安机关已将107名涉嫌参与殴打他人的相关人员按法律程序进行调查处理。

3. 刑事犯罪的增加

据统计,刑事犯罪自20世纪90年代进入高峰以来,伴随着经济高增长的,是不断攀升的犯罪数量。[3] 例如,1985年我国公安机关立案的刑事案件仅仅有54万件左右,到了1989～1998年,立案数量达到了160万件左右,从1999年起,刑事案件的立案数量突破了220万件,2000年达到了360万件;2001～2003年,年均刑事案件立案数量达到了443万件以上。[4] 此外,还存在大量的再审案件和难以执行的案件。

---

〔1〕 转引自徐昕主编:《司法》(第一辑:纠纷解决与社会和谐),法律出版社2006年版,第84页。

〔2〕 参阅中国新闻网,2008年7月1日。

〔3〕 温铁军主编:《新农村建设理论探索》,北京出版社出版集团、文津出版社2006年版,第4页。

〔4〕《中国法律年鉴(1986～2003)》,转引自徐昕主编:《司法》(第一辑:纠纷解决与社会和谐),法律出版社2006年版。

4. 纠纷解决机制的缺失

中国经济高速增长的同时，“社会利益格局严重失衡，贫富差距不断加大，弱势群体的规模不断扩张；城乡之间、区域之间、经济与社会之间的发展极不平衡；就业、教育、医疗、社会保障等公共需求和供给方面的缺口不断扩大；社会不公日益突出，腐败现象全方位渗透于社会有机体的各个角落；社会矛盾错综复杂，不同利益群体之间的摩擦甚至激烈冲突大量出现，各种政治和社会问题频繁发生”。[1] 所有这些问题均可归结为公平与效率没有得到平衡，社会的两极分化不断加剧。[2] “各种解纷机制皆有较大缺陷，防控、遏制及处理冲突尤其是激烈冲突和群体性突发事件的能力较弱。”[3] 在社会人类学家眼中，纠纷解决机制分为审判、仲裁、调解、交涉、强制、回避、忍受等各种具体形式。[4] 纠纷的解决直接关系到社会冲突的控制、民众权益的实现和社会秩序的稳定。[5] 而我国多元化的纠纷解决机制尚未形成。

二、社会治理方式的转型

（一）转型的背景

1. 社会背景

自20世纪80年代以来，我国社会的主要发展战略是允许一部分人先富起来。这种社会政策的优点主要在于，社会发展的效率提高了，并进而带动了整个社会发展意识的增强，但是，社会公平的实现被推迟了。在经过二十多年的改革开放以后，城乡差距、阶层分化趋于拉大，因此，社会公平问题的实现就成为一项紧迫的任务。2006年10月11日，中国共产党第十六届中央委员会第六

〔1〕 徐昕：《迈向社会和谐的纠纷解决》，载徐昕主编：《司法》（第一辑：纠纷解决与社会和谐），法律出版社2006年版。

〔2〕 温铁军主编：《新农村建设理论探索》，北京出版社出版集团、文津出版社2006年版，第1～10页。

〔3〕 徐昕：《迈向社会和谐的纠纷解决》，载徐昕主编：《司法》（第一辑：纠纷解决与社会和谐），法律出版社2006年版。

〔4〕 Laura Nader & Harry F. Todd, Jr. ed., *The Disputing Process: Law in Ten Societies*, New York, Columbia University Press, 1978, p. 9, pp. 14－15.

〔5〕 徐昕：《迈向社会和谐的纠纷解决》，载徐昕主编：《司法》（第一辑：纠纷解决与社会和谐），法律出版社2006年版。

次全体会议通过《中共中央关于构建社会主义和谐社会若干重大问题的决定》，该决定突出强调了社会和谐、安定有序。这一战略的提出意味着我国社会发展战略的重大调整。

促进社会和谐，除了应当完善司法救济机制、行政救济机制之外，还应当转变思路——依靠群众。因为无论是行政救济还是司法救济机制，在思路上都存在一个致命的缺陷，那就是：将和谐社会的建立仅仅看作政府和专业部门的事。“枫桥经验”注重发动广大群众，使他们积极参与到社会纠纷的预防与解决上来。这种解决社会纠纷的方式，有效地减轻了政府，尤其是上级政府的负担。

2. 理论背景

哈贝马斯是当代德国著名的哲学家、思想家，他提出的最著名的理论就是“交往行为理论”。哈贝马斯的理论，也被人们称为沟通理论、对话理论或者商谈理论。哈贝马斯依据人类发展的历史与现实，把人的行为分为两种：目的手段合理行为和交往合理行为。目的手段合理行为指的是人对自然的关系，强调通过人对自然界的认识和改造。人对改造世界手段的选择是工具性的、手段性的、策略性的。交往合理性强调的是主体间相互交往的、赞同的并且是自觉遵守的规范，交往合理性的达成是对话式的。以语言为媒介，通过对话，达到理解与沟通。该理论着力于化解人与人之间的矛盾，重构与建设和谐性的人际关系。

哈贝马斯理论对于中国社会治理的重大启示在于，社会的治理应当开展对话与合作、沟通与协商，而不是对抗与强制，寻求和增加社会治理与统治的正当性、合理性。社会治理应当是沟通性、对话性地解决纠纷，而不是压制性地实行社会高压统治。应当说“枫桥经验”的重大价值，也恰恰在于它是一种注重说理的纠纷解决机制，创造了交流、沟通与对话平台，有效地沟通了国家与社会、政府与民众，拉近了党和人民群众的关系，从而形成了独特的纠纷解决机制。

（二）建设和谐社会

党的十六届三中全会明确提出了要放弃单纯追求 GDP 增长的目标导向，转向城乡统筹发展。近年来，中央采取一系列的措施，解决“三农”问题，缩小城乡差距，落实科学发展观。例如，把国家财政更多地运用于农村基层的公共开支，用在和农民相关的项目上。从2004年开始免除农业税等举措，都是我们党落实新的执政理念，即“构建和谐社会”的重要举措。

1. 协商、民主与对话

改革开放以前，我们主要走的是“压制型”的治理模式，压制型社会治理模式注重由上对下的控制，认识社会问题的主要思路是“阶级”分析，处理社会纠纷主要采用的是“斗争”，应对社会矛盾的主要方式是“镇压”。但是在这种社会背景下，依然存在一种通过缓和方式解决社会纠纷的努力，例如“枫桥经验”。“枫桥经验”的存在，本身就说明社会治理的模式和治理者对于社会形势的判断紧密相关。当然，最初诞生的“枫桥经验”，是一种自发的社会经验，主要是为了化解阶级矛盾，这种经验经过执政党的政策引导，最终上升为国家整体治理策略。今天，经过四十多年的历史考验、探索、积累和总结，“枫桥经验”已经基本成熟，逐渐被制度化，并且以较为系统的制度和理论形态存在和发展。“枫桥经验”的社会作用，也远远超出了枫桥镇、诸暨市，而是走出了绍兴、浙江，辐射到了全国。

2. 依靠群众，化解矛盾

早在20世纪60年代，枫桥人已经认识到：“为了保留这批有用的劳动力，为了在群众面前保留一批反面教员，提高群众的革命警惕性，为了有利于争取‘四类分子’的子女，为了更大限度地孤立和改造那些迄今还表现不好的‘四类分子’，我们应当基本上实行‘一个不杀，大部（95%以上）不捉’、依靠群众力量，把绝大多数的‘四类分子’改造成为新人的方针。这样做，比较把他们捉起来或者杀掉，对于人民群众和社会主义事业更为有利。”[1]而且，“对于人民内部的婚姻、产权、债务，山林、水利等纠纷，也充分依靠群众，依靠基层组织做到矛盾不上交。这不但对便利群众，有利生产、有利于巩固集体经济，而且对增强人民团结，一致对敌，加强专政，都有十分重大的意义。同时，大量的人民内部纠纷在基层及时解决了，就不会使矛盾扩大和转化。有些人认为人民内部矛盾是小是小非，慢一点处理没有关系，这是不对的，这样会使矛盾复杂起来，有的

〔1〕 中共枫桥镇公社委员会：《坚决地贯彻执行依靠群众专政，少捕、矛盾不上交的方针》，载诸暨市公安局“枫桥经验”档案（1963～1966年卷）。

就会激化,甚至会转化为敌我矛盾。这样对于发展生产和加强专政都不利。"[1]

依靠群众专政,少捕,矛盾不上交的优点主要在于:第一,更加有效地分化改造敌人。第二,可以在群众面前保留一批反面教员,有利于提高群众的革命警惕性。第三,有利于争取教育"四类分子"的子女。第四,对生产、集体都有利。这些人是社会劳动力的一部分,将其"上交",留下家属、子女,对集体经济也没有好处。后来,对于偷盗、扒窃、诈骗等危害治安的分子,也依靠群众进行改造。枫桥依靠群众处理矛盾纠纷,取得了明显的效果。

处理社会纠纷的核心点应当是化解矛盾而非激化矛盾。这些经验早已经被历史证明是正确而又有效的。例如,关于"枫桥经验"中"缓和式"处理社会纠纷的好处,《人民日报》曾经做过很好的报道:"摘掉一顶帽,调动几代人";"解救一个人,团结一大片"[2]等。

3. 变"上访"为"下访"

纠纷的化解固然重要,但实际上,比解决纠纷更为重要的是防患于未然,预防、减少乃至杜绝社会纠纷。纠纷预防和矛盾疏导,有利于把矛盾解决在萌芽状态。因为普通民事案件处理不当,还可能转化为刑事案件,可能"民转刑"。

对存在问题,积极应对,变老百姓"上访"为领导干部积极"下访",而不是等群体性事件发生以后再去"灭火"。从这个意义上来看,"枫桥经验"的贡献,不仅仅限于一种做法、一套制度、一支队伍、一个纠纷解决体系,更主要的价值在于,为社会治理提供了预防、化解和处理社会矛盾与纠纷的一种有益的思路、理念。

[1] 中共枫桥镇公社委员会:《坚决地贯彻执行依靠群众专政,少捕、矛盾不上交的方针》,载诸暨市公安局"枫桥经验"档案(1963~1966年卷)。

[2] 丁雪平、罗昌华:《摘掉一顶帽　调动几代人——记浙江省诸暨县枫桥区落实党对四类分子的政策》,载《人民日报》1979年2月5日,第4版。

第三节　独特的治理传统与方式

一、问题的提出

使枫桥镇闻名全国的，是其在1963年的社会主义教育运动中创造实施并得到毛主席和党中央首肯的"枫桥经验"。这一经验当时即在全国广泛推广，直到今天仍然在不断创新发展，充满生机活力。总的说来，"枫桥经验"的最大特色就是放手发动群众，不断完善社会治安综合治理，真正做到"小事不出村，大事不出镇，矛盾不上交"。[1]

与延安时期出现的"马锡五审判方式"一样，"枫桥经验"已经成为中国共产党的法律制度中影响深远的主要传统之一。[2] 二者都是富于中国特色的政治与社会治理方式，都坚持走群众路线，注重矛盾纠纷的化解。但它们之间存在两个基本差异，一是发生学意义上的差异，二是在治理覆盖层面上的差异。"枫桥经验"源于对敌斗争的需要，而"马锡五审判方式"则适应了便捷处理人民内部纠纷的需要。而且，作为一种以地域为载体（以"枫桥地区"为标志）而不是以人为载体（以"马锡五"这个人为标志）的经验，"枫桥经验"更具有地理政治学的符号意义：当地政府出于政治和发展的需要，必然会不断挖掘这一经验当中蕴涵的各种有利资源和积极意义，而不是像"马锡五审判方式"那样，其中所包含的司法调解经验已经具有相当成熟的制度和技术因素，并得到了普遍推广和认同，所以"马锡五"这个人的主体身份意义已经不再重要，并且这种审判形式所面临的与时俱进的要求也就不那么急迫。

正因如此，研究"枫桥经验"的动态发展历程，更具有某种昭示意义，它有助于我们从尊重历史经验和自身特色的角度，对中国法治发展道路进行有益的探

---

〔1〕 关于其中的"矛盾不上交"的提法，可能会引起一些误会，比如似乎就是压制矛盾等，但因为这已经成为约定俗成的一个"口号"，所以一仍其旧，而且其实质，主要还是在1963年上报中央的说法，"就地解决矛盾"。所以在分析时，不能片面抓住这种语词的漏洞，而做偏颇的理解。

〔2〕 关于"马锡五审判方式"在治理意义上的理论分析与建构，参见强世功：《权力的组织网络与法律的治理化——马锡五审判方式与中国法律的新传统》，载强世功主编：《调解、法制与现代性：中国调解制度研究》，中国法制出版社2001年版，第204页以下。

索。正是基于上述考虑,本节和下一节在研究时并没有简单化地套用现代西方民主法治的观念来对“枫桥经验”予以片面的肯定或否定,而是尽量充分地注意到“枫桥经验”本身的双重性和丰富性:它不仅仅是一种自上而下的政治历史经验。“枫桥经验”在不同于西方型法治的意义上,有可能成就中国自己的法治和治理模式。

本节以下的分析包括如下内容:首先,以一种制度考古的眼光,分析“枫桥经验”这一治理方式在历史上不断发展转型的契机和必然性,发现其中的治理经验得以转化的奥秘,寻找“枫桥经验”如何通过政治的方式从阶级斗争的经验转化为社会治安综合治理经验的关键点;其次,具体分析“枫桥经验”所构建起来的组织网络、工作机制和格式化治理等方面的内容,意在表明它动用或包含了各种传统型的治理方式和现代型的治理方式;最后,本节将进一步揭示了“枫桥经验”运用各种标语、口号和调解实践所进行的教化治理方式,这种治理方式的目标当然是为了就地解决矛盾,而其中隐含的话语和实践之间亦分亦合的关系也值得我们充分关注。

二、从敌我矛盾到人民内部矛盾:传统与创新

按照一般性的概括,“枫桥经验”的历史发展主要经历了四个阶段,即诞生阶段(始于 1963 年)、前进阶段(始于 1971 年)、发展阶段(始于 1991 年)、深化阶段(始于 1998 年)。[1] 这样的概括虽然立足于官方立场并适合于对外宣传的需要,而且其简化的结论也隐蔽了“枫桥经验”在历史发展过程中的许多丰富信息,但它也促使我们对“枫桥经验”的历史提出一些颇有意义的疑问:为什么要以这样的时间点作为划分“枫桥经验”发展阶段的基本依据?这样的描述方式是否意味着“枫桥经验”的发展并非一帆风顺,而是经历过几次低潮?而这些低潮与“枫桥经验”得以发展转化的内在动因之间到底又存在怎样的关系?

基于这样的疑惑,我们在对“枫桥经验”进行历史的重述时,有必要注意到其中的一些关键点或关节点。通过这些关节点,我们可以发现“枫桥经验”既是一个充满历史延续性和不断积累的制度传统,又是在长期的创新和转化过程中

〔1〕 参见陈善平:《枫桥经验的历史发展》,载《枫桥经验与法治建设理论研讨会论文集》(2007年)。

使其内涵不断得以丰富扩大的治理实践。传统的延续说明"枫桥经验"作为历史造就的经验,其必然会在新的历史和时代背景下发生创造性转化,被赋予新的内涵,即使这些内涵无论从语词还是从形式上都与原先的目标有了很大背离,但它们同时也伴生了新的问题意识和新的解答方式。因此,中国今后法治发展道路和模式的选择,必然会以中国共产党人从革命到国家政权建设时期的一系列基本治理经验为主要背景和路径依赖。我们考察"枫桥经验"的历史,就是要从中发掘中国法治建设的另一种"本土资源"。[1] 依据这一思路,本书对"枫桥经验"历史的叙述主要侧重于其发展过程中体现的制度转化及发展的动力,以及这种动力背后所体现的治理意义上的一贯性。这就是理解"枫桥经验"的两个线索:一个是考察其制度变迁的政治性和时代性;另一个是考察这些制度变革的动力和依赖。

(一)"枫桥经验"的转化动力:"四类分子"没有了,还要不要"枫桥经验"

"枫桥经验"的形成源于1963年改造"四类分子"(地主、富农、反革命分子、坏分子)的创新实践。但其真正的起源大概还可以再向前追溯。1949年5月,诸暨县在农业合作化后,枫桥人民就建立了"集体承包,专人负责,大家监督"和治保会建立"四类分子"档案等监督改造制度,创立了依靠群众监督改造"四类分子"的良好工作基础。[2] 不过到1963年时,这种群众改造的方式已经成为中央的意图,尽管这种意图还没有得到真正的贯彻和实施。当时的政治环境比较严峻复杂,刚刚渡过三年困难时期,中苏关系严重恶化,中印边境发生冲突,各种反动和反华势力蠢蠢欲动,为了巩固人民民主专政的政权,中央采取了农村社会主义教育运动的形式改造"四类分子"。[3] 不过,虽然中央决定了"一个不抓,大部不捉"的方针,但是,既然这一运动的性质是对敌斗争,全国许多地方在具体推行的过程中,当然会保持着定指标、"关一批"、"判一批"、"杀一批"的做法。运动之初,枫桥地区的部分干部群众也希望采取这样的处理方式。针对这一情况,浙江省委工作队展现出对中央精神的敏感把握,发动枫桥区的群

---

〔1〕 苏力:《法治及其本土资源》,中国政法大学出版社1996年版。苏力的"本土资源"包括乡村的习惯、传统、地方性知识等,但没有明确提出包括作为治理经验的中国共产党的"本土资源"。

〔2〕 吕剑光:《枫桥经验的前前后后》,载《人民公安》1997年第19期。

〔3〕 有关背景性介绍,参见金伯中:《论枫桥经验的时代特征和人本思想》,载《公安学刊》2004年第5期。

众开展了“武斗好还是文斗好”的大讨论。结果广大干部和群众形成了一致看法:“武斗斗皮肉,外焦里不熟;文斗摆事实、讲道理,以理服人。”枫桥地区由此创造了“充分发动和依靠群众,开展说理斗争,没有打人,更没有捕人,就地制伏四类分子”的好经验。这一经验得到了正在杭州视察的毛泽东的肯定,称之为“矛盾不上交,就地解决”,并批示要求把它作为“教育干部的材料”,要各地仿效、试点、推广。[1]

1978 年 4 月起,枫桥地区又在全国率先开展为“四类分子”评审摘帽试点的工作,得到公安部部长赵苍璧的首肯。1979 年 1 月 10 日,中共中央做出《关于地主、富农摘帽问题的决定》。1979 年 2 月 5 日,《人民日报》发表了《摘掉一顶帽,调动几代人》的长篇通讯,全面介绍枫桥区给“四类分子”摘帽的经验。这一阶段的“枫桥经验”成为正确落实党的政策的工作经验。显然,直到这一时期为止,“枫桥经验”的“开展对象”主要都是作为阶级敌人的“四类分子”,它所处理的主要是敌我矛盾。1979 年有人提出“四类分子”没有了,还要不要“枫桥经验”的疑问。对此,当时的公安部调查组做出了非常明智的表态,指出:“枫桥经验”依然适用,农村的治安问题依然复杂,依然要依靠群众,实行帮教。1980 年官方文件正式确定将“枫桥经验”的重点转向对违法犯罪人员的帮教改造工作。到那个时候,“枫桥经验”已经明确且完全地实现了从处理敌我矛盾经验到处理人民内部矛盾经验的转化。

当然,这一时期的“枫桥经验”主要还是针对治安和刑事问题以及对犯罪分子的改造上。1982 年诸暨市司法局的简报在介绍“枫桥经验”时,提到了要运用“枫桥经验”重视调解工作,“枫桥经验”正式容纳了民事调解内容,其组织设置也从治保组织发展到建立各种调解组织。[2]

1993 年,中央政法委、公安部、浙江省有关领导在诸暨召开“枫桥经验”30

---

〔1〕 在对“四类分子”的改造中,原枫溪村支书、治保会主任大胆提出了六个“第一”:第一个提出在批斗会上让“四类分子”坐着接受批斗;第一个敢于到县里说理,把被捕的“四类分子”要回来教育改造;第一个敢于使用“四类分子”当治保员;第一个敢于让表现好的“四类分子”的子女入团;第一个敢于让表现好的“四类分子”的子女当干部;第一个让表现好的“四类分子”的子女参军。这一例证以及以上枫桥人民改造“四类分子”的说理方式的历程,参见诸暨市公安局有关“枫桥经验”档案(1963 ~ 1966 年卷)。

〔2〕 以上有关历史的重大事件,参见诸暨市公安局关于“枫桥经验”的档案材料:《“枫桥经验”大事记(1963 ~ 1992 年)》。

周年纪念大会，指出“枫桥经验”是社会治安综合治理的典范。1998 年，浙江省公安厅、绍兴市委和诸暨市委又组成联合调查组，总结出“党政动手、依靠群众、立足预防、化解矛盾、维护稳定、促进发展”的时代特色。这时的“枫桥经验”已经发展成熟为一整套的社会治安综合治理的群防群治的体系。而且，通过 1999 年《人民日报》的通讯和评论，“枫桥经验”发生重大影响，“枫桥经验”也正式同对经济发展的推进作用联系起来，即“当地干部群众始终把经济发展与社会进步作为统一的奋斗目标”，坚持发展是硬道理的同时，切实维护社会稳定，加强社会主义精神文明和基层民主法治建设，切实走出经济与社会协调发展的新路子。[1]

进入 21 世纪，改革开放的深入带来了思想观念和利益之间的冲突矛盾，稳定与和谐成为新时期的一个大局，“枫桥经验”由此具有了新的针对性并被赋予了新的任务。2002 年，党的十六大提出，“建设小康社会”的目标需要稳定的治安环境，“枫桥经验”再度引起公安部门领导的高度关注；2003 年 4 月和 5 月，浙江省领导陪同公安部领导专门到枫桥调研考察，充分肯定了“枫桥经验”中“小事不出村、大事不出镇，矛盾不上交”的核心理念，[2] 当地政府也总结出以“四前工作法”为代表的各种工作方法。随着科学发展观的确立，“枫桥经验”又被赋予了“以人为本，依靠群众；抓早抓小，就地化解；维护稳定，建设小康”等鲜明的时代特色，开创了枫桥地区“机制好，防范早，矛盾少，民安民乐民富”的崭新局面，使枫桥成为经济发展的一方“热土”，社会稳定的一方“净土”。[3]

通过以上对“枫桥经验”发展线索的梳理，我们可以得出三个方面的启示和思考：

第一，“枫桥经验”本身是一个动态发展的经验，在其发展的过程中，它的内涵得到不断扩展丰富，由对敌和平斗争改造的经验，发展为处理人民内部矛盾的经验；由政治斗争的实践转为治安和刑事法的实践；由治安和刑事案件的处理发展到包括民事调解在内的综合治理。“枫桥经验”由此展现了强大的顺应

---

〔1〕 参见《“枫桥经验”值得总结和推广》，载《人民日报》1999 年 12 月 1 日版。

〔2〕 以上历史概述，参见张伟光：《“枫桥经验”的创新发展和与时俱进》，载周长康、张锦敏主编：《枫桥经验的科学发展》，西泠印社出版社 2004 年版，第 29 ~ 33 页。

〔3〕 中共枫桥镇委员会：《深化发展“枫桥经验” 全面建设小康社会》。

能力和吸纳能力,体现了历史造就和与时俱进的统一,最终整合构造成全国社会治安综合治理的典范。

第二,“枫桥经验”内涵的扩展伴随着组织形式的完善和治理方式的多元化,这就涉及我们下面即将提到的其在统一部署和实施下的制度推动模式。“枫桥经验”内涵的丰富,表现出了从政治向法治、从政策向制度的发展方向。

第三,“枫桥经验”一方面强调防范社会矛盾的激化,体现了政府主导的特色;另一方面又强调要走群众路线和地方自治,体现了民间主导的特点。

(二)“枫桥经验”的推进机制:“你们不要忘记动员群众。经常要蹲点,做这种工作”

在有关“枫桥经验”产生的历史叙事中,有一个细节同样为许多研究者所忽略。就在毛泽东主席对“枫桥经验”发出试点推广的批示的同一天中午,他又同当时的公安部部长汪东兴进行了一次谈话,他说:“你们公安部,日常的具体工作很多,但最重要的一条,是如何做群众工作,教育群众,组织群众,做一般性的公安工作,比如说对地、富、反、坏、右分子的监督、教育、改造工作,应通过群众来做。从诸暨的经验看,群众起来之后,做得并不比你们差,并不比你们弱,你们不要忘记动员群众。……我们的公安工作,历来是与苏联不同的。诸暨的经验要好好总结一下……你们经常要蹲点,做这种工作。”[1]

毛泽东的这段谈话中有两个关键词,一是“动员”,二是“蹲点”。事实上,动员群众和蹲点调研这两点恰好正是“枫桥经验”在制度发展过程中的典型推进方式,这种方式体现在诸如发动群众、召开周年纪念大会、报刊宣传、下发文件、蹲点调查、开经验现场会等动员型实践当中。

一如前述,“枫桥经验”的发展显然不是一帆风顺的,而是经历过几次大的低潮。第一个低潮是1966年的“文化大革命”开始,“枫桥经验”被定为砸烂的重点,被批为“和平改造的典型”“修正主义的黑样板”“资产阶级人性论”,一度中断;1971年,毛泽东再次肯定了“枫桥经验”,使之得以延续。第二个低潮是1983年以后的整个80年代时期,这一时期先是出现了解决社会治安问题的“严打”专项运动,“枫桥经验”的和平改造路线与此显然格格不入;此外,在这一时

[1] 参见《“枫桥经验”实录》,中共党史出版社2000年版,第230页。

期，改革开放正处于平稳发展阶段，各种社会矛盾问题还不突出，因此"枫桥经验"不大为人关注，直到1990年，公安部才再次组成调查组调研并肯定了"枫桥经验"。到1998年，"枫桥经验"正式成为维护社会治安和促进经济发展的经验，在全国得到大力推介。

尽管在表面看来"枫桥经验"的确存在发展的高峰低谷，但就诸暨市和枫桥镇的地方政府而言，它们一直都没有停止过对"枫桥经验"的挖掘和推广宣传的努力，力图使这一传统得以延续下去。可以说，当地的每一届政府都把"枫桥经验"作为一个必须认真重视的政治资源。在这个意义上，"枫桥经验"从来没有出现中断的情况。现在我们需要关注的是，在"枫桥经验"每每出现相对低潮时，当地的政府和官员主要是通过哪些方式、采取了哪些策略，让这一经验重新焕发新光彩的。总结起来，大概有以下三种做法：

第一，地方政府积极推动，上级蹲点调研，予以总结推广。最突出的例证是1991年当地政府为了使"枫桥经验"得到推广重视，专门派人到公安部、司法部等中央部门进行宣传推介工作。"枫桥经验"在1991年得到重视，得益于当地一些对"枫桥经验"有着深厚感情的干部的不懈努力。他们通过对上级的建议宣传，首先得到公安部、司法部相关领导的支持，然后又动用新华社等媒体的配合，从而获得了浙江省委的直接支持。这一过程体现了通过体制内的"自下而上"的努力而达至制定"自上而下"的政策的动员机制，也反映出当地领导官员具有相当的政治敏锐性，他们在做说服上级的工作时，往往会利用当时中央的相关文件和工作报告，来保证"枫桥经验"在政治大方向上的正确性。[1] 正是这种政治智慧和策略才使得枫桥经验得以保存并发扬光大。这样就有了一系列的上级蹲点调查行动：1973年，公安部派束怀德等到枫桥蹲点，组成部、省、地、县四级联合调查小组；1975年，公安部副部长凌云再次到枫桥调研指导，要求推广落实；1976年10月粉碎"四人帮"后，公安部再次组成部、省、地、县四级公安联合调查组，蹲点14个月，调查总结出普及"枫桥经验"的六条标准；1978年的摘帽试点，获得公安部长的首肯；1990年，绍兴市公安局和诸暨市公安局对"枫桥经验"进行了第四次调研；6月，公安部原副部长王文全实地调研并形成

〔1〕 比如抓住中国共产党第十三届六中全会关于"加强党同人民群众的联系的决定"，进行"枫桥经验"的调整定位，并保证大方向的正确性。

报告,得到陶驷驹部长的肯定;10 月,公安部派出领导实地考察,等等。“枫桥经验”之所以具有长久生命力,而不仅仅是临时的政策,就是基于在地方政府努力下,各级党政一贯重视、扶持和不断蹲点调研、下发文件、总结推广的结果。

第二,召开周年纪念大会和各种现场会,进行汇报总结。在“枫桥经验”发展的过程中,召开过各种纪念大会和现场会,比如 1973 年,当地召开了十周年现场会,掀起了学习“枫桥经验”的热潮。1999 年,浙江省委组织推广“枫桥经验”现场会。此外,更重要的是由中央综治委和浙江省委组织召开了隆重的“枫桥经验”30 周年、35 周年、40 周年纪念大会,其规模和影响也一次比一次大;而在每一次大会召开前,都会组织编纂各种纪念文集。这些纪念文集基本都是由枫桥镇各部门、各村社自身学习推广“枫桥经验”的成果汇报和总结,它们基本都会将取得的成绩归功于认真学习“枫桥经验”、始终坚持以“枫桥经验”作为旗帜和方向的结果。它们既是宣传普及,也是对“枫桥经验”的重塑和强化。

第三,通过《人民日报》和其他各种地方党报的宣传推广,使其产生重大影响。利用传媒加强宣传,也是“枫桥经验”不断推广发展的一种重要方式。《人民日报》就多次报道“枫桥经验”:1977 年 12 月 21 日,《人民日报》第二版登载专文《高举毛主席树立的枫桥红旗,依靠群众加强专政》,并配发评论员文章《依靠群众加强专政的好经验》,向全国推广这一经验;1978 年 2 月 20 日《人民日报》的综合报道《喜看公安战线的好形势》中再次肯定了“枫桥经验”的意义;1979 年,《人民日报》发出《摘掉一顶帽,调动几代人》的通讯,又掀起全国学习“枫桥经验”的热潮;1999 年 12 月 1 日,《人民日报》头版头条发表通讯《立足稳定和发展——浙江诸暨“枫桥经验”纪实》,配发评论员文章《“枫桥经验”值得总结和推广》;2003 年 11 月 22 日,《人民日报》头版头条发表通讯《让我们的社会安定和谐——浙江省诸暨市创新“枫桥经验”纪实》,并加编者按;2004 年 6 月 12 日,《人民日报》头版右上发表通讯《平安是福 和谐为乐——浙江省诸暨市创新“枫桥经验”纪实》,配发评论员文章《“枫桥经验”的启示》。至于其他各种地方党报的宣传,更是非常之多,可以说,当地党委和政府在打好宣传牌、正面推广“枫桥经验”的积极意义方面,也是富有经验和心得的。

总之,从以上三方面的总结可以看出,“枫桥经验”的发展方式整体上呈现出政府推进型的特点。它并不完全意味着国家对于社会的全面支配和控制。

从制度变迁的层面来看，“枫桥经验”的发展体现了无微不至的政府关注和群众性经验的有机结合。我们不要忘记，“枫桥经验”首先是枫桥人民创建的，所以“枫桥经验”长期发展所形成的传统也必然会形成政府策略对于群众性智慧的“集体学习”和“路径依赖”。[1] 同时，“枫桥经验”也不仅仅是一种地方性的经验，它之所以能够得到中央的支持和推广，归根结底是顺应了时代的要求，顺应了中国共产党在新时期治理的需要，比如最近三次《人民日报》对“枫桥经验”的报道，就分别侧重于“稳定与发展”“和谐社会”“以人为本”的主题。[2]

因此，我们必须认识到，在由政策、经验演变为传统、制度的过程中，动员、开会、宣传、汇报等方式都具有实质性的意义，它们并非空洞的表演，反而就是这种实践本身。我们的传统其实就是这样形成的。榜样和典型的意义是无穷的，自上而下的运动也必须适应群众喜闻乐见的需要和主动参与的积极性。[3] 这种变迁模式强调的不是手段的专业化和技术化，而是一种仪式化的同时又注重实效性的实用主义方式。其主要表现为将对中央精神的敏锐领会转化为自身在体制内的发展空间。制度的经验和政治的逻辑就在这样的沿袭模式中得到了高度的统一，呈现出历久弥新的独特统治形态。它构建了属于自己的制度传统，又在传统的框架内不断开拓新的传统。这种独特的制度形态注定要渗透到“枫桥经验”的各种具体组织和治理方式当中。

三、社会治安综合治理：构建群防群治的组织网络

“枫桥经验”的具体治理方式，首先是确立了一整套成熟的社会治安综合治理体系。可以说，枫桥地区的社会治安综合治理基本成为中国社会治安综合治理的典范。这一体系的运作和开展，有赖于完善的组织网络和行之有效的工作

〔1〕 有关制度变迁的理论，参见[美]L. E. 戴维斯、D. C. 诺斯：《制度变迁的理论：概念与原因》，载《财产权利与制度变迁——产权学派与新制度学派译文集》，上海三联书店、上海人民出版社 1994 年版，第 266 页以下。

〔2〕 参见《人民日报》三次报道“枫桥经验”的记者袁亚平的文章：《三写诸暨“枫桥经验”的感悟》，载《新闻战线》2004 年第 10 期。

〔3〕 所以每五年一次的纪念文集总会号召或要求各部门、村社、组织来参与和介绍自身学习“枫桥经验”的实践，具体请看 1999 年的《枫桥经验——高高飘扬的旗帜》，2003 年的《与时俱进的枫桥经验》，2005 年的《纪念毛泽东同志批示“枫桥经验”42 周年座谈会资料汇编》，以及各种领导的讲话、批示、下发的各种文件，《人民日报》《浙江日报》《绍兴日报》《诸暨日报》等的宣传报道。

机制,也有赖于一种格式化的档案管理,以便将所有的人都纳入这样的综合治理体系中来。

(一)组织网络

枫桥的干部群众继承和运用"枫桥经验"的基本精神,探索出了"组织建设走在工作前,预测工作走在预防前,预防工作走在调解前,调解工作走在激化前"的"四前"工作法。在这种工作法中,如何完善组织建设是重中之重。重视组织建设,其实也并非枫桥地区的独创,而是根源于共产党的另一个深远的政权建设的传统。正如我们在陕甘宁边区时期看到的那样,这种组织网络的核心仍然是充分调动各种社会组织和广大干部、群众,从而构建起一种群防群治的网络。[1] 组织建设走在工作前,一是要有高度政治责任感的领导队伍,二是要有反应灵敏的信息员队伍,三是要有责任明确的包村干部队伍,四是要有业务素质强的治调队伍。在此基础上才能建立高度灵敏、能及时发现矛盾苗头和不安定因素的预警机制。

枫桥镇设立了综合治理工作中心。作为一个重要的工作平台,由枫桥镇党委和政府"一把手"亲自领导组建社会治安综合治理委员会和平安创建工作领导小组,设综治工作中心,由党委副书记担任主任。综治中心这一平台的运作科学合理,包括:(1)在镇一级设立了办事机构、工作窗口和分中心,其中:①镇一级的办事机构又分为:维权办、创建办、警务办、调解办、司法所、信访办、综治办;②工作窗口具体包括综治、司法、信访、调解四个窗口;③分中心主要包括:警务室、司法工作室、综合调解室。(2)在村一级设立了村、企综合工作组。

在"枫桥经验"进入乡村和民企的这一层面,我们看到的仍然是类似的网状

[1] 这也是中国共产党的一种传统,正如谢觉哉先生描述:"农民、工人、士兵、商人、自由职业者、青年、儿童、妇女,都有他特殊的要求,因此,必须由个别群众自由的组织,研究并满足他们的要求。……边区各级政府工作人员是由各级参议会选出,而各级参议会之议员,则由选民根据生产与区域单位——农村中以村为单位,工厂以厂为单位,学校、机关则以学校为单位,部队以部队为单位等——直接选举出来。这就使群众能够选出自己所爱戴的人来参加政权。"各种民众都由他自己的组织,讨论并解决他自己的利与害的问题,"两口子吵嘴,家婆虐待媳妇……等属于妇女的,去妇委会;唱歌、游戏、读书……等属于青年儿童的,有青救会儿童团;工人的事找工会;农民的事有农会……那些应兴应革的事,群众团体已讨论烂熟,而各群众团体的领导者又直接参加各级政府委员会,把他们的意见随时反映到实际政治中来。这正是列宁说的:'他(指苏维埃)在各项职业间实现密切联系,所以没有官僚主义而能促进种种深入群众的改良。'"谢觉哉:《民主政治的实际》,载王定国等编:《谢觉哉论民主与法治》,法律出版社1996年版。

组织结构图：在每个村庄，都成立了由党委和村民委员会挂帅的综治工作站，下设法制宣传组、治保会、调委会、归正人员安置帮教小组，以下皆有各种法制宣传员、护村队、调解信息员和帮教责任人，他们来自各村民小组和全体村民，又同全体村民一道构筑起"防线"。而在民营企业，各个企业都成立镇乡综治工作中心领导下的企业综治工作站，其配套组织包括办公室、工会、团组织、妇女组织、人力资源部、治调会、保卫科、安全生产科、计生协会，下设分厂或车间的综治联络员以及最基层的班组综治信息员。[1]

整体来看，枫桥镇的综治委成员单位包括派出所、司法所、法庭、法律服务所、交警队、运管所、中心学校、税务所、工商所等，基本上各个主要党政部门都被纳入了这个组织网络的平台，达到了整合综治工作人力资源，强化综合治理功能的目的。在此基础上，综治工作中心组建群防群治队伍 217 支，专职政法干部 14 名，其中 10 名到 5 个管理处包片负责（全镇 84 个村划分为 5 个管理处，每个管理处配备 2 名政法干部）。而治保调解委员会有 55 个，委员共 358 人。全镇维稳工作人员已达 9600 余人，约占总人口的 10%，进一步形成了专群结合、齐抓共管的综治工作新局面。在派出所和基层治保调解干部的组织下，枫桥各村都建立了"一员两队三会"（治安信息员，平安志愿者队伍、护村队，老年协会、禁赌协会和计生协会）等村民自治网络，它们积极配合治保、调解委员会开展工作，形成了"稳定大合唱"。如曼头山墩自然村有两家农户因一条通道发生了口角，一场打架事件一触即发，治安信息员及时将此事向村里作了汇报，村干部在事发前赶到现场进行劝说，制止了一起恶性事件的发生。村委主任王国良对此深有体会，他说民力无穷、民智不竭，群防群治大有作为。[2]

枫桥镇综合治理中心以组织的形式做到了群防群治，但着力点仍然是领导的带头作用、表率作用和责任制度。他们提出了"村子看院子，院子看班子，班子看班长，一层做给一层看，一级带着一级干"，全面推进基层组织建设。中心配备专职人员 25 名，由分管政法的副书记担任主任；设专职副主任 1 名，武装

〔1〕 参见《枫桥镇平安村资料汇编》以及诸暨市委办公室和人民政府办公室 2006 年编：《诸暨市综治进民企工作现场会资料汇编》。

〔2〕 参见枫桥派出所宣传材料：《发扬人民警察爱民传统　积极建立新型警民关系——枫桥派出所创人民满意活动纪实》。

部长、派出所所长、司法所长、法庭庭长、信访办主任兼任副主任，实行同责、同权、同利，工作上分工不分家，业务上一专多能，全体人员享受专职特岗津贴。在干部维稳工作责任落实上，又建立"三包"责任制，实行分管领导"包线"，党政领导"包片"，机关干部"包村"。根据诸暨市委(2000)21号文件《关于进一步深化"枫桥经验"的意见》，其要求的工作重点首先就是要落实领导责任制，同时就治安防范而言，要建立起"城乡联动、昼夜衔接、点线面结合的全方位、多层次治安防范体系；以派出所民警为骨干，以护镇队、护村队、护楼队、护厂队为主体，建立镇(乡)村联防、村村互防、村厂自防的夜巡工作机制"，以及建立电子化技术化的防范体系等。总之，组织的网络可以说做到了动员起最广大的部门、干部和群众，深入渗透到了社会生活层面的各个环节。

(二)工作机制

组织网络虽然构建起来，但要切实有效运作，还得有赖于成熟完善的各种配套工作机制。从大的方面来说，这些工作机制包括：一是工作例会制度。综治委每季召开一次由分管副书记召集、党委书记参加的成员单位联席会议；各成员单位每月召开一次工作人员会议；综治工作中心每月召开一次工作例会，交流工作情况，分析稳定形势，提出相应对策，布置当前工作。二是情况通报制度。镇综治工作中心根据村(居、企)和协作站摸排上报情况，对前期所做工作和下月不稳定因素预测情况进行整理汇总，每月向有关部门通报。三是首办责任人制度。当事人到中心要求调处纠纷时，第一个接待的人必须认真做好笔录，进行耐心的劝说疏导，平息事态发展，并及时向主任汇报。四是维稳工作考核制度。定期对驻村指导员在指导村队伍建设、治安防范、纠纷调处和群众工作等方面进行考核，奖优罚劣。实施村维稳目标管理，把维稳工作纳入村年度岗位目标责任制，发生重大不稳定事件的实行一票否决。

"枫桥经验"工作机制的基本目标是维护稳定，因而需要形成全镇性综合治理协同作战的工作合力。这种合力具体表现为"党委抓总，部门协同，镇村联动"。"党委抓总"是党委对社会治安综合治理负总责，重视社会稳定工作，把平安镇乡创建工作作为创新"枫桥经验"的重要载体，提到党委、政府议事日程，经常分析治安形势，部署工作任务，解决实际问题。"部门协同"主要是加强政法部门的横向联系与配合，坚持每月一次政法部门联席会议，建立健全纠纷案件移送制度、重大疑难纠纷联调制度、综治工作统计月报制度，使各政法部门之间工作有交流，情况有汇报，职能有协调，措施有配合。“镇村联动”，主要是加强镇、管理处、村三级的上下联动，制定了《枫桥镇民间纠纷调处若干规定》、《枫桥镇治调委员会工作制度》、《枫桥镇人民调解委员会工作职责》和《枫桥镇人民调解委员会章程》，明确职权、事权，着力预防和化解各类民间纠纷，使民间纠纷发生率呈逐年下降势头。为进一步规范治调组织的制度建设、工作程序和档案管理，激发治调组织争强创优的积极性，在全镇还推行“五星级”治调会管理考评制度，按照考核实绩“挂星记奖”。

从这种工作机制来看，主要强调的还是政府部门之间的配合实行“三联”（组宣联手、镇村联动、工作联考）考核制度和包村干部“反考三落实”（包村工作向村述职，包村工作由村评议，包村工作与村捆绑考核），使机关干部的工作由被动型、应付型、任务型向主动型、宣传型、创新型转变，通过进村入户，倾听群众呼声，理顺群众情绪，化解矛盾纠纷，促进经济社会各项事业全面发展。可以发现，工作机制通过政府的安排达到了健全完善，有利于维护稳定大局，对社会实施全面的监控管理，但反过来，也会促成社会和民众对于政府的一种反向制约机制。

“枫桥经验”的工作机制一方面注重各个政府部门之间的协作配合；另一方面当然也强调要发挥各职能部门科学化的、以人为本的执政能力。比如，枫桥派出所首创了执法办案“四公开”制度，把各类刑事、治安案件的受理和立案时间、主办民警和调查进展情况、办案程序时限、办理结果和处理依据四方面内容在派出所电子显示屏、社区警务室、村级警务栏三级公开，自觉接受群众的监督，让群众测评。同时又聘请了 14 位警风警纪监督员，实行开门整顿，通过多种方式和途径广泛听取监督员和社会各界人民群众的批评意见。而我们下文将要论述到的枫桥法庭所创造的“四环指导法”，也体现了执政便民及科学化的原则。

所有这些工作方式和机制，有些属于传统的治理方式，有些则属于现代的治理方式。一般而言，建立具体细致的行业规范、强调数字化管理、接受公开的制约和监督等，都可以归于现代型的治理方式，例如枫桥派出所就在全所建立了《一日形象规范》、《岗位服务规范》、《一日工作规范》、《教育培训规范》和

《值勤执法规范》五大规范化管理制度。而就传统的治理方式而言，主要侧重于综合治理的模式。“枫桥经验”中的横向联合、部门合作的工作机制，能最大限度地避免合作所带来的越权和消解职权部门功能的弊端。所以，我们在分析“枫桥经验”的综合工作机制时，一定要注意到它的前提是强调科学执法、专业化管理，甚至要注重具体的技术和知识，只有在这样的前提下，才能做到真正意义上的综合治理。

（三）格式化治理

“枫桥经验”的工作和责任机制与其格式化的管理流程也是不可分割的，这主要表现为一系列的规章制度、表格和档案的建立。枫桥地区在前几年推行公安、劳动、计生三家综合管理的基础上，近年又推行了重点企业外来人口公寓式管理、情感式管理、学校型管理等新模式，实现教育、管理、服务、维权于一体。在外来流动人口、出租私房的管理服务上，成立流动人口综合管理服务办公室，坚持“人来登记，人走注销”和“一套规范台账，一份治安责任书，一份管理档案，一套管理制度”的管理原则。而对于分散在村的外来人口则建立由村干部、协管员、计生干部、外来人员代表组成的委托式管理制度，并建立了外来流动人口实名登记、出租房屋对应登记、基础资料信息管理、工作经费统一筹措、劳务纠纷和治安纠纷分层次处理的管理机制。

为了健全信访工作，枫桥镇普遍推行“一日、一会、一卡、一表、一活动”的工作制度，一日即每月 10 日为领导信访接待日；一会即镇每月 11 日为联席会议日，党政成员、办事处书记、办公室主任、派出所、法庭等有关职能部门领导参加汇报情况，研究工作，落实责任；一卡即建立信访工作一案一卡制度；一表即《城镇社会矛盾纠纷和不安定因素登记汇总表》；一活动即建立为民解忧活动日制度，为每月 12 日和 17 日，要求各部门联合下基层接受群众投诉。同时建立了民间纠纷和社会不安定因素排查调处工作制度。

详细的表格登记和个人信息档案管理制度，尤以社区矫正为典型，其细密甚至烦琐的程度让人惊叹，其中的主要登记表格包括：《社区矫正对象登记表》《社区矫正对象花名册》《矫正方案表》《社区矫正情况记载簿》《社区矫正对象公益劳动记录簿》《集体教育情况记载簿》《社区矫正对象月度考核表》《社区矫正对象年（季）度考核表》《社区矫正期满鉴定表》《社区矫正对象外出请假申请审批表》《社区矫正对象外出准假通知书》《社区矫正对象外出请假登记簿》《社区矫正对象迁居审批表》《社区矫正对象迁居登记簿》《社区矫正宣告书》《社区矫正期满宣告书》《社区矫正志愿者名册》《社区矫正志愿者帮教协议书》《社区矫正公益劳动协议书》《社区矫正监护协议书》《社区矫正对象汇报记录簿》《社区矫正工作者走访登记簿》《监护人情况反馈登记簿》《社区矫正对象违规情况登记簿》《社区矫正对象就业情况登记簿》《社区矫正对象逃脱、下落不明情况登记簿》《集中劳动情况记载簿》《年度/月份社区矫正对象加(扣)分情况一览表》《社区矫正对象处罚通知书》《社区矫正对象加(扣)分审批单》《社区矫正对象奖惩审批表》《社区矫正对象(月)情况统计表》《社区矫正对象有关情况统计表》《社区矫正对象月度考核评议情况登记表》《社区矫正试点工作统计表》《五种监改对象监督责任人落实情况表》等。

枫桥地区对表格档案的重视,也是有着长期的传统的。钟瑛村早在20世纪50年代就开始保存档案资料。现有从解放初期到2003年的治调档案40余卷,各类财务、文书、建房档案100多卷,每一卷都装订成册,细致保存。这些档案反映了该村五十多年来的历史全貌,记录了“枫桥经验”诞生、发展的全过程,凝结着几代村干部的心血和汗水。即使是在“文化大革命”期间,也克服各种困难尽力保存这些档案,为后人留下了一笔宝贵的财富。如此齐全的档案资料的保存工作,不仅钟瑛村是出类拔萃的,我们走访的陈村、单家甸村等,同样如此。单家甸村关于学推“枫桥经验”的报告也介绍:“二十多年来,我们村始终做到件件纠纷有档案,件件档案都齐全。作为民间纠纷案件,档案往往起着至关重要的作用,否则,就会给调解工作带来被动。”

格式化的治理方式,不仅意味着注重日常生活细节的规章制度的建立和治理方式的转型,它还意味着新的文化和生活方式的确立,意味着对于好的传统和治理经验本身的尊重。而且,这一系列的表格和档案,不仅是针对于治理对象和治理事务,而且还反过来形成了对于管理者本身的制约。

四、教化治理:标语、口号与调解

“枫桥经验”的治理模式不仅体现在制度变迁的动员方式上,也不仅体现在组织网络、工作机制和格式化的档案表格的建立上,而且还体现在其宣传和教化的功能方面。这种教化治理不仅存在动用标语、口号等形式化的宣教方式，而且也注重对矛盾纠纷的实质性化解。在“枫桥经验”中，无论是其探索出的各种化解矛盾的工作方法，还是其具体的调解和社区矫正实践，最终凝聚为各种标语和口号，都要诉诸情感路线和心理认同。但在具体的制度运作过程中，以标语和口号为代表的话语与以调解和矫正为代表的“实践”之间，往往存在“词与物”的分离。因此，我们必须注意它们是在什么意义上发生联系的，注意到宏观方向和微观实践之间的差异。教化的治理既要表现为各种说出来的东西，也要内化为各种潜移默化的知识和习惯。

（一）标语和口号：宣传教化与工作方法

正如前面指出，“枫桥经验”开辟的治理传统和中国共产党的整体治理传统之间具有某种承继和一致的关系。毛泽东早在1927年就指出政治宣传的重要性，他说，政治口号能在短时间内普及政治教育，其功劳远甚于“一万个法政学校”，它们“真是不翼而飞，飞到无数乡村的青年壮年老头子小孩子妇女们面前，一直钻进他们的脑子里去，又从他们的脑子里溜到了他们的嘴上”；“政治宣传的普及乡村，全是共产党和农民协会的功绩。很简单的一些标语、图画和讲演，使得农民如同每个都进过一下子政治学校一样，收效非常之广而速。……今后值得注意的，就是要利用各种机会，把上述那些简单的口号，内容渐渐充实，意义渐渐明了起来”。[1]

枫桥的标语口号简直多得不胜枚举。在枫桥地区，无论到政府机构还是每个村庄，无论是查阅各种档案文件还是与当地干部群众进行交流，给人印象最深的就是各种格言式的标语口号俯拾即是。这些口号朗朗上口，简洁凝练，既承担着宣传和教化的功能，同时也展现了当地党政部门和工作人员在进行治理时的工作经验和方法。它们的类型分为几个方面：[2]

---

〔1〕 毛泽东：《湖南农民运动考察报告》，载《毛泽东选集》（一卷本），人民出版社1967年版，第34页、第35页。此外，有研究者也指出：“在列宁主义者看来，一条标语就像一辆坦克一样有用，这与儒家是一致的。没有哪种语言能像汉语那样产生如此简洁的标语。四个字，甚至两个字就可以表达全部的意义。标语中的含糊暗示具有极大的煽动性，毛泽东是掌握这一艺术的语言大师。”参见［美］罗斯·特里尔：《毛泽东传》，胡为雄、郑玉臣译，中国人民大学出版社2006年版，第268页。

〔2〕 以下主要标语口号零散收集于我们在枫桥各部门的调查当中，以及摘自诸暨市社会治安综合治理委员会2000年编：《枫桥经验工作手册》（内部资料）。

1. 对“枫桥经验”及其工作方法的整体阐释

“枫桥经验”最常用的表达：“小事不出村，大事不出镇，矛盾不上交”。

新时期“枫桥经验”的基本理念：“党政动手，依靠群众，立足预防，化解矛盾，维护稳定，促进发展。”

被赋予最新时代特色的“枫桥经验”：“以人为本，依靠群众；抓早抓小，就地化解；维护稳定，建设小康。”

“枫桥经验”最为典型的“四前”工作法：“组织建设走在工作前，预测工作走在预防前，预防工作走在调解前，调解工作走在激化前。”

“枫桥经验”中的“四先四早”工作机制：“预警在先，苗头问题早消化；教育在先，重点对象早转化；控制在先，敏感问题早防范；调解在先，矛盾纠纷早处理。”

2. 枫桥派出所的职业道德要求

最简洁的阐释：“人民公安为人民，社会治安众人管。”

干警风貌和态度：“人要精神、物要整洁、说话要和气、办事要公道。”

岗位基本要求：“一张笑脸相迎、一句您好问候、一把椅子让座、一片真诚办事、一声再见送行，让群众少跑一趟路、少排一次队、少等一分钟。”

“三送”活动：“送法律到家、送服务到家、送平安到家。”

全国优秀民警杨光照总结的社区民警“六字工作法”：“勤、帮、靠、快、公、活。”

“五勤”工作机制：“勤下乡、勤走访、勤记录、勤宣传、勤服务。”

3. 信访、改造和帮教的经验

枫桥改造“四类分子”的总体经验：“对症下药，因人施教；及时批判，经常考核；政策兑现，给予出路。”

“三个一样”的要求：“外地人与本地人一个样，干部与群众一个样，法人与公民一个样。”

“四要四不要”的纪律：“要以理服人，不准以势压人；要耐心疏导，不准强迫粗暴；要调查研究，不准主观臆断；要廉洁奉公，不准营私舞弊。”

“三勤一不怕”：“脚勤手勤嘴勤，不怕得罪人。”

三访工作机制：“变群众上访为干部下访，变坐等来访为主动走访，对疑难信访实行联动息访。”

“三个真”的改造原则:“真理教育人、真心帮助人、真情挽救人。”

“四必访四谈心”:“归正人员婚丧必访、有病痛必访、有纠纷必访、遇突发情况必访;犯了错误谈心帮其端正态度,受到挫折谈心鼓其勇气,思想有疙瘩谈心促其放下包袱,对重点对象经常谈心了解思想。”

“帮教”的经验:“不推一把拉一把,不帮一时帮一世。”

“三帮三延伸”工作方法:“思想上帮心、生活上帮扶、经济上帮富;事先向监狱延伸、事中向生产生活延伸、事后向巩固提高延伸。”

4. 调解的要求

六优先:“容易激化的纠纷优先调处,经济纠纷优先调处,‘三养’纠纷优先调处,有倾向性、牵连性的纠纷优先调处,影响生产的纠纷优先调处。”

四统一:“调解干部调解纠纷时认识要统一,调解纠纷程序要统一,法律政策依据要统一,处理方案要统一。”

六用心:“倾听当事人陈述要专心,调查取证要细心,开展疏导要耐心,调处纠纷要诚心,下达结论要公心,遇到反复要有恒心。”

“四快”工作法:“矛盾纠纷及时受理、取证调查及时到位、组织调解及时有效、案件办毕及时报结。”

5. 墙头文化

枫桥地区的各个村庄墙头都有许多宣传标语和图画,目的是使党的方针政策、国家的法律法规、上级的有关精神、村里的规章制度进农家户、入农民心,这被当地人称为“墙头文化”。正如岫山村的介绍材料所述:墙头文化“是咱们村干部的好帮手,是不会讲话的宣传员,是新形势下的一种新的宣传形式,是先进文化的一种具体体现,办好一批墙头文化也是抓好农村精神文明的有效载体”。比如在岫山村主要道口、人员集中地段,一些通俗易懂的宣传标语“飞”上了墙头,如“要脱贫困帽,先戴安全帽”,“人订制度,制度管人”,“发展是硬道理,稳定是大前提”,等等。为使墙头文化形式多样,岫山村人把村宣传栏划分为四个大块,设法制宣传、科普园地、计划生育和村务公开四个栏目,并根据不同时期的形势,有重点的不定期更新宣传内容,还落实专人负责,不断监督检查,使宣传栏具备版面新、内容多、吸引力强、有指导性等特点。2002 年至今岫山村已出专栏四十多期,其中有二十多期与村民的生产生活息息相关。针对村民邻里不和的情况,村干部在宣传栏里刊登了《乡邻乡亲和为贵》《家和万事兴》《怎样正确对待婆媳关系》等文章,达到了启发教育村民的目的,许多家庭矛盾、邻里纠纷得到了缓解,对有可能发生矛盾的家庭及人和事也起到了预防作用。村民周某高兴地说是墙头文化化解了她和媳妇长年的不和。[1]

枫桥地区重视发挥标语口号的宣传教育作用,用群众喜闻乐见的方式达到"送法下乡"——普及政策或法律——的目的。在枫桥地区,用文化或文学艺术的载体和形式(包括音乐、影像、戏剧表演等)进行宣教,似乎已经成为一个重要的日常治理实践。在我们的调查中,就遇到一个闻名遐迩的交通义务宣传员,他因为目睹一次交通事故而痛心疾首,于是发动全家老少,组织了一个说唱宣传队,运用快板歌曲的形式,不分严寒酷暑,走村串户进行交通法规义务宣传,受到了广大警民的热烈欢迎。[2]

(二)调解的实践:就地解决矛盾

"枫桥经验"的教化治理传统同样也体现在其多种多样的具体调解实践当中。反过来说,既然调解的主要功能也是通过教化达到善治,那么这样的调解实践当中必然也充斥着各种指导性的、标语性的内容,其中更生动地表达了通过说服、教育、感化而就地解决矛盾的方针。中国的调解实践当然不是枫桥的创造,早在 1943 年 6 月,陕甘宁边区政府就颁布了《陕甘宁边区民刑事件调解条例》,其中的调解除了民事纠纷外,还包括一般刑事犯罪,而且在案件的每个程序、环节都可以调解。也就是在那个时期,调解的功能与化解纠纷、增强和睦就紧密联系在一起。换言之,调解之所以重要,就是因为它比正规的司法程序更有助于化解矛盾纠纷,实现和睦安定。正如谢觉哉所言:"调解可使大事化小、小事化无;可使小事不闹成大事、无事不闹成有事。增加农村和睦、节省劳力以从事生产。"[3]"枫桥经验"在这方面的创造性在于,

---

〔1〕 岫山村学推"枫桥经验"的介绍材料:《完善"七个一"抓手,造就一方平安——岫山村深化"枫桥经验"总结》,载诸暨市公安局"枫桥经验"档案(1963~1966 年卷)。

〔2〕《打造富庶平安的热土——看新时期"枫桥经验"的创新与发展》,载《浙江日报》2003 年 11 月 25 日版。

〔3〕 谢觉哉:《关于调解和审判》,载王定国等编:《谢觉哉论民主与法制》,法律出版社 1996 年版,第 136 页。

一方面,使调解和整个社会治安综合治理的组织网络更密切地联系起来;另一方面,更明确地强调调解的教化功能和就地解决矛盾的目标。以下我们从三个方面对此予以阐明:

1. 组织与方式

首先,在调解过程中,发动各种社会力量。枫桥地区建立了三级调解组织,分别是村、片区和镇。镇政府设立综合治理委员会,其中的调解组织包括司法所、人民调解委员会,其解决纠纷的数量占总量的15%左右;然后是社会力量调解组织,包括村民和居民委员会、企业组织等的调解,并以老年协会、妇联组织、团支部和其他组织作为调解的辅助力量。社会力量占有75%左右的调解;还有个人调解,比如各级人大代表、老党员干部、企业主、老年人等的调解,占调解数量的5%左右;至于派出所和法庭所调解的纠纷,仅占5%左右。[1]

其次,调解的方式上体现了主动体贴民情的积极精神。枫桥镇从调解实践中总结出许多格言,用以规范调解工作,比如要求坚持“三个一样”“四要四不要”“三勤一不怕”“四前工作法”等。这样的实践智慧的总结,既带有亲民为民的特色,也说明政府或国家在其中扮演的主导角色。

最后,“枫桥经验”的一个核心内涵就是综合性,调解中灵活运用的各种政策、民意、习惯、法律、村约等,都可成为服从和服务于化解矛盾及和谐社会大局的资源。

2. 指导与劝导

(1)规范化的指导。这方面以枫桥法庭对调解经验的探索总结为典型。该法庭提出了“四环指导法”,即“抓住诉前环节,进行普遍指导;抓住诉时环节,实行跟踪指导;抓住诉中环节,进行个别指导;抓住诉后环节,进行案例指导”,实现了法院审判与人民调解的有机结合、良性互动,使枫桥地区的调解初步走上“依法调解”的轨道。

枫桥法庭据此创新提出并试行了“三前调解”的纠纷解决机制,即在尊重当事人意愿的基础上,充分运用调解手段,努力使纠纷调解在成讼前、开庭前和宣判前,收到了明显效果。其中的重点是进行普遍指导,建立法律指导员工作制

〔1〕 对于不同调解组织所占的调解数量比重的估计,来源于我们对枫桥镇政府、枫桥法庭相关人员的访谈。

度。确定5名审判员为法律指导员，分片联系指导辖区两镇一乡的调解组织及所属村民委员会和企事业单位的191个人民调解组织，并将法律指导员的联系电话和联系点等内容印制成名片，分发到各调解人员手中，以方便联系沟通。法律指导员定期对调解干部进行业务培训，接受法律咨询，进行实地指导，切实做到指导工作经常化和制度化。

同时，法律指导员还积极帮助调解组织建章立制，规范纠纷调处的步骤和方法。如先后制定了《人身损害赔偿纠纷处理意见》等四个指导性意见，印发给各调解组织，使民间纠纷调处在程序和实体上均有章可循。他们还进行跟踪指导，建立纠纷告诉引导制度。对一些因家庭邻里纠纷、损害赔偿及群体性民间纠纷而来庭咨询或来信来访的当事人，法庭指定专人进行及时、妥善的引导，引导他们可先选择人民调解方式解决纠纷。对当事人愿意选择人民调解的，法庭即行开具《人民调解委员会联系跟踪单》，由当事人持单到相关的人民调解委员会接受纠纷调处。在调委会调解期间，负责分片联系的法律指导员也及时进行跟踪指导，以了解纠纷的调处进程，并及时为调解干部提供法律咨询或调解建议。

为加强个别指导和案例指导，他们建立特邀陪审、旁听制度和案件结果反馈制度。在审理人民调解委员会调处未果的民间纠纷时，法庭邀请相关调解人员到庭旁听，让他们学习审判人员说理讲法的特点和调解技巧，以进一步提高他们调处纠纷的能力和水平。同时，法庭还将一些典型案件的审理结果书面反馈给相关调委会，便于他们在今后调处类似纠纷时作案例参考。通过上述全方位、多角度的工作指导，近年来，枫桥法庭辖区各调解组织的整体工作水平已有明显提高，特别是调解干部的法律知识和调解纠纷的技能提高较快，规范有序的调解体系也吸引了更多当事人自愿选择人民调解方式解决民间纠纷。

(2)极具特色的劝导。如果说调解指导的实践将调解纳入了一种全面、规范和制度的轨道，从而有利于更好地完成调解的实质目标，那么，枫桥法庭创造的调解劝导，则从另一个维度弘扬了调解的教化功能，使法律实践自觉融入了和谐与德治的治理理念当中。枫桥法庭在受理案件之前，会为诉讼当事人提供一份非常温情的《调解劝导书》。

诸暨市人民法院枫桥人民法庭

调解劝导书

你向人民法院提起诉讼虽然是解决纠纷的最终手段，但并不是解决纠纷的最优选择。因为诉讼会吞噬你的时间、金钱、安逸和朋友，况且打官司不一定就会赢，证据是人民法院裁判案件的依据。如果你缺乏证据会酿成“有理也会输官司”的结果；如果官司输了，你将要承担败诉的全部后果。有的官司会造成世代结怨的结局，同时，如果对方没有财产或没有足够的财产可供执行会出现“赢了官司输了钱”的现象。在此，枫桥人民法庭真诚地提醒你慎用诉权。解决纠纷的手段、方式是多样的，通过友好协商、调解或和解即人民调解方式具有简便、快捷、不收费和有利于和平相处、及时化解矛盾的特点，且经人民调解委员会调解所达成的具有债权内容的调解协议具有民事合同性质，对协议双方具有约束力。一方届时不履行调解协议，另一方可直接就调解协议的履行向人民法院提起诉讼。经过公证并赋予强制执行力的调解协议，债权人可以直接向人民法院申请强制执行。据此，枫桥人民法庭真诚地劝导你请首先选择人民调解方式解决纠纷。你持本庭出具的纠纷联系跟踪单，人民调解委员会将凭该联系跟踪单优先受理和处理。如经人民调解委员会调解未成，你仍可持该纠纷劝导手册向本庭起诉，本庭将依法予以快速立案受理。

劝导员　金芳

《调解劝导书》的做法充满了独创精神，以宣教劝说的方式重新诠释了“司法为民”的理念。它充分表明不同的部门、组织之间加强联合互动的合作机制，将有利于整合法律资源，急人民之所急，更好地体现司法部门的服务职能。而就《调解劝导书》的内容看，它展现了亲切平和的说理方式，而这恰好是我们在正规的司法裁判书中难以看到的。它所提出的说服理由，既有道德感化，也有经济算计；既强调真诚和谐，也不讳言实用主义。通过一纸《调解劝导书》，法庭树立了一种公正而平和的形象。法院在表面上是限制了自己的案源，实际上又强化了自己的专业作为。法庭在使自身成为整个综合治理的一个环节的同时，也不失时机地赢得了自身的独立与尊严。

3. 调解与感化

接下来我们还是通过枫桥法庭的司法调解个案，来展现“枫桥经验”中一贯的教化治理传统。教化的重心在于“以人为本”，而教化的方式主要是教育人、改造人、培养人、塑造人。反映在调解上，一方面就要求不要激化矛盾，而要充分权衡当事人各方的利益，做出预先的判断；另一方面则要求法官进行沟通协调，说服感化，以极大的耐心主导调解的整个进程。枫桥法庭的一个案例生动地体现了上述调解与教化紧密结合的特点：

在2001年5月，一对亲兄弟因调房产生矛盾而导致两家相打，引起两起刑事自诉案件和三起人身损害赔偿案件。更糟糕的是，兄长的一个刚刚就读于北京某名牌大学的儿子，就是其中一起刑事自诉案件的被告人。如果以判决方式进行处理，这个大学生必定将受到刑事处分，他的前程都将毁在他的一时冲动中，而按照他的思想方式，对方就是造成自己失去前程的“仇人”，这样结下的“仇”是传代的。其实张学军庭长的思路早就定在调解的格局上，他希望这如同水火的至亲相互理解，相互原谅，他希望用法律保住大学生的前程，消除可能酿成的大案或隔代怨仇。

在调查过程中，张学军发现两家的关系以前一直很好，大学生的婶婶把丈夫的侄子视同己出，平时关爱有加。这次将侄子告上法庭，一是侄子出手伤害他们，实在伤心；二是形势所逼，因为丈夫的哥哥先把自己的丈夫告上法庭。为了“取得平衡”，也只能出此下策。这些情况让张学军感到此案调解结案是最好的方式，哪怕磨破嘴皮也要消除双方的对立情绪。在当地村干部的支持下，张学军对双方当事人进行调解，从上午一直到下午，使双方分歧逐渐缩小，终于到晚上7时左右，双方答应所有恩怨一笔勾销后，那位婶婶饱含热泪对他侄子说：“你可以像以前一样再叫我婶婶吗？”在所有在场人殷切期盼的目光中，这位扭捏了足足有2分钟的大学生终于泪流满面地跪倒在婶婶的面前饱含深情地说：“婶婶，我对不起你！”这起特殊的案件最后以兄弟间矛盾平息，双方握手言和，和好如初为结局，一时在当地传为佳话。[1]

这个典型调解个案中有许多方面为我们透露出调解与“枫桥经验”的教化治理的内在关联：首先，法官张学军事先就定下了进行调解的思路，他主动深入了解案情，“希望这如同水火的至亲相互理解，相互原谅，他希望用法律保住大

〔1〕 参见枫桥人民法庭学推“枫桥经验”的介绍材料。

学生的前程,消除可能酿成的大案或隔代怨仇”。其次,在调解过程中,他不仅非常耐心说理,而且也自觉寻求当地村干部的支持:“这些情况让张学军感到此案调解结案是最好的方式,哪怕磨破嘴皮也要消除双方的对立情绪。在当地村干部的支持下,张学军对双方当事人进行调解……”最后,调解的结局是当事双方“相逢泪流泯仇怨”,“最后以兄弟间矛盾平息,双方握手言和,和好如初为结局,一时在当地传为佳话”。调解的效果最终和“枫桥经验”所追求的“以人为本”、团结和谐达到了高度的一致。

张学军本人是枫桥法庭的庭长,他的身体力行的实践表明,调解本身注重的并非僵化地适用现有的法律条文,而是要考虑如何处理人民内部矛盾。在调解的过程中,情和理的运用自然就要优于法律的运用。所以,正如黄宗智所分析,调解包含着某种程度的道德理想和实用性的结合,〔1〕我们可以将其称为“实用道德主义”的调解原则。如果我们进而考虑到枫桥法庭的调解所依托的整个大的学习推广“枫桥经验”的背景,我们就能发现:调解的过程不仅是使当事人下跪悔过、热泪盈眶的过程,也不仅是通过当地民众和村干部的配合了解情况、解决纠纷的过程,更是为了实现综合治理,构建群防群治的网络的过程,是借此指导村干部和其他调解人员,并达到各方面联动创建“平安枫桥”的一个必要环节。

第四节 中国特色的法治化道路

“枫桥经验”既体现了国家政权建设的一种合法化努力,具有强烈的政治意味以及工具和手段的色彩;但“枫桥经验”同时也是老百姓的日常法治化生活方式本身,是一种活生生的制度和体系,所以具有本体意义和目标价值,完全拥有制度创新的空间和可能。〔2〕 因此,在探索“枫桥经验”的过程中,重要的是要全

〔1〕 参见黄宗智:《中国法庭调解的过去和现在》,载国学网,最后访问日期:2008 年 2 月 18 日。

〔2〕 乡村社会的层面上建立合法性的过程实际上就是国家政权建设的过程,即国家“试图支配、控制或破坏相对自治的地方社会结构,试图扩大它对地方资源的支配,并且在国家的支持下发展新的建制”。参见[美]杜赞奇:《文化、权力与国家——1900 ~ 1942 年的华北农村》,王福明译,江苏人民出版社 1994 年版,第2 ~ 4 页。

面审视它的国家政治层面与社会治理层面，并通过建设性的阐释，寻找这一生动的法治实践中所包含的成熟而有意义的制度资源，从中寻找到一条能够经受住历史检验的中国特色法治化道路。

因此，在上一节的基础上，本节将深入阐明，"枫桥经验"作为一种交织着各种治理方式的既精致又粗放的多重实践，它与中国基层民主自治的关系，以及它与中国特色法治模式在内生性、衍生性和共生性三个层面上的关联。每个层面都包含着法治的契机，但也包含着让我们严肃思考的各种现实问题。总的说来，"枫桥经验"孕育着各种法治资源和民主创新的条件，只有得到进一步的创新和发展，才能实现超越，成为具有普适性的经验。

一、"枫桥经验"与民主自治

枫桥地区的干部和人民一直有一种参与社区自治、维护社会和谐的自觉。在枫桥镇岫山村的经验介绍材料里，我们看到了明确地将所谓的政府经验和民主、宪政联系在一起的描述。它们分别被称为"小宪法"和"小人大"：[1]

材料一：2000年9月，一位村民因家里搞竹制品加工，缺少原料，他不问青红皂白在隔壁的兰亭镇花坞村一户农户承包山上砍了7支毛竹，被本村村民看到了。岫山村没有"护短"，村干部把村规民约送到这位村民手里，一字一句念给他听，并解释：制度公约是大家订的，制度面前人人平等，违反村规民约不只是个人的思想素质问题，更是对全村公序良俗的一种侵犯。通过教育这位村民认识到了错误，结果按每支毛竹150元赔偿计算，含泪把1050元钱交到了村治调委。村里立即派人把这笔赔偿款送到绍兴兰亭镇花坞村党支部书记手里，该村的干部感触万分地说岫山村制定的制度确实有用，又没有地方保护主义，真正是制度面前人人平等。许多村知道后都深有体会地说，制度制约了人、文明了村，体现了公开、公正、公平的原则。后来村民们把村规民约比做是一部岫山村的"小宪法"。

材料二：2002年10月，村中的一段水泥路破了，村里研究并拨出1000元作

〔1〕 岫山村学推"枫桥经验"的介绍材料：《完善"七个一"抓手，造就一方平安——岫山村深化"枫桥经验"总结》，载诸暨市公安局"枫桥经验"档案（1963～1966年卷）。

为经费，让4位新干部负责修复这段水泥路。结果，他们只花了820元，就把这段水泥路修好了。对于剩下的180元，个别干部动起脑筋，打起了小九九，拿这180元下了馆子，并还拉了其他几位村干部一道吃。群众知道这件事后，议论纷纷，向谁反映这件事？由谁来解决这件事呢？于是村里5名村民代表站出来了，他们当即责令参加吃饭的几位村干部退款。在事实面前，在村民代表的严正指责下，这6位村干部乖乖地各自退了30元，而这180元当天就入到了村财务账上。事后群众都说，村里谁最大，村民代表大会最大。正因为村民代表大会可以监督干部，后来许多村民亲切地称村民代表大会是“小人大”。

上述两个例子一个说明对村民的制度约束，让其知道“制度面前人人平等”；另一个则说明对个别干部的监督制约，虽然他们在维修村路上有功于民。尽管这样的宣传和典型故事的介绍我们似乎已经见得太多，但它们的确也展现了“枫桥经验”的某种底蕴。已经有研究者注意到了“枫桥经验”之所以能够在枫桥这个地方创造和发展，是与这个地方的特殊的民风民情有关，同这里深厚的文化传统有关。〔1〕所以，“枫桥经验”体现了某种社会管理的传统，这种传统本身就是人民群众共同心愿的内在表达。在以往55年的长期实践和有意识的培育中，“枫桥经验”业已成为当地一种实实在在的治理经验，〔2〕为我们提供了某种新型的“国家—社会”关系的类型。〔3〕

二、“枫桥经验”与中国特色法治模式的相关性

“枫桥经验”已经被证明是一个具有生命力的治理实践。这一经验如果要继续保持长久的生命活力，不仅需要做到与时俱进，开拓创新，更需要注重开掘自身的“法治本土资源”，使其成为现代意义上的科学治理经验。通过前文对“枫桥经验”的分析，我们已经注意到它与民主法治的相关性，但这种相关性并不是一种简单的对应关系，而是具有许多复杂的积极或消极因素，这就为我们探讨“枫桥经验”的未来提供了足够的努力空间。我们为此试图对“枫桥经验”

〔1〕 参见金伯中：《论“枫桥经验”的文化底蕴》，载《公安学刊》2004年第3期。

〔2〕 在这里，我们再次看到了“枫桥经验”的丰富性和与时俱进，甚至某种超前性，因为社会管理的要求也在中国共产党的十七大报告中正式提了出来。

〔3〕 相关论述，可参见张杨：《社会运动研究的国家——社会关系视角》，载《学海》2007年第5期。

与现代法治的内在关系进行更加深入的挖掘和反思。我们的结论是,“枫桥经验”与现代中国法治具有一种相辅相成的关系,具体而言,它与中国特色的法治模式之间具有内生性、衍生性和共生性。

(一)“枫桥经验”与中国特色法治模式的“内生性”

“枫桥经验”具有自身独特的传统。一方面它是教化治理的传统,并且在讲信修睦的道德教化基础上注入了新的政治教化的内容;另一方面,在这种源于处理“四类分子”的治理传统中,发展起来了的一整套政治方式,比如群众路线、批评与自我批评、思想教育、开会、批斗、整风、运动等。“枫桥经验”的传统的确具有某种反职业化的特色,但也在不断的发展中注入了各种现代性和专业性的因素。更重要的是,所谓现代法治的要求,必须要有相应的民情和土壤作为依托。而“枫桥经验”的独特之处在于:它在自觉地整合、维护、经营这样的经验,这种注重自身传统和经验、注重点滴积累的思路,恰好是法治的规则之治的内在要求。维护自身的传统,保持社会生活的稳定与和谐,这本来就是一种尊重法治的表现。

因此,“枫桥经验”的每一次发展创新,都可以说是建立在自身独特的现代公民意识和政治底蕴的基础之上的。没有这么悠久的传统,“枫桥经验”也不可能在不同时代背景下都能展现新的内容和风貌。所以,我们说“枫桥经验”与中国特色的法治发展模式具有某种内生性,意思是说,“枫桥经验”具有自己的原创性,并且又能在很大的范围内得到推广。单就其中的每一个治理环节,比如调解、帮教、社会治安综合治理等来看,“枫桥经验”似乎并不那么独特和鲜明,但就将这些经验整合成一个全面的治理实践,并且在相当长的时期内不断自觉经营和维护来看,“枫桥经验”的做法恰好体现了一种法治的本土资源,它更着眼于法治建设的本土传统与现代制度文明的内在统一。

不断发展的“枫桥经验”在新的时期又提出了“靠富裕群众减少矛盾,靠组织群众预防矛盾,靠服务群众化解矛盾”的新思路。它的目标定位就是这样,能够一直有着新的提升,从维护社会稳定的做法上升为促进经济社会协调发展的有益经验。[1] 不过,正确对待这一传统也非常重要,我们要善于利用本土资

〔1〕 参见孟法明:《创新发展新时期“枫桥经验”,着力打造“平安诸暨”》,载《枫桥经验的科学发展》,第23页。

源，却不一定局限于所谓的地方性知识，而要看到作为文明秩序的法治当中不可或缺的普遍性的内涵；我们要做到尊重传统，但更要明白传统本身的生动性，它不是单纯的自上而下的政治构建，而是民主法治发展的必然要求，需要让制度之下生活的人们都参与到与自身息息相关的事务中来。[1]

(二)"枫桥经验"与中国特色法治模式的"衍生性"

"枫桥经验"本身也伴随着法治的生长。在这样的组织策略里，"政治和历史之外"生活的村民进入了政治的领域，而在为着共同的稳定、和谐等政治目标被动员和组织起来的过程中，不同阶级和群体之间的利益妥协和分配机制也完全可能形成和成熟。[2] 所以，它既是政治的传统，也是法治的传统。它可以以反复的纪念活动、文件宣传等方式获得与时俱进的政治效果，也可以在提出依法治国的今天被不断赋予新的法治内涵，并使政府必须尊重当地民众争取自身合法权益的各种选择。

在研究"枫桥经验"时，必须注意并且不必回避其中意识形态化的方面。只有在正确的意识形态之下，"枫桥经验"才有可能有长足的发展；也只有将法治的目标意识形态化，才能实现其与和谐社会、以人为本、科学发展等政策方向的联系。"枫桥经验"的政治性是制度创新的保证。在敌我矛盾时，要捍卫政权；在处理人民内部矛盾时，要捍卫国家支配社会的正当性。它是一种对象化的实践，也是一种主体化的实践。这种治理技术同时内在和外在于国家，使什么在国家职能范围内、什么不在国家职能范围内，公的和私的等问题可以反复不断被加以界定。因此，只有以治理术的一般手法为基础，我们才能理解国家的持续存在与局限。[3] "枫桥经验"的持续存在正好说明国家概念的持续存在，或

---

〔1〕 关于如何利用和整合中国传统来实现中华文明复兴的问题，可参见甘阳于2005年在清华大学的演讲："三种传统的融会与中华文明的复兴"，其基本看法是：目前在中国可以看到三种传统，一个是改革25年来形成的传统，这个传统基本上是以市场为中心延伸出来的很多为我们今天熟悉的概念例如自由、权利等。再一个则是中华人民共和国成立以来毛泽东时代所形成的传统，这个传统的主要特点是强调平等，是一个追求平等和正义的这样一个传统。最后一个就是中国文明数千年形成的文明传统，即通常所谓的中国传统文化或儒家文化，中国传统文化常常难以准确描述，但在中国人日常生活当中的主要表现简单讲就是注重人情和乡情。

〔2〕 相关论述，可参见强世功：《权力的组织网络与法律的治理化》，载强世功编：《调解、法制与现代性：中国调解制度研究》，中国法制出版社2001年版，第228～229页。

〔3〕 福轲：《治理术》，载中国学术论坛网：http://www.frchina.net/data/detail.php?id=5373，最后访问日期：2008年1月25日。

者说明有中国特色的社会主义道路和社会主义法治的并存。我们可以说这是一种政治敏锐性，但又何尝不能说它是一种实践法治的智慧？

不过，正因为“枫桥经验”所蕴涵的中国法治模式是衍生于其政治运作的，所以有必要克服使“枫桥经验”本身沦为工具化的倾向。“枫桥经验”的确需要某种经济基础，而且对经济的发展也能起到推动作用。但“枫桥经验”的真正价值并不在此。比如和周边的店口镇（中国五金工业产品的基地）、山下湖镇（发展成为全国最大的珍珠市场），枫桥镇的经济并不处于领先地位，但枫桥的治安环境是最好的，其也成为“平安诸暨”的标志性形象。

（三）“枫桥经验”与中国特色法治模式的“共生性”

“枫桥经验”是一种综合经验。它实际上也体现了维护政治稳定、强调治理经验、重视以人为本三者的统一。以岫山村的实践为例，其倡导的，既有民主法治的实践意识，强调自下而上的群防群治，又自觉响应中国共产党的号召。它并没有简单排斥哪一种手段和技术，而是综合性地运用它们。

政府为着社会的和谐稳定而推行的综合治理与人民为着自身利害而寻求合法途径的救济本身并不矛盾。各种政治的、教化的、法治的治理方式之间一定要保持某种“多元理性化的内在张力”，[1] 以避免国家演变为全能主义的政治系统，[2] 达到通过复杂治理技术（法庭判决、刑事调解、民事调解、社区帮教、群防群治等）塑造中国法律新传统的目的。[3] 这是法治的契机。“枫桥经验”的确具有发展性、立体性和丰富性。它的立体性集中展现了富有中国特色的治国传统，也反映出对现代法治的移植和吸纳。如果说政治的机制是宏观发展的需要，那么法治的常规运作就是日常生活的必需。正是这种结合，塑造出一种特定的文化观念、技术知识和生活方式。

三、治理的奥秘：探索中国特色法治化道路的契机

在分析“枫桥经验”的历史发展、组织建设、工作机制，以及格式化和教化治

---

〔1〕 李猛：《论抽象社会》，载强世功编：《社会学研究》1999 年第 1 期。

〔2〕 参见邹傥：《二十世纪中国政治》，牛津大学出版社 1994 年版。

〔3〕 参见强世功：《权力的组织网络与法律的治理化》，载强世功编：《调解、法制与现代性：中国调解制度研究》，中国法制出版社 2001 年版。

理的传统时,我们已经表明,“枫桥经验”既包含了自上而下的各种动员和教化方式,也体现了自下而上的参与和多元特色。这就是“枫桥经验”真实的治理状况。因此,在研究“枫桥经验”时,必须重新审视和思考国家与社会的关系问题,必须进一步考虑,“枫桥经验”所体现的国家与社会既相互分离,又相互融合的过程,是如何蕴涵着某种法治化的契机。枫桥的治理实践体现了动员与参与、话语与实践、工具与目的、单一与多元、专业与综合、国家与社会、民主建设与政权建设、意识形态与制度运行等多重关系的复杂交织,它们之间并不纯粹是取代或压制的关系,而更可能是博弈和互动的关系。换言之,在这样的治理实践中,政府的经验可能转化为民众的经验,国家的资源可能发展成社会的力量,立法的局限在法律实践中得到补充,司法的有限功能则通过综合化的方式得到捍卫,而最终,被调动起来的民众可能会培养其独立的诉求,集体和国家的观念成为维护个人权利的不可或缺的基础。[1]

“枫桥经验”是以政治权威为后盾,并实现国家目的、传播社会主义价值的过程;它也是人民群众在解决各种矛盾、实现自我管理的过程中创造性智慧的结晶。它的意义当然是积极的,但必须经历再一次的发展和创新。“枫桥经验”需要在发展的过程中容忍甚至培养某种制衡性的机制,它既然可以从敌我矛盾转向解决人民内部矛盾,它也就可以并且应当从自上而下的动员转为自下而上的自治;它既然已经是一种活的、值得发扬的传统,所以我们有必要充分发掘利用其中现有的资源,切实在实践“枫桥经验”的过程中培育起民主自治的传统和土壤,使这种经验成为民众的内在经验,形成理性解决自身利害关系的博弈过程,由此构建有中国特色的现代法治的基础。[2]

从“枫桥经验”治理实践中横向的丰富内涵来看,其核心的真正动力,还是在于人民群众的创造,尽管从表面看政府总是起着主导作用。自从党的十七大

〔1〕 这反映在枫桥镇政府综合治理中心编的材料中:“在维护社会稳定工作中,枫桥镇始终坚持‘枫桥经验’的基本精神不动摇,依靠群众,发动群众,实施群防群治;始终围绕抓基层基础,抓责任落实,抓协调配合,抓联合创建,不断创新发展‘枫桥经验’,不断完善和探索社会治安综合治理组织网络和机制建设,致力于形成人人参与、社会联创、齐抓共管社会治安综合治理和平安创建的工作格局。”参见《诸暨市枫桥镇社会治安综合治理工作中心资料汇编》,2005年8月,第1页。

〔2〕 参见谌洪果:《枫桥经验与现代法治》,本文原系接受《中国审判》记者的采访,文章部分刊载于《中国审判》2007年第6期。

召开以来，当地政府对“枫桥经验”的阐释已经明确表明了“以人为本”的宗旨，并明确把社会管理的基本要求纳入了“枫桥经验”的内涵。“枫桥经验”所构建的社会管理体系，要求：(1)认真落实政府职能转变。这已经不仅是执政能力提高的问题，更重要的意义是执政重心的转移，那就是强化社会公共服务的职能。(2)根据枫桥地区的特点，切实加强流动人口服务管理，即提高管理的亲情化和人性化。(3)加强社会组织管理，包括对各类民间团体、中介组织以及新兴行业、特种行业的管理。[1] 无论是流动人口还是社会组织的管理，重心都不是自上而下的管制问题，而是引导流动人口和各类社会组织的自身建设，发挥其积极作用。可以看出，这种社会管理的理念有两个关键词，一是“服务”；二是强调政府之外的人民的“自主性”。而在如何服务这个环节上，政府的内部又有许多平安诸暨的考核标准，即根据政府各部门的分管领域和事项，确定各种具体的指标和分数，达到一个指标给一个分数，作为年终考核的标准，分数不达标者即为考核不合格。[2] 这种考核所施加的压力主要体现在科层制的政府体系内部，如果能把这种内部机制和外部的民众自治有机结合起来，那就称得上是真正意义上的“科学发展”了。所谓的平安、和谐、稳定等社会目标，都离不开科学的发展，它们是动态的、充满活力的，是建立在科学管理和发挥群众创造性基础之上的。

总之，“枫桥经验”既具有功能性的政治意义，也具有实质性的制度意义。“枫桥经验”告诉我们，中国的法治遵循的并不是线性的逻辑。而且，所谓的本土资源也必须作动态的理解，即它一直在创造、丰富和发展，任何的变法和法治都必须经过这样的运作机制和模式的转换过滤才有可能落实。“枫桥经验”由此告诉我们，在复杂而又充满机遇与挑战的中国制度转型面前，我们既要看到人们在运用着什么样的法律（在知识意义上），也要看到人们如何运用这样的法律（在实践意义上），同时还要看到人们运用这样的法律时发生过怎样的观念转变（在历史和文化意义上）。我们要看到在这个过程中的各种矛盾与融合，看清

---

〔1〕 参见诸暨市委、人民政府：《关于创新落实枫桥经验　构建和谐诸暨的实施意见》（诸市委〔2007〕41号）。

〔2〕 具体可参见诸暨市平安办于2007年6月制定下发的《建设“平安诸暨”责任分解表》，其中责任细化，对各个政府部门和单位（不仅包括市委办、政法委、公检法、国保大队、纪委，还包括分别负责的各项事项都具体细化，并规定了详尽的扣分标准，其考评总分达到1000分）。

其中的困境和出路,这样才有可能开辟属于中国特色法治化道路的美好未来。“枫桥经验”为我们提供了一个语词和实践如何交错并最终可能走向统一的制度样本。

后　记

一、选题的缘由

研究现实的问题,研究基层的问题,特别是研究基层的具体问题,是我们设计这个项目的目的。“枫桥经验”就是基层社会治理中具有地方特色的、在全国具有广泛影响的、值得关注的焦点问题之一。经过四十余年的发展,它已经不再只是当时的经验,而是具有了丰富内涵的地方社会治理模式。“枫桥经验”虽然具有地域性,但它所揭示的中国基层社会治理的模式,却具有普遍价值。

2006 年 5 月,西北政法大学的几位教授在与诸暨市委政法委领导座谈时,发现对于中国的法治建设,诸暨人有他们独到的、深刻的理解。诸暨市政协主席孟法明同志(时任中共诸暨市委副书记、市委政法委书记),在讨论双方的合作时,强调:项目的设计和研究工作,应该坚持两点论:“一是初级阶段,二是中国特色。”项目组在整个研究过程中,始终坚持深入基层,深入群众,以一个学习者、参与者的角色,进行研究和思考。

中国基层社会地域广博,自然条件和经济、社会发展水平不平衡,各地民主法治发展的情况千差万别。如何在总结具有普适性的理论时,与中国社会发展的多元化相一致,做到理论与实践相结合,成为项目研究的重点和难点。

中华人民共和国成立五十余年来,在基层民主法治建设中,广大的基层群众进行了长期的实践和探索,这其中既有深刻的教训,也积累了丰富的经验。我们应当面向基层,面向中国社会,面向中国特定的发展阶段和国情,将富有成效的基层社会治理的经验加以系统总结和理论提升。在现阶段,基层民主法治建设对国家和社会的全面协调发展,具有重要的意义。

中国的法治建设,除应当与中国的国情、中国社会紧密结合,还应当充分总结和体现五千年的中华文明,全面体现中华民族的聪明、智慧,吸收中国人民自己的创造和经验。项目研究过程中,我们对“枫桥经验”的历史传统和社会生活条件，给予了充分的关注。

二、初稿的写作

"'枫桥经验'与法治建设"研究项目，从2006年4月开始进行分析论证，经过精心筹备，2006年8月合作双方——西北政法大学、浙江省诸暨市人民政府在诸暨市签订了合作协议，召开了项目开题论证会，成立了项目组。项目开题论证会上，与会的各位领导和专家提出了许多中肯的意见和建议，对项目组的工作给予了指导。

在合作协议签订前后的近一个月时间，部分项目组成员在诸暨进行了调研。这次调研，主要采取传统的蹲点方式，一方面实地参观了诸暨市的主要乡镇、枫桥镇所属的主要行政村，枫桥镇综合治理中心、法庭、司法所等部门；对村民、村支书、村民委员会主任、村调解委员会主任等分别进行了访谈，召开了多种形式的座谈会，全面了解当地社会治安、经济发展、村民生活以及风土民情等方面的情况；查阅了村级各类档案，尤其是村级调解档案。另一方面，收集整理了多年来"枫桥经验"的相关资料，包括"枫桥经验"工作指南、宣传报道、民间保存的档案资料和"枫桥经验"的相关研究成果。形成了十余万字的调研笔录，收集了上百万字的各类资料。

2007年4月12日至15日，项目组在西安召开了项目研讨会，交流了前期的研究心得和成果，协调了研究项目各部分的进度，讨论并处理了项目研究中遇到的主要问题。会后，项目组前往革命圣地延安参观、考察。陕甘宁边区高等法院纪念馆展出的陕甘宁边区成功推行民间调解化解纠纷的实践和经验资料，给项目组成员留下了深刻的印象。项目组还根据实际需要，及时吸收和补充了4名中青年教师，增强了项目组的活力，不同专业背景成员之间的深入交流，又使大家开阔了视野，提高了认识。

2007年8月，部分项目组成员再次赴诸暨市进行了为期20天的调研。这次调研主要采取访谈的形式，深入了解"枫桥经验"在近几年的发展和创新，以及在社会治理中具体运用的情况和取得的成就。补充调研了枫桥镇综治中心的资料，尤其是"枫桥经验"实际运作层面的资料。并完成了最终项目成果《枫桥经验：基层社会治理的实践》，共三十余万字。

在整个项目进行过程中，项目组经常性地进行思想交流，形成了一个团结和睦、奋发向上、开拓进取的学术团队。这个团队的形成，将有利于人们长远地对"枫桥经验"这一课题给予关注和研究。

三、项目成果鉴定会

2007年11月17日，在毛泽东同志批示"枫桥经验"44周年前夕，西北政法大学和诸暨市人民政府在北京召开了"'枫桥经验'与法治建设"研究项目成果鉴定会。最高人民法院副院长熊选国，公安部党委委员、部长助理孙永波，司法部研究所副主任王公义，人民法院出版社总编辑、《中国审判》杂志社总编王运声，中央综治办督导室副主任崔红星，最高人民检察院法律政策研究室副主任穆红玉，中国政法大学副校长朱勇教授，中南财经政法大学副校长陈小君教授，华东政法大学副校长王立民教授，北京大学法学院贺卫方教授，清华大学法学院院长王晨光教授，中国人民大学法学院张志铭教授，西南政法大学陈金全教授，上海师范大学蒋传光教授，以及合作双方的领导西北政法大学校长贾宇教授、副校长杨宗科教授、诸暨市人民政府市长王继岗、项目负责人西北政法大学汪世荣教授等参加了鉴定会。

与会的中央有关政法单位的领导和一些著名的学者对于项目成果给予了高度的评价。他们认为："枫桥经验"的首要特色就是和谐，这符合我国建设和谐社会的政策理念；"枫桥经验"产生在农村地区，适用于中国基层社会，是中国人民在长期的实践中不断总结和提炼出的经验，符合中央大力推动新农村建设的要求；"枫桥经验"在四十余年的发展中，成功解决了各类基层的矛盾纠纷，维护了基层稳定，促进了经济发展，符合党的十七大建设中国特色社会主义的时代精神。与此同时，与会的各位领导和专家对如何进一步修改和完善项目成果初稿，提出了十分中肯的意见和建议。

中国的基层民主法治建设，在中国特色社会主义建设中占有至关重要的地位。基层民主法治是推动和提升国家民主法治建设进程的重要途径，也是国家民主法治建设的关键环节。解放以来，在中国共产党的领导下，中国人民发挥自己的聪明才智，探索出了许多基层社会治理的成功经验。在社会主义民主法治建设中，我们有必要对这些经验进行系统发掘、归纳、总结、提升，进一步指导国家民主法治建设的伟大实践。

四、最终成果的形成

项目鉴定会结束后,项目组对鉴定会提出的问题,进行了分类整理,并逐一进行了讨论。项目组的同志普遍认为,与会的领导和专家,无论从理论层面,还是从实践层面,给项目组提出的意见和建议,具有很强的针对性和指导性,最终成果的形成,仍然有大量的工作需要完成。经过充分讨论,项目组达成了修改定稿的共识:

项目成果力求准确表述,客观具体,真实反映"枫桥经验"的历史发展和现实状况。

项目成果力求实事求是,在总结和分析时,结合当时特定的历史环境和条件,严肃认真。

项目成果力求理论联系实际,具有针对性和现实性。

在项目成果的修改定稿过程中,诸暨市委政法委组织当地领导和研究人员审阅稿件,提出了许多宝贵的意见和建议。2008 年 5 月和 2008 年 8 月,项目组分别在西安和诸暨召开了统稿会议,最终完成了项目成果《"枫桥经验":基层社会治理的实践》。

五、成果的主要内容

最终项目成果为 25 万字的专著,共 6 章 20 节。分别介绍了"枫桥经验"的概念、社会治安综合治理、基层社会的刑事政策、民间纠纷的解决、基层民主法治建设以及"枫桥经验"对基层社会治理的启示。第一章"枫桥经验"概述,对"枫桥经验"的形成与发展、概念与内涵、精神实质,以及"枫桥经验"与中国传统文化的关系,进行了论述。第二章"枫桥经验"与基层社会的综合治理,对枫桥的社会治安综合治理、流动人口的服务管理和司法救助,进行了论述。第三章"枫桥经验"与基层社会的刑事对策,对国家的刑事政策在枫桥的实践、枫桥的犯罪预防和矫正、刑事调解等,进行了介绍和讨论。第四章"枫桥经验"与民间矛盾纠纷的解决,对枫桥民间纠纷的种类、纠纷的调解和钟瑛村村级调解情况,进行了介绍和讨论。第五章"枫桥经验"与基层民主法治建设,对枫桥所进行的新农村建设中的基层民主与村民自治、民主法治村建设、村规民约等，进行了介绍和讨论。第六章"枫桥经验"对基层社会治理的启示，对枫桥所进行的基层社会的法律治理、"枫桥经验"所反映的治理方式以及"枫桥经验"对中国法治化道路的意义等，进行了总结和论述。

六、项目的意义

大学与基层政府合作研究基层的法律问题，对双方来说，都是一种挑战。实践是丰富的，充满了创造与活力。实证研究，需要扎实的学风、谦虚的作风、朴实的文风，需要立足社会、立足现实进行严肃认真的思考，对研究者来说这就是考验。一旦深入基层，深入社会，不仅能增长见识，也有助于确立甘当小学生的思想和立场。深入实际，调查研究，作为参与者的社会科学研究，与作为旁观者的社会科学研究，具有根本的不同。

在项目的研究过程中，合作双方的领导给项目组提供了各种力所能及的指导和大力支持，帮助项目组克服了一个又一个困难。领导的鼓励和鞭策，成为项目组前进的动力，成为项目成果按时完成的保证。

枫桥人民四十余年的实践和探索，形成了"枫桥经验"丰富的内涵、独特的风格。"枫桥经验"为枫桥的改革开放，为当地社会的进步和发展，为中国特色的社会主义法治，提供了一个观察视角。我们在短短的两三年时间里进行研究梳理，挂一漏万，在所难免，敬请读者批评指正。

项目负责人汪世荣教授，完成了全书的统稿工作，特此说明。

2008 年 8 月

基层社会治理的法治探索
——评汪世荣教授主编的《"枫桥经验":基层社会治理的实践》

余钊飞*

近些年,"求知识于田野"已经成为法学研究的一个重要发展方向,这就是研究者不再沉醉在书斋中苦思冥想中国法学向何处去,而是走向社会、走向民间、走向群众,向中国基层社会的干部群众讨教中国究竟需要怎样的法律知识和服务。自从苏力教授的《法治及其本土资源》一书畅销全国以后,带着问题去研究中国"本土法律问题"已经成为诸多学者的实际行动。由法律学者组成的调研队伍"上山下乡"的场面不断增多,这里既有博学多识的老教授、也有忧国忧民的中年学者,更有意气风发的青年学子,社会学界风靡的"田野调查"开始在法学界获得了一席之地。而身处内陆的法科大学似乎成为这种"田野调查"的一支重要力量,身为法学界"五朵金花"的西南政法、西北政法就是倡导和践行实地调查研究的重要基地。西南政法大学的教授们深入川、藏、滇、黔研究藏族、羌族、苗族等少数民族习惯法,在重走"红军路"的过程中取得了很大的学术成就,只要我们翻阅一下近几年少数民族法制研究的成果,我们就可以发现这些学者的艰辛和执着,更可以发现其中沉甸甸的研究分量。与西南政法这支"川军"相呼应的西北政法也充分发挥其"西北军"敢打敢拼的优良传统,过去几年,在西北政法贾宇校长等学校领导号召"回归大学本位"的激励下,我们可以发现:从陕北高原到天山南北,都活跃着西北政法学者的身影,"西部地区反恐法律问题研究""兵团调犯研究""陕甘宁边区高等法院研究""人民调解的福田模式""陇县司法能动模式研究"均被纳入其研究视野,而这些课题,都不是靠

---

* 余钊飞,男,1981 年生,浙江诸暨人,杭州师范大学枫桥经验与法治建设研究中心主任,法学博士,经济学博士后,硕士生导师。

图书馆和网络知识能够解决的。要深刻分析和研究这些问题，路子只能在脚下！没有实地的调查、没有深刻的思考，就没有发言权。西北政法大学在“田野调查”方面的研究思路显然没有受到“立足西部”的传统思维影响，而是开始实施“放眼全国”的战略。汪世荣教授主编的《“枫桥经验”：基层社会治理的实践》一书就是这种推行战略的一个硕果。

拿到该书，封面一幅江南小镇的山水画，这就是江南名镇——枫桥镇，令人称奇的是此画多数人以为是明清时期的山水名画，但画的作者依然生活在现实之中，他是一位1943年毕业于西南联大边务研究所的老先生，名叫陈炳荣，这位老先生独著《枫桥史志》，大家一翻便知其功力所在。实际上在枫桥这个人杰地灵的小镇上，曾经产生过王冕、陈洪绶、杨维桢等多位大画家和书法家，所以上图的出现对这片土地而言并不突兀。值得注意的是，此枫桥不是“姑苏城外”的夜泊“枫桥”，那枫桥是苏州枫桥，而此枫桥是浙江诸暨的“枫桥”；诸暨的枫桥名扬海内的不是寒山寺，而是“枫桥经验”。“枫桥经验”是什么，很多人听过，但说不清；其实作为研究者，我也不能说清，阅读本书后大家自然会有一些看法。

一、“枫桥经验”是什么

中国法治建设中的任何问题，一旦和国情结合起来，其中的复杂程度就陡然上升，因为我国实在是“地大人多历史久”，“枫桥经验”的研究也是一样颇具难度。作为坚持了55年的政法工作旗帜，究竟是什么原因推向全国并保持其长盛不衰呢？该书就试图解释之。一种地方的政治经验或者说治理经验，能够得到中央政权的高度关注和全国各地的普遍学习而且经久不衰，本身就是一个值得研究的问题。通观“枫桥经验”的产生、发展的历史，我们就会发现其背后肯定有深层次的原因。也就是说，“枫桥经验”产生在枫桥有其必然性，当然也有其偶然性。其必然性首先是与中国共产党由革命党转化成执政党后不仅需要阶级斗争而且要更加关注社会治理密切相关，其次也与枫桥比较特殊的历史文化传统者密切相关；其偶然性主要是与1963年派往枫桥调查的浙江省委社教工作团的政治洞察力和调查研究水平有关。

经毛泽东同志批示和推广的“枫桥经验”时至今日依然保持强劲的发展趋

势,这也是许多人在关注和思考的问题。通过该书的阅读,我们可以发现,"枫桥经验"长盛不衰的主要原因在于其核心内容是"矛盾不上交"。"枫桥经验"强调各地在发展过程中所产生的矛盾纠纷,以及社会治理上存在的困难,尽量由地方自己努力解决。至于如何解决,那就要依靠当地党委、政府的治理水平和群众的智慧,恰恰是这两方面,枫桥的干部群众做到了。自秦朝统一中国以后,中央政权尽管非常强调对地方的控制,但这主要是集中在对地方的人权、事权、财权、军权的限制与控制上;而对于地方自身的社会治理与纠纷化解,中央政权还是非常明智地希望地方尽自己的能力去解决。这种政策取向的形成主要是与中国自古以来就是一个人口超级大国有关。中国共产党在革命过程中,就特别注意这个问题。在陕甘宁革命根据地时期,强调"调解"和大力倡导"马锡五审判方式",就是希望把矛盾化解在基层。在这一点上,"枫桥经验"与其是一脉相承的。中华人民共和国成立以后,"枫桥经验"在复杂的政治形势变化之下,能够得到发扬,其关键因素在于它确实化解了大量的基层社会矛盾和纠纷,为国家政权减轻了现实压力。

"枫桥经验"的正式提出是 1963 年 11 月 20 日,其主要标志是毛泽东同志对公安部主持起草的《诸暨县枫桥区社会主义教育运动中开展对敌斗争的经验》文件进行批示,即"要各地仿效,经过试点,推广去做",这就是最原始的"枫桥经验",其主要精神就是"捕人少","矛盾不上交",依靠群众,以说理斗争的形式把绝大多数"四类分子"改造成新人。在随后的 1964 年 1 月 14 日,中共中央发出了《关于依靠群众力量,加强人民民主专政,把绝大多数"四类分子"改造成新人的指示》,"枫桥经验"由此推向全国。作为阶级斗争形势比较紧张的年代产生的一种改造"四类分子"的经验,是怎样演化成与今后基层民主法治发展密切相关的治理经验的,也许是许多人难以理解的问题。为此,该书认真梳理"枫桥经验"的整个历史发展进程,勾勒出一个清晰的发展脉络。

该书对枫桥经验的历史发展阶段首次作出了明确的界定,将其分为三个阶段:第一阶段是 1963 ~ 1978 年,明确提出该阶段的"枫桥经验"主要是政治斗争和社会改造的经验。第二阶段是 1978 ~ 2003 年,认为该阶段的"枫桥经验"是群众广泛参与社会治安综合治理的经验。第三阶段是 2003 年到现在,这个阶段与习近平总书记在浙江开创的"平安浙江""法治浙江"事业密切相关;本书指出这个阶段的“枫桥经验”是村民自治、基层民主法治建设、平安建设的全局经验。这样的历史分期是充分考虑到了整个中国民主法治建设的大背景而做出的，从而也承认“枫桥经验”是一个不断动态发展的实践经验。所以在撰写“枫桥经验”学术定义时，研究者就明确指出：“诞生于1963年的枫桥经验，经过四十余载的变迁和考验，早已摆脱了阶级斗争的色彩，但其原初的精神内核得到了传承，并被不断丰富与发展。”正是在历史考察和现实思考的基础上，研究者对“枫桥经验”做了学术意义上的概念定义，认为：“今天的‘枫桥经验’，以预防和调解解决社会矛盾纠纷为切入点、以社会治安综合治理为主要治理技术、以平安创建打造稳定的社会环境为目标，强化镇党委、政府对于村民自治的领导和监督，树立政府权威，加强镇政府与村的联动，通过加强镇党委的领导，加强村级组织和制度建设，以规范的基层社会治理、村民自治为基础，为村镇经济发展提供良好的平台与环境保障，引导新农村建设与发展，从而初步实现建设和谐社会的目标。”最后指出：“枫桥经验”是一种中国农村基层社会治理的成功经验。

二、与时俱进的“枫桥经验”

按照研究者对上千万字材料的总结和长达两年的实地调查，该书对新时期“枫桥经验”的创新和发展进行了必要的总结，实际上也是对不断动态发展中的“枫桥经验”进行了新的诠释。因此该书的研究集中在以下几个领域：一是基层社会综合治理；二是基层社会的刑事对策；三是基层社会矛盾纠纷的解决；四是基层民主法治建设。这样的设计主要是围绕今天的“枫桥经验”如何在法治发展的大背景下所进行实践探索而进行的。

（一）基层社会综合治理方面的探索

改革开放以后的“枫桥经验”，面临着时局变化和社会转型的新挑战。应当说，“枫桥经验”之所以具有如此强大的生命力，与当地干部群众的智慧和勇气存在莫大的关系。1979年枫桥的干部群众率先为“四类分子”实行评审和摘帽制度，实际上这在当时是要有极大的勇气和智慧的。为“四类分子”解决身份归属上的“大帽子”，大大地增强了政策的人性化，同时也调动了当时人们的积极性，“身份”上的枷锁解除，是极具进步意义的。1979年2月5日，《人民日报》

发表了《摘掉一顶帽，调动几代人》的长篇通讯，报道了枫桥对“四类分子”摘帽工作的经验，这大大推动了全国落实“四类分子”政策的顺利进行。值得注意的是，“枫桥经验”最初的来源就是改造“四类分子”的经验；而“四类分子”没有了，在外人看来“枫桥经验”也有可能随之而去。枫桥的干部群众在没有“四类分子”的情况下如何发展“枫桥经验”，成为当时最大的现实挑战。可喜的是，他们找到了非常符合时代发展的契机，那就是将其转型成“群众广泛参与的社会治安综合治理经验”。

社会治安综合治理说起来容易，统筹起来还是具有相当难度的。自1977年部分村庄制定《治安公约》以来，枫桥的社会治安综合治理开始渗入到传统的村庄、社区以及新兴的乡镇企业、私营企业之中，做到了网络上的全覆盖。在整体思路上，枫桥始终坚持“党政动手，依靠群众，立足防范，化解矛盾，维护稳定，促进发展”，并构建了“党委抓总，部门协同，镇村联动”的工作机制，实现了“矛盾少、治安好、发展快、社会文明进步”的良好局面。所以从改革开放以后到现在，枫桥的综合治理工作水平一直处于全国领先，并且成为这个时期“枫桥经验”的主要内容。正是在这样良好的基础上，枫桥的综治组织体系十分完善，2003年，枫桥的基层综治工作组织实现了一次全方面的整合，创建了“综治工作中心”。综治工作中心的组建，标志着综合治理工作不再是一项简单的日常工作，而是事关基层工作整体局面的大事。正是这个机构在基层社会完成了除综治以外的信访、维稳、平安创建、法治建设等一系列符合时代发展的新任务。在综合治理领域，枫桥最为特色的工作就是实施了“综治工作进民企”工程，填补了因社会经济发展留下来的治理空白，另外有两项重要的突破：一是推动了流动人口的平等化服务管理；二是有步骤地实施了司法救助工作。

(二)基层社会刑事对策方面的探索

在“枫桥经验”的历史发展进程中，公安部门曾经发挥了重要的推动作用，是其早期发展的主要推动者，这与“四类分子”改造、社会治安日常控制具体由公安部门承担有关。正是在这样的背景下，“枫桥经验”一直承载着我国“刑事政策”在基层贯彻的重任。归纳而言，枫桥对国家刑事政策的贯彻走的是扎实的群众路线，具体而言就是实施“五个依靠”：依靠群众就地化解矛盾纠纷；依靠群众就地挽救违法人员；依靠群众加强公共场所治安管理；依靠群众加强内部案件防范工作;依靠群众协助公安机关侦破刑事案件。这“五个依靠”已经成为融“打、防、管、建、教、改”于一体的综合治理系统工程。另外,在具体的刑事司法实践中,当地充分贯彻“宽严相济”的刑事政策,一方面全面预防犯罪并抓好社区矫正工作,另一方面特别注重对“刑事和解”的突破性发展。

(三)基层社会民间纠纷解决方面的探索

枫桥的发展并非全然一片太平,随着经济社会的快速发展,民间纠纷无论是种类还是数量都在不断地增长。面对这样的态势,枫桥当地的党委、政府和民间调解组织并没有退缩,在广大干部群众的全面努力下,一套规范化、程序化的人民调解网络已经深入到枫桥的每一个村、社区、企业之中,并且实实在在地起到了“把矛盾化解在基层、化解在萌芽状态”的作用。改革开放以来,枫桥的民间纠纷呈现出了纠纷主体多元化、纠纷客体多样化、纠纷内容复杂化的特点;劳动纠纷、赔偿纠纷、医患纠纷、环境污染纠纷呈现出迅速上扬的趋向,而传统的邻里纠纷、房屋宅基地纠纷、分家纠纷则依然居高不下。针对这些情况,枫桥开创性的设计了“部门协同、镇村联动”的调解工作机制,不仅在调解组织网络上做到“组织成网络,人员遍角落”的布局,在实际调解过程中,创造了村、社区、镇三级调解良性互动的“镇村联动式”调解模式,为人民调解的组织化、制度化、规范化、程序化建设做出了突出的示范性贡献。值得一提的是,村级人民调解组织在纠纷化解中起到了极为重要的作用,而真正化解矛盾的主体依然是那些默默无闻的人民调解员。正是他们的无私贡献和充分运用个人智慧、威望,使我们基层社会能够保持安定团结的局面,这样的贡献,我想是任何生活在这片土地上的人们所不能忘却的。一个鲜明的例子就是枫桥镇钟瑛村,该村良好地保存了20世纪50年代末到现在的所有相关调解档案,这是极其难得和珍贵的,厚厚的档案背后是那些坚定不移的人民调解员,而他们基本上都是农村社会中杰出的共产党员。

(四)基层社会民主法治建设方面的探索

“枫桥经验”之所以长盛不衰,在笔者看来,关键还是能够充分把握历史发展的潮流,真正地做到“与时俱进”。不呆板、不保守残缺,不被习惯和思维定式牵着鼻子走,是枫桥当地干部群众的一个鲜明特征,“枫桥经验”真正的推动和发展者始终是人民群众。“民主”与“法治”是一个现代社会总体发展的必然结果。自1998年《村民委员会组织法》颁布以来，枫桥的干部群众能够充分把握历史发展的时代契机，在全面推进村民自治方面做出了许多有益的探索，创建“民主法治村”就是其中的一个典型。与很多地方一味突出形式化的“民主”大打选举战所不同的是，枫桥更多地倾向于挖掘村民自治中的“内部潜力”，也就是不断地深化民主监督和民主管理。具体而言，就是抓住“政务公开”和“财务公开”两个关键环节，如硬性规定“财务公开日”制度，将村级开支、干部报酬、接待费用等项目进行彻底公开，做到让群众看得懂、摸得清；用当地话讲就是“给群众一个明白，还干部一个清白”。“民主法治村”的创建活动为当地的和谐社会建设、新农村建设以及基层法治建设奠定了良好的基础。

一直以来，在法治建设领域，国家自上而下的依法治国战略一到基层社会往往会碰到强大的阻力，这种阻力有经济社会的客观环境制约，更有传统思维以及民众观念上的制约。法治离农村的距离感和隔阂感始终是客观存在的，如何避免“依法治国”到“依法治村”被层级化壁垒所钝化，就需要寻找恰当的结合点。在这一方面，枫桥的干部群众还是非常有洞察力和智慧的，那就是以“村规民约”为突破口。长久以来，在人们的习惯思维中，“村规民约”一直为人所诟，其中一个最核心的问题是里面夹杂了诸多违法规则和落后的思维模式。很多人一听到村规民约，就直接联想到以前乡村的宗族习惯法，联想到罚少钱、用多少私刑，这种印象严重破坏了村规民约在农村社会的权威性。事实上，上述联想在部分区域是客观存在的，枫桥的干部群众正是看到了这样的情况，所以对“村规民约”无论在制度上还是实践上均做出了相应的改革。比如1977年枫桥区泉四大队的《治安公约》就是围绕提升群众安全感而制定的；1999年的《枫溪村村规民约实施细则》则是在村民自治全面实施以后结合本村实际而作出的配套改革；2008年，枫桥镇陈家村拿出“革除弊政”的勇气与中南财经政法大学合作，对原有的村规民约做了一次系统清理，按照“平等”“民主”“法治”的原则，制定了一套体系庞大、内容多元的《陈家村村规民约》，为当地打造法治型新农村建设奠定了扎实的制度基础。尽管“村规民约”未必能够真正地做到全面落实，但其中的引导功能是不可忽视的。也就是说，在基层农村社会的法治建设中，“村规民约”就是一个很好的着力点。

三、"枫桥经验"向何处去

侯欣一教授曾指出，在中国法律近代化的历史进程中，面对西方司法制度的冲击与影响以及国内纠纷复杂化多样化的趋势，当时的政府主要采取措施主要有三：一是拼命地进行道德宣传和教育，一方面大谈仁义礼智信等传统伦理的作用和意义，另一方面对健讼者进行道德指责，试图减少诉讼的发生；二是强化基层对民间的调处作用，仍然寄希望于把纠纷解决在基层，也就是说效仿古人，在传统智慧中寻找出路；三是增加胥吏等人数，加大服务，维持治安。这些措施，客观地讲，也是目前我国很多地区和部门的思路，枫桥的基层政权实际上也受到这种历史惯性的影响。但是明显不同的是，在推进基层民主建设和法治建设的过程中，枫桥的干部群众还是勤于思考、勇于实践，充分地重视"说理"的重要性。直白地说，就是能够根据社会发展的实际需求，不断地构建交流、对话和沟通的平台，在国家与社会、党和人民、政府与公民之间建立良好的互动机制，真正地实现纠纷解决在基层并使"民主"和"法治"能够在基层扎根。

在"枫桥经验"的实际推动过程中，我们可以发现，其以往是一种斗争的经验，所以更多的是与专政机关存在密切的关系，最初也是公安部门总结、推动和发展的。近二十年以来，随着"枫桥经验"内涵的不断扩展，已由原初的社会改造经验转化为一种维护社会平安和谐的全局经验，所以相应的推动部门也由原先比较单一的公安部门扩展到党委、政府，具体协调和推动的部门主要是党委政法委和社会治安综合治理委员会。这些变化在 2003 年以后变得更加明显。也就是说，"枫桥经验"不仅仅是一种人民民主专政的经验，它已经成为一种推动社会发展的全局经验。

2003 年以后的"枫桥经验"被本书的研究者定位为"村民自治、基层民主法治建设的经验"。这样的总结不仅仅是对"枫桥经验"在新的历史时期做出的新定义，更是其下一步发展的方向。简单地讲，就是要把"枫桥经验"从社会治安综合治理这种国家主导型控制模式发展为群众主导型的基层民主法治建设模式。所以在一定意义上讲，"民主"与"法治"也许就是枫桥经验的前进方向。为了能够更好地理解这一点，该书对"枫桥经验"的精神实质做出了自己的解释。该书认为，"枫桥经验"的精神实质为：一是党的领导和群众智慧相结合；二是以人为本与民主法治相结合；三是尊重传统与发展创新相结合；四是政府管理与村民自治相结合。从上述四点我们可以发现，在“枫桥经验”发展中，存在几组互动关系，那就是“党”“政府”“村民自治组织”“群众”之间的互动关系，而能够将它们之间进行有效链接的就是“以人为本”和“民主法治”。这既是“枫桥经验”的精神实质，更是“枫桥经验”的方向所在。研究“枫桥经验”的动态发展历程，有助于我们从尊重历史经验和自身特色的角度，对中国法治发展的道路进行有益的探索。对于“枫桥经验”的研究不能简单套用现代西方的民主法治理论来予以肯定或否定，它不仅仅是国家自上而下的政治经验，更有可能成为民众自下而上的一种中国特色的基层社会治理法治化模式。

图书在版编目(CIP)数据

枫桥经验：基层社会治理的实践／汪世荣主编. --
2版. -- 北京：法律出版社, 2018(2024.11重印)
ISBN 978-7-5197-2723-9

Ⅰ. ①枫… Ⅱ. ①汪… Ⅲ. ①社会管理－研究－诸暨
Ⅳ. ①D675.53

中国版本图书馆CIP数据核字(2018)第217694号

"枫桥经验":基层社会治理的实践(第2版)
"FENGQIAO JINGYAN": JICENG SHEHUI
ZHILI DE SHIJIAN(DI-ER BAN)

汪世荣 主编

策划编辑 马丽娟
责任编辑 马丽娟
装帧设计 鲍龙卉

出版发行 法律出版社
编辑统筹 法治与经济出版分社
责任校对 晁明慧
责任印制 吕亚莉
经　　销 新华书店

开本 710毫米×1000毫米 1/16
印张 18 字数 289千
版本 2018年9月第2版
印次 2024年11月第3次印刷
印刷 北京建宏印刷有限公司

地址:北京市丰台区莲花池西里7号(100073)
网址:www.lawpress.com.cn
投稿邮箱:info@lawpress.com.cn
举报盗版邮箱:jbwq@lawpress.com.cn
销售电话:010-83938349
客服电话:010-83938350
咨询电话:010-63939796

书号:ISBN 978-7-5197-2723-9
定价:65.00元
凡购买本社图书,如有印装错误,我社负责退换。电话:010-83938349